政治経済学

編著者
石橋一雄

著者
勝浦正樹　小峯　敦
高橋成夫　大阿久博
阿部雅明　佐藤綾野

成文堂

はしがき

　今日，近代経済学という言葉がしばしば使われるが，これを年代的にみると，1871年以後の経済学を総称したものとみてよい。1世紀と36年の年月の中で，近代経済学それ自体はいくつかの時期に区分されながら，紆余曲折の途を辿りつつ大きな発展を遂げて現在に至っている。この近代経済学は，その誕生に先立つ約100年にわたって経済学を支配していた古典派経済学に対する批判の上に，新しい経済学の立場として，経済学の中に刷新の息吹を注入して出現し，飛躍発展を遂げて，1930年代の大不況に，ケインズの『雇用・利子および貨幣の一般理論』が出版されて近代経済学の潮流にさらなる一歩を刻印するに至るまでの時期が，その第一の時期であったことは，何人も異論のないところであろう。明確にいえば，近代経済学の第一の時期は，いわゆる限界革命からケインズ革命までがその時期である。申すまでもなく限界革命の担い手は，オーストリアのメンガー（C. Menger），スイスのワルラス（L. Walras），イギリスのジェボンズ（W. S. Jevons）であった。メンガーは，1871年に『国民経済学原理』という書物を叙述した。この本は，オーストリア学派と呼ばれている限界効用学派の基本書となった。メンガー経済学は，当時支配していた歴史学派に対する痛烈な反撃であり，新しい理論的経済学を樹立しようとするものであった。

　ワルラスは，1874年に『純粋経済学要論』という書物を出版し，基本的には限界効用理論を述べた。ワルラスの最大の貢献は，多数財市場の同時的均衡を数式で解明することを目指して理論体系を彫琢したところにある。シュンペーターは，ワルラスの一般均衡モデルに対して以下のような賛辞の言葉を捧げている。「私見によれば，純粋理論に関するかぎり，ありとあらゆる経済学者の中で，最も偉大なのはワルラスである。」。

　ジェボンズは，1871年に『Theory of Political Economy』という書物を叙述した。ジェボンズは以下の2点を力説した。ひとつは，限界効用は財貨数量の増減に応じて変化する。他のひとつは，「用途における最終効用度が均

等しなければならない」ということである。

　学説史は、この三人、メンガー、ワルラス、ジェボンズを限界効用理論の創設者と呼んでいる。この限界効用理論が近代経済学の本流の母体であったといえよう。しかし、限界効用理論を語る場合、もう一人の経済学者の名前を想起しなければならない。それは、1890年に『経済学原理』という書物を叙述したイギリスのマーシャル（A. Marshall）である。マーシャルの『原理』は、ワルラスの『要論』とともに、一方は部分均衡理論であり、他方は一般均衡理論である差があるにせよ、今日のミクロ経済学の原型として不動の地位を確立している。いずれにせよ、ワルラスとマーシャルは、特に重要である。ワルラスとマーシャルの手により、近代経済学のパラダイムが構築されたのである。

　ところで、ケインズの一般理論の上梓によって、近代経済学は、一転して、「第二の時期」に突入していくことになる。まず、指摘されねばならないことは、第一次世界大戦後、ポンドが弱体化したことに伴う影響である。1920年代、工業力の面でアメリカが世界最先端の地位にあった。当時のイギリスの経済力は大きく減退していた。イギリスの経常収支の黒字は減少していた。このような状況で、ロンドンが国際金融市場の中心的存在としての地位を維持するためには、国際収支の赤字をカバーするために、外国からのかなりの短期の資本を導入しなければならなかった。イギリスは、アメリカよりも金利を絶えず高い水準に保つことで、アメリカやフランスからの短資の流入を確保した。このようにして、ポンドの下落を防いだのである。しかし、高金利は国内経済に大きな影響を与えた。当時のイギリスの経済状態は、物価の低落と大量の失業者の発生という状態にあった。ケインズは、1924年に、1億ポンドにのぼる公共事業計画をおこなうように中央政府に提案した。しかし、当時の中央政府は、ケインズの政策的提言を聞き入れることはしなかった。ここで、留意すべきことは、「ケインズは自己主張というものを根拠づけるための基礎的な理論の必要性を痛感した」という点である。ところが、ケインズは、国内公共投資が有効需要の増加を生み出すという「乗数理論」、「賃金率の下方硬直性」、「流動性選好理論の利子論」を当時知らなかったのであ

る。このために，ケインズの長い苦闘が始まるのである。明確にいえば，現実の姿は，マーシャルのいう完全雇用均衡ではなく不完全雇用均衡であり，この発生メカニズムの解明に，ケインズは心血を注いだのである。

　ケインズは，1936年に『一般理論』という書物を書いた。この書物は，マーシャルをその代表とする新古典派経済学のアンチ・テーゼの形をとって誕生した「新しい経済学」であった。それがケインズ経済学であった。ケインズ経済学は，新古典派の人々が全幅の信頼をおいていた価格の自動調節メカニズムに疑問を投げ掛ける書物であった。新古典派理論の背後にある経済像は，価格の自動調整メカニズムを通じてすべての経済資源が完全に雇用され，経済問題が価格メカニズムをとおして円滑に解決されていくようなものであった。これに対して，ケインズは，資本主義経済において，完全雇用均衡が自ら達成されるという自動調整メカニズムは機能しなくなったという「現実の資本主義」をとらえていた。ケインズ経済学の最大の特徴は，マクロ的分析視点を導入したということにある。ケインズによれば，完全雇用均衡の達成のためには，市場機構の作用のみでは不十分であり，中央政府が政策手段を活用して，積極的に介入すべきであるという視点を力説した。マクロ経済学の全盛期が，近代経済学の第二期の時代であった。

　近代経済学の第三の時期は，ケインズの基本的な経済思想に全幅の信頼をおいたいわゆるケインズ派，あるいはケインズ以後の多くの卓越したエコノミスト達が，IS・LM曲線モデルの構築，新しい視点での分配理論や景気循環理論，あるいは経済成長理論の分野においてさまざまな秀でた業績を生み出した時期である。ハロッド，ヒックス，カルドア，ドーマー，トービン，スタインといった人々がそれを代表する人たちである。

　1960年代の後半にはいって，主要先進国は「インフレーション」と「失業」という現象に見舞われるようになった。かかる時代的背景のもとで，物価上昇率と失業率とのトレード・オフ関係を解明するフィリップス曲線の論争がマクロ経済学の主要課題となっていった。インフレ期待の概念によって，もとのフィリップス曲線は崩壊し，自然失業率仮説が時代の花形として，舞台に登場することになるのである。それまで支配的な地位を占めていたケイン

ズ経済学に対して理論的ならびに実証的な側面からの批判が強くなった。それは，マネタリストによるケインズ経済学に対する批判である。

　1960年代の中頃から，新古典派成長理論に貨幣的因子を注入する試みがなされ始めた。いわゆる貨幣的成長理論と呼ばれるものである。この接近法には，2つの潮流がある。ひとつは新古典派貨幣的成長理論の接近法である。他のひとつは，ケインズ・ウィクセル派貨幣的成長理論の接近法である。つまり，経済成長理論は，経済成長とインフレーションとが併存するという状況が貨幣的現象であるという認識のもとで，これまでの「実物的成長理論」から「貨幣的成長理論」へと姿を変えて登場し，さらに不均衡の経済分析用具を注入しながら，モデル・ビルディングの精緻化を彫琢していった。

　1970年以後，今日に至るまでの，世界全体の社会・経済および政治的諸現象は一段と多様化・複雑化の経緯を辿っている。わが国もその例外ではない。1945年生まれの私が子供時代，勤め人というのは人口比の1割程度で，6割は農民であった。しかし，現在は逆転してしまっている。7割，8割以上がサラリーマン。地域間の所得格差は，避けられないものとなっている。例えば，一人当たりの県民所得を見ると，1位は東京都の455万9千円で，最下位の沖縄（198万7千円）の2.3倍になっている。

　ケインズ政策は，不況時には公債を発行し政府支出を増大し，好況時には税収増により財政黒字で公債を償還するという仕組みを提唱するものであった。しかし，好況になったからといって，政策担当者たちは政府支出を削減することはできず，「公債発行対象経費」の増加の必要性を力説する。つまり，政府の恣意的な解釈や，自由裁量権の拡大により，公債発行の濫発が慢性化した。公債発行は，それと同額の民間資本の削減を生み出し，将来所得を減少させる。公債が将来の世代に財政負担をもたらすと提言したのは，モディリアーニである。さらに，政治家が，再選を期待して国民が反対する政策は公約せず，公共事業の政策を人々にアピールする。これは「政治的企業家」と呼ばれ，シュンペーターの企業家概念と区別される。そうなれば，一方で，政府支出が増加し，他方で，租税収入が増えないことになる。結局，財政赤字の累積が慢性化する。財政法第4条と5条は，空洞化してしまう。そこで，

ブキャナンは,このような財政膨張を阻止するためには,公債を発行しない均衡予算ルールを「憲法」で設けるべきであると提唱したのである。シュンペーターの「企業家」は,技術革新によって新しい軌道をつくり出し,企業者利潤の創出により中央政府に租税収入を提供することになるが,今日的な政治的企業家は,租税収入を濫費する企業家である。この半世紀を通じて,公共部門の肥満化により,企業家概念も大きく様変わりしたともいえる。このような複雑・多様化している経済情勢を反映して,経済学では,政治の経済分析が新しい展開を見せている。このような政治と経済との相互関係分析は,「政治経済学」と呼ばれている。「政治経済学」は,公共経済学やマクロ経済学と公共選択論を融合させた学問領域である。それは,政治的過程と結びついている点に特色がある。(土居丈朗「やさしい経済学」)

　ここ数年来,エコノミスト達の間でも新しい時代に合致した新しい経済学の誕生が議論されている。ミクロ経済学や,マクロ経済学,経済政策論の展開の中で,見え隠れしながら次第にクローズ・アップされてきたものに,制度学派の理論がある。ヴェブレンは,既存の経済理論を誤った方向にあるものと批判し,市場中心的な経済観を拒絶して,彼独自の歴史観と社会心理学による発想にもとづいて制度学派理論を構築している。

　日本社会に企業,行政の不正行為やモラルの崩壊によって,「ゆがみ」が発生している。かつて昭和20年代の水俣湾は魚がわき出すくらいの素晴らしい漁場であった。それは,室町時代以来,漁民が自分たちに厳しいルールを賦課して,違反したものには制裁を加えるというまさに命がけで漁場を守ったからである。社会が円滑に機能するために,資源,もの,サービス,あるいは制度を共通の財産として社会的に管理する考え方が,問われる時代になっている。(宇沢弘文「共有財産の精神」)

　このようにみると,古典派経済学や近代経済学の草創期に使われた Political Economics ないしは Social Economics とはもちろんその意味合いは異なっているが,新しい革袋に新しい酒をいれた Political Economics,ないし Social Economics の試みが待ち望まれる。

　本学の佐藤綾野先生には,この書物の校正刷の一部に目を通して下さり,

綿密な検討を加えて下さった。また，堀井美里さんにも校正刷に目を通していただいた。厚く御礼を申し上げたい。

最後に，本書の出版を快く引き受けて頂いた成文堂社長阿部耕一氏，および本書の企画と編集にあたり多大のご尽力を賜った編集部長本郷三好氏に対して執筆者一同衷心から感謝の言葉を申し上げます。

<執筆分担>は以下の通りです。

小峯　敦	第1章，第14章［Ⅰ］
石橋一雄	第2章，第3章，第4章，第5章，第6章，第13章［Ⅲ］
佐藤綾野	第7章
阿部雅明	第8章，第9章，第10章，第11章，第14章［Ⅳ］
大阿久博	第12章，第14章［Ⅲ］
勝浦正樹	第13章［Ⅰ］，［Ⅱ］
高橋成夫	第14章［Ⅱ］

平成19年　菊の節句

執筆者を代表して

石　橋　一　雄

目　次

はしがき

第1章　国民所得の決定 …… 1
Ⅰ　GDP …… 1
1　経済活動を測る（1）
2　キーワードと現実の値（3）
Ⅱ　景気循環 …… 6
1　日本の経済成長（7）
2　景気動向指数（8）
Ⅲ　消費関数と45度線分析 …… 9
1　理論の前提（9）
2　45度線分析（11）
3　総需要の直線（12）
4　限界貯蓄性向（14）
5　その他の消費関数（15）
Ⅳ　乗数 …… 17
1　政府支出乗数（17）
2　租税乗数（20）
3　均衡予算乗数の定理（20）
4　様々な乗数（21）
Ⅴ　投資 …… 22
1　ケインズ型投資関数（22）
2　加速度原理（24）
3　ストック調整モデル（24）
4　ペンローズ曲線（25）
5　トービンのq（26）

第2章　貨幣経済の理論⋯⋯⋯⋯⋯⋯⋯⋯⋯⋯⋯⋯⋯⋯⋯⋯⋯⋯⋯28
Ⅰ　貨幣供給のメカニズム⋯⋯⋯⋯⋯⋯⋯⋯⋯⋯⋯⋯⋯⋯⋯⋯28
1　貨幣の機能（28）
2　マネー・サプライの形態（29）
3　預金通貨の供給（30）
4　ハイパワード・マネー（35）
Ⅱ　貨幣需要の理論⋯⋯⋯⋯⋯⋯⋯⋯⋯⋯⋯⋯⋯⋯⋯⋯⋯⋯⋯37
1　貨幣の保有動機（37）
2　流動性選好関数（41）
3　ケインズによる利子率決定の理論（42）
Ⅲ　貨幣数量説⋯⋯⋯⋯⋯⋯⋯⋯⋯⋯⋯⋯⋯⋯⋯⋯⋯⋯⋯⋯⋯46
1　フィッシャーの交換方程式（46）
2　現金残高数量説（48）

第3章　国民所得と利子率の同時均衡⋯⋯⋯⋯⋯⋯⋯⋯⋯⋯⋯51
Ⅰ　財貨市場とIS曲線⋯⋯⋯⋯⋯⋯⋯⋯⋯⋯⋯⋯⋯⋯⋯⋯⋯51
Ⅱ　貨幣市場とLM曲線⋯⋯⋯⋯⋯⋯⋯⋯⋯⋯⋯⋯⋯⋯⋯⋯54
Ⅲ　財貨市場と貨幣市場の同時均衡⋯⋯⋯⋯⋯⋯⋯⋯⋯⋯⋯57
Ⅳ　IS-LMモデルと金融・財政政策⋯⋯⋯⋯⋯⋯⋯⋯⋯⋯⋯62

第4章　失業とインフレーション⋯⋯⋯⋯⋯⋯⋯⋯⋯⋯⋯⋯⋯66
Ⅰ　ケインズ以前の雇用理論⋯⋯⋯⋯⋯⋯⋯⋯⋯⋯⋯⋯⋯⋯66
1　古典派の雇用理論（66）
2　ケインズの失業理論（71）
Ⅱ　インフレーションの基礎理論⋯⋯⋯⋯⋯⋯⋯⋯⋯⋯⋯⋯73
1　$e_o \cdot e_p$の理論（74）
2　コスト・インフレーションの理論（79）
Ⅲ　現代インフレーション理論⋯⋯⋯⋯⋯⋯⋯⋯⋯⋯⋯⋯⋯83
1　フィリップス曲線の誕生（83）

  2 適応的期待仮説（84）
  3 期待によって修正されたフィリップス曲線（86）

第5章　金融政策の理論 ……………………………………………90
 Ⅰ 金融政策の手段 ……………………………………………90
  1 公定歩合政策（90）
  2 公開市場操作（92）
  3 支払準備率政策（93）
  4 窓口規制（95）
 Ⅱ 金融政策の中間目標 …………………………………………95
  1 貨幣政策遂行のプロセス（95）
  2 利子率決定のメカニズム（99）
 Ⅲ 自然失業率仮説と金融政策 …………………………………103
 Ⅳ 最近の金融政策 ………………………………………………109
  1 量的金融緩和政策（109）
  2 ゼロ金利政策（110）

第6章　経済成長理論 ………………………………………………111
 Ⅰ ソローの新古典派成長モデル ………………………………111
 Ⅱ トービンの貨幣的成長理論 …………………………………114
 Ⅲ ローマーの内生的成長理論 …………………………………120
  1 主な流れ（120）
  2 資本のない知識蓄積の動学（123）
  3 KK 曲線と AA 曲線（127）

第7章　国際金融 ……………………………………………………135
 Ⅰ 国際金融とは …………………………………………………135
 Ⅱ 外国為替市場と為替レート …………………………………135
  1 外国為替市場（135）

2　為替レート（137）
　　3　直物市場と先物市場（138）
　Ⅲ　為替レート制度と為替レート………………………………………139
　　1　変動為替レート制（139）
　　2　固定為替レート制（140）
　　3　不胎化されない介入と不胎化介入（142）
　Ⅳ　為替レートの決定理論………………………………………………144
　　1　購買力平価説（144）
　　2　金利平価説（146）

第8章　家計行動の理論………………………………………………149
　Ⅰ　見えざる手……………………………………………………………149
　　1　はじめに（149）
　　2　需要・供給の法則（150）
　　3　水とダイヤモンドのパラドックス（152）
　Ⅱ　効用と無差別曲線……………………………………………………155
　　1　効用（155）
　　2　基数的効用理論：総効用と限界効用（155）
　　3　序数的効用理論：無差別曲線（156）
　Ⅲ　限界代替率と種々の無差別曲線……………………………………159
　　1　限界代替率（MRS）（159）
　　2　種々の無差別曲線（162）
　Ⅳ　予算制約と最適消費行動……………………………………………163
　　1　予算制約（163）
　　2　最適消費行動（165）
　Ⅴ　消費者行動理論の応用………………………………………………167
　　1　所得の変化と消費（167）
　　2　価格の変化と消費（169）

第9章　企業行動の理論 ……………………………………… 173
Ⅰ　企業とは ……………………………………………………… 173
1　生産関数（173）
2　等量曲線（176）
Ⅱ　費用最小化行動 ……………………………………………… 179
1　等費用曲線（179）
2　費用最小化と総費用曲線（180）
Ⅲ　生産のための費用構造 ……………………………………… 184
1　総費用曲線（184）
2　平均費用と限界費用（184）
Ⅳ　利潤最大化行動と供給曲線 ………………………………… 188
1　完全競争（188）
2　利潤最大化（189）
Ⅴ　短期費用曲線と長期費用曲線 ……………………………… 193
1　長期費用曲線（193）
2　企業の参入・退出と資源配分（194）

第10章　市場均衡の理論 ……………………………………… 197
Ⅰ　需要・供給の法則 …………………………………………… 197
1　市場全体の需要と供給（197）
2　市場取引と資源配分（200）
Ⅱ　市場の調整メカニズム ……………………………………… 203
1　価格による調整と数量による調整（203）
2　クモの巣モデル（205）
Ⅲ　価格弾力性 …………………………………………………… 206
1　価格弾力性（206）
2　弾力性と収入（208）
Ⅳ　余剰分析 ……………………………………………………… 211
1　消費者余剰と生産者余剰（211）

2　需要・供給の均衡と社会的余剰の最大化（214）
　Ⅴ　余剰分析の応用 …………………………………………………… 216
　　1　価格規制による過剰生産（216）
　　2　課税による過小生産（217）

第 11 章　不完全競争 ……………………………………………… 220
　Ⅰ　独占の理論 ………………………………………………………… 220
　　1　独占企業の総収入曲線（220）
　　2　独占企業の利潤最大化（224）
　　3　独占市場の非効率性（226）
　Ⅱ　寡占の理論 ………………………………………………………… 227
　　1　クールノー・モデル（227）
　　2　シュタッケルベルグ・モデル（230）
　　3　市場の形態と市場の歪み（231）
　Ⅲ　ゲームの理論 ……………………………………………………… 232
　　1　ゲームの理論とは（232）
　　2　囚人のジレンマ（235）
　Ⅳ　協調のメカニズム ………………………………………………… 237
　　1　繰り返しゲーム（237）
　　2　情けは人のためならず（239）

第 12 章　一般均衡分析と経済的厚生 ………………………… 242
　Ⅰ　競争均衡とパレート最適 ………………………………………… 242
　　1　純粋交換モデル（242）
　　2　競争均衡（247）
　　3　資源配分とパレート最適性（253）
　Ⅱ　市場の失敗 ………………………………………………………… 257
　　1　市場の失敗の原因（257）
　　2　外部性（258）

3　公共財（261）

第13章　所得分配 ……………………………………………… 265
Ⅰ　所得分配の把握 ……………………………………………… 266
　　1　ローレンツ曲線とジニ係数（266）
　　2　労働分配率（271）
Ⅱ　所得分配の実状 ……………………………………………… 273
　　1　ジニ係数の推移（273）
　　2　格差の要因（275）
Ⅲ　分配理論 ……………………………………………………… 277
　　1　分配の限界生産力理論（277）
　　2　ケインズ派の分配理論（280）
　　3　生産要素間の代替弾力性（アレン・モデル）（283）

第14章　現代政治経済学をめぐる諸問題 ……………………… 286
Ⅰ　現代経済学の潮流を守るケインズ派 ……………………… 286
　　1　その生涯（287）
　　2　現代経済学の分類（288）
　　3　現代に活きるケインズの洞察力（291）
Ⅱ　ニックリッシュ経営学とその経営思想 …………………… 293
　　1　人間と共同体（293）
　　2　価値循環と経済性（295）
Ⅲ　ゲーム理論とナッシュ均衡 ………………………………… 298
　　1　ゲームの構成（298）
　　2　混合戦略とナッシュ均衡（300）
Ⅳ　ピグー税と環境経済学 ……………………………………… 304
　　1　社会的最適生産（消費）水準（304）
　　2　効果的な環境税の導入（305）

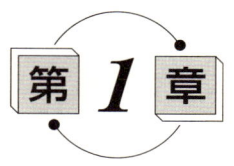

国民所得の決定

　第1章ではマクロ経済学の基礎となる考えをとりあげます。それが国民所得（あるいはGDP）です。「景気がよい」とか，「日本のGDP総額は世界2位だ」とか，経済状況のよしあしについて，日常会話でもよく聞きます。それではそのよしあし（パフォーマンス）はどのように測っているのでしょうか？本章では，国民所得の中身とその決定を簡単に説明していきます。

I　GDP

　マクロ経済学[1]は集計された変数（例：失業率，利子率，GDP，物価水準，国際収支など）の関係をさぐる学問体系です。その中でGDPは中心的な考えを占めます。なぜなら各国の経済状態を比べ，ある国の経済成長の歴史を調べる場合，「国民経済計算」（SNA）に基づいて，国内総生産（GDP）という指標（数値）を用いるのが便利だからです。そうすれば単なる印象論ではなく，確定した数字によって，時間を通じた変化も異なる場所での異同[2]も厳密に比較することができるのです。

1　経済活動を測る
1）付加価値
　経済活動はさまざまです。ドーナツ150gを売る，ヘアサロンで髪を整えてもらう，お米一俵を作るなどなど。このような多様な活動を「貨幣」（お金）を基準として，「付加価値」部分のみを足し合わせ，統一的に経済の大きさを

---

[1] ペアとなるミクロ経済学については，第8章以降で説明します。
[2] それぞれ「時系列データ」，「クロスセクションデータ」と呼びます。

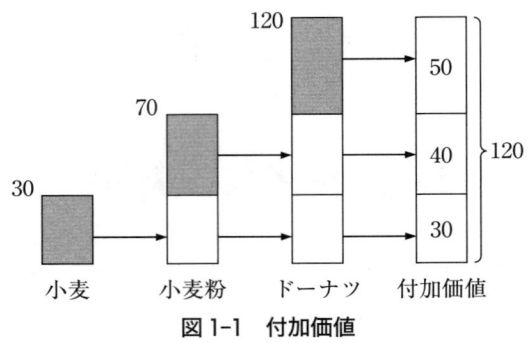

図 1-1　付加価値

測ろうとします。具体的には（価格）×（数量）＝（貨幣で測った金額）[3] となりますが，そのまま全部足したのではダブリがあります。ドーナツを売った時と，その原料である小麦を売った時と，二重に計算してはいけません。例えばドーナツが小麦→小麦粉という二段階で仕入れされてきたとしたら，小麦・小麦粉・ドーナツという財（商品）の売上げ合計を，そのまま経済活動の姿とするわけにはいきません。図 1-1 でわかるように，仕入れ部分がダブっているので，小麦粉になる時，ドーナツになる時，それぞれで付け加わった部分（＝付加価値）のみをすべて足さなくてはいけません。

　図 1-1 の数値例を見ましょう。小麦を生産して 30 の付加価値が付き，次の業者は小麦粉にすることで 40 の付加価値を付け，最後にドーナツの場面では 50 の付加価値を付けました。小麦，小麦粉，ドーナツの販売価格はそれぞれ 30，70，120 となっています。販売金額の合計 220（＝30＋70＋120）がこの経済の GDP というわけではありません。付加価値の部分のみを合計した 120（＝30＋40＋50）が GDP になるのです。図からも明らかなように，この 120 はドーナツという最終生産物の販売額そのものでもあります。

---

[3] ドーナツ 1 個 120 円で 5 個売った場合は，120×5＝600 となります。この 600 円が貨幣で測った価値です。

2） 三面等価

こうして GDP（国内総生産）とは,「ある国で一定期間に生産されたすべての財・サービスの付加価値を合計した金額[4]」と定義されます。そして重要なのは，こうして**生産**された価値は必ず誰かに**分配**され（分け前として与えられて所得となり），さらに誰かがその所得から**支出**することになります。つまり

総生産≡総所得≡総支出

がいつでも成り立ちます（恒等式）。この関係から2つのことがわかります。1つに GDP はどの面から見ても，必ず一致すること。これを**三面等価の原則**と呼びます。もう1つは生産→分配→支出→生産という具合に，GDP は循環的な動きを果たすこと。経済は流れながら，ダイナミックな動きが他の部門に影響していくのです。

2　キーワードと現実の値

これから皆さんはマクロ経済学を本格的に学ぶわけですが，その際に重要となるペアの考えがあります。いずれも経済的思考の基本となりますが，逆に今の段階では完全には理解できないかもしれません。それでも，次のような三組のペアがあることはまず覚えておいて下さい。

1） ストックとフロー

ストックとは「貯まったもの」という考えです。**フロー**とは「流れているもの」です。風呂桶（オケ）に貯まった水がストック，その風呂桶に蛇口から注ぎ入れ，また栓から出て行く水がフローです。マクロ経済学では国債の残高，国民総資産，貨幣供給量（マネーサプライ）などがストック概念にあたります。それでは GDP はどうでしょうか？　実はフロー概念です。なぜならば GDP は毎期毎期に積み上がった付加価値のみを計上するからです。ストックとはある一時点で蓄積したもの，フローはある期間とある期間の差と覚えるのも

---

[4]「一定期間」とは1年か四半期です。財とは目に見える商品，サービスとは（ヘアサロンや教師の仕事など）目に見えない商品を指します。似た考えに GNP（国民総生産）がありますが，その差（国籍か地域か）は気にしないでください。

良いでしょう。

2）ネット（純）とグロス（粗，総）

調味料の瓶に「Net 80 g」と表記してあるのを見たことがありませんか？これは瓶の重さを除いて，正味80gという意味です。経済学では特に，生産に用いる資本（例：機械設備）の価値が減っていく場合，**ネットとグロス**の考え方をとります。すなわち一方で新しい生産で付加価値が足されていくのに対し，他方で資本がどんどん磨り減っていく部分があります。この部分を会計学では減価償却，経済学では固定資本減耗（ゲンモウ）と呼びます。そして

国内純生産（NDP）＝国内総生産（GDP）－固定資本減耗

という関係が成り立ちます。資本が自動的に減ってしまう部分を除き，純粋に価値として付け加わった部分を評価しようというのがNDPの考えです。

3）名目と実質

1923年頃のドイツでは猛烈なインフレが起こり，コーヒーを飲んでいる間に，その料金が倍増する有様でした。あるいは2.9ドルで，日本ではどのくらいの物が買えるのかという疑問があります[5]。つまり実際に表示された値段とは別に，インフレ率や通貨の違いを超えて，実質的に財がどのくらい購入可能かを知りたいのです。前者を**名目**（貨幣）値，後者を**実質**値と呼びます。例えば時給750円といった表示が名目値で，その750円で1年前にはパン4個買えたのだが，今年は3個しか買えないという場合，時給の実質値が下がっている，などと使います。特に経済成長率などを調べる場合，単に名目的な貨幣額だけでなく，インフレ率を除去した実質値を見ないといけません。

4）現実の値

以上のペア概念を踏まえた上で，現実の値を見てみましょう。マクロ経済学で大事なのは，常に現実と理論を交互にチェックしあうことです。ここで

---

[5] これはあるハンバーガー1個の値段です。同じ商品が日本では2.33ドル，アイスランドでは6.01ドルで買えます。*The Economist*, 27 May 2004.

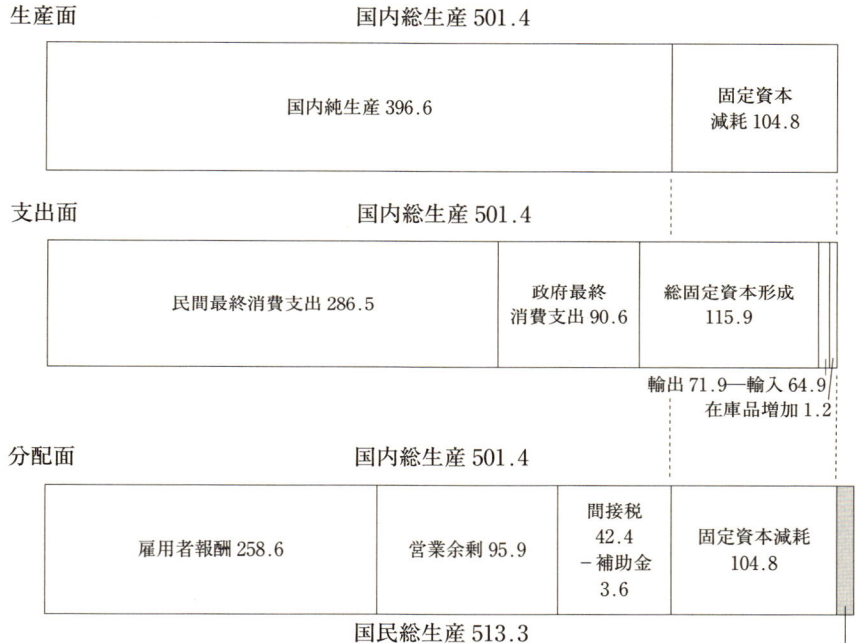

図1-2 2005（平成17）年のGDP（単位 兆円）

は内閣府が作成している『国民経済計算年報』に依拠し，上記の三面等価がどのように成り立っているかを見ます。

2005年（暦年）の日本のGDPは約500兆円でした。マクロ経済学が楽しくなるには，こうした基本的な数字を押さえることも重要です。この大きさは，世界全体で第2位，約10％強を占めます。第1位はアメリカ合衆国で，日本の約3倍です。また，アメリカ一国とEU[6] 15ヵ国がほぼ等しいGDPの規模です。近年，成長の著しい中国は日本の約半分で，韓国は約6分の1となっています。

生産面では，国内総生産から固定資本減耗を引いて，国内純生産が求まり

---

[6] 1993年のマーストリヒト条約によって発足した「ヨーロッパ連合」。2007年1月現在，27か国が加盟しています。本文では以前の加盟国の合計です。

ます。減耗分は全体の20％にも当たり，かなり大きいことがわかります。支出面では，「民間最終消費支出」が最大項目で，半分以上を占めます。これがいわゆる「消費」に当たります。次に大きいのは「総固定資本形成」という項目で，20％強です。これは「投資」に当たります。資本ストックを形成するのが投資であると覚えて下さい。次は「政府最終消費支出」という項目で，全体の20％弱です。これは「政府支出」に当たります。この3つで総需要のほとんどが構成されているのがわかります。単純化されたモデルでも，C，I，Gが重要とされるのは現実の値からも正当化されるのです。次の「輸出—輸入」は「純輸出」とも呼ばれます。双方が相殺（ソウサイ）して，GDP全体からは1-2％のシェアしかないことがわかります。最後の「在庫品増加」はほとんど無視して良い値ですが，実はやっかいな項目です。統計上，「売れ残った在庫」も投資活動であるとして，あたかもその時点で需要と供給が一致している（販売と仕入れ値が合う）とみなして統計を作っているのです。

　最後に分配面では，「雇用者報酬」が最大で，半分以上のシェアです。これは家計の収入を意味し，つまり労働者の取り分です。次が「営業余剰（＋混合所得）」で，約20％になります。これは法人企業（＋個人企業）の利潤を指します。「間接税—補助金」という項目があるのは，政府の取り分を明らかにしておくべきだからです。特に「雇用者報酬＋営業余剰」を分母として，「雇用者報酬」を分子とする比率を，「労働分配率」と呼びます。現在は70％ですが，この率が下がっているのか横ばいなのか，大きな論争点になります。

II　景気循環

　このようにGDPを厳密に定義し測定する1つの理由は，ある国の経済がどのくらい成長したか，他の国と比べてどうか，という問題を1つの数字で表せるからです。例えば，バブル崩壊による不況，BRICs[7]の躍進，EU経済圏の拡大など，様々な話題はGDPの大きさやその増加率（＝**経済成長率**）に基

---

[7] ブリックスとは，ブラジル，ロシア，インド，中国の頭文字を取った略称です。経済成長の著しい四か国です。

づいています。ここでは日本経済の成長史と景気循環の分類をしておきましょう。

1　日本の経済成長

　日本は江戸時代の蓄積期を経て，明治維新（1868年）以来，富国強兵政策によりヨーロッパ文明を積極的に取り入れ，経済成長の形で国民を豊かにするという基本線を持っていました。この路線は太平洋戦争（1941-45年）による壊滅的な打撃で一時的に挫折しました。しかし戦後，高度成長の波に乗ることで，再び成長路線を堅持しました。そしてついにGDP世界第2位の経済大国になったのでした。ただしこの路線も二度の石油ショックやバブル崩壊によって，現在は低成長路線への転換を迫られています。

　1）景気の波

　第二次世界大戦の終結から現在まで，景気の波は14循環あると言われています。中でも高度成長期の神武景気，岩戸景気，いざなぎ景気が有名です。いずれも太古の昔と比べても空前絶後という意味合いから名付けられ，朝鮮特需，GATT加盟，所得倍増計画，オリンピック景気，3C消費ブームなど[8]が起こりました。終戦直後の大混乱をデフレ政策（ドッジ・ライン）という荒治療で乗り切って以来，日本経済は1950年頃から1970年頃まで，順調に成長を謳歌してきたのです。

　しかしその成長路線も終焉を迎えました。日本経済が巨大になり，今までの保護政策が許されなくなったこと，ニクソンショック・石油ショック[9]を象徴とする世界経済そのものの成長鈍化にさらされたこと，公害など成長路線のマイナス面が拡大したこと，などが主な原因です。1985年にはプラザ合意により，ドル高是正（各国がそれにふさわしい通貨価値に調整していくこと）が各国で起こりました。日本では一瞬の円高不況の後，空前の土地・株ブームを

---

[8] それぞれ自分で調べてみて下さい。福田・照山（2005），浅子・篠原（2006）などが参考になります。
[9] 中華人民共和国との電撃的な国交正常化，金とドルの互換性停止，および中東戦争・イラン革命による石油価格の上昇。

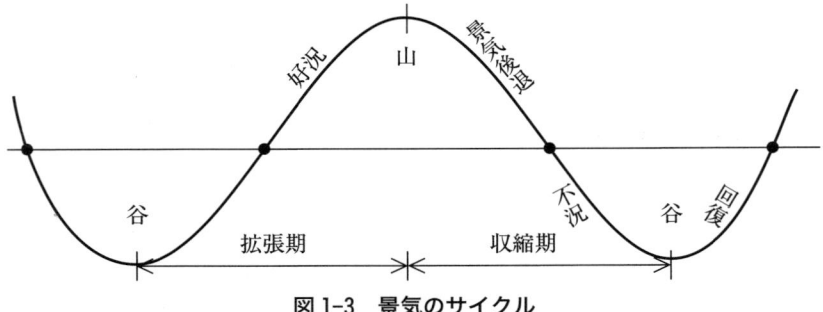

図1-3 景気のサイクル

生んだ「**バブル経済**」が出現しました。しかし期待の錯誤に支えられたブームは崩壊も早く，1990年代初頭から逆に「バブル後遺症」となり，金融機関の破綻など「失われた10年（15年）」と呼ばれる時代に突入しました。2007年現在は小康状態を保っていますが，国債急増に頼った政策のつけが回ってきているのも見逃してはなりません。

2）景気循環

景気循環は主に2つに分類できます。第1に，好況→景気後退→不況→回復という4つの局面を重視する方法です。第2に，谷（循環の中で一番底の部分）から山（ピーク）までの拡張期，山から谷間での収縮期に分ける方法です。

また実際とのデータから，次の4つの波・循環（サイクル）がよく知られています。キチンの波，ジュグラーの波，クズネッツの波，コンドラチェフの波です。それぞれの周期と原因は，40ヶ月/在庫，7-10年/設備投資，20年/住宅，50-60年/技術革新です。

2　景気動向指数[*]

では実際に，景気の動向はどのように判断され，確定されているのでしょうか？　ここでは内閣府が作成している2つの指標を例にとって，景気の動向をみていきます。

1) DI

まずデフュージョン・インデックス DI を取り上げます。様々な経済指標から景気循環のタイミングを計るのに便利な指標を 30 取り上げ，それを 3 つに分類します。先行指標（景気に対して数ヶ月先行する），一致指標（全体の景気とほぼ同時に動く），遅行(チコウ)指標（数ヶ月遅れて動く）です。それぞれの指標ごとに 3ヶ月前との比較をして，拡大を示す指標が多数になったら拡大，少数の場合は縮小という判断を行います（多数決の原理）。例えば先行指標には新規求人数，マネーサプライ，新車新規登録などがあり，一致指数には鉱工業生産指数，大口電気使用量，百貨店販売額などがあり，遅行指数には完全失業率，法人税収入，家計消費支出などがあります[10]。

2) CI

DI は 50% 以上が好景気，以下が景気後退とする二者択一の指標です。そこで景気拡大がどの程度加速（減速）しているかを知りたい場合は，コンポジット・インデックス CI という手法が使われます。

III 消費関数と 45 度線分析

今までは GDP の考えとその応用でしたが，ここからは実際に GDP（あるいは国民所得[11]）がどのように決まるか，動くかという理論的な問題を取り扱います。その中でも短期の所得決定理論および乗数を学びます。まずこの理論の背景・前提を示した後，実際のモデル（数式と図）を簡単に説明します。

1 理論の前提

第 1 章の大部分は，いわゆるケインズのマクロ経済学です。ケインズは

---

[10] それぞれの指数がなぜ 3 つに分類されるのか，考えてみましょう。なおデフュージョンとは「散らばった」，コンポジットは「合成された」という意味です。
[11] 今後，GDP, GNP, NDP などの違いを気にせず，すべて「国民所得」という言葉で代表させます。実際の場面では重要な差ですが，単純化する理論ではその差をとりあえず無視するのです。

1929年の**大恐慌**の経験も踏まえ，失業がなぜ生じるかを考えました。そして今までの経済学を一新し，国民所得を決定するマクロ経済学を発明したのです。このような状況で生まれた経済学なので，短期的で数量調整が優先される世界を描くのが得意です。そして総需要の大きさを経済の決定要因と見ます。総需要こそが経済活動の大枠を決めるという考えは，「**有効需要の原理**」と呼ばれます[12]。有効需要とはここでは，支払の裏付けをもつ需要と考えて下さい。そして経済学で短期とは，最終的な調整（需要＝供給という長期的な均衡点）が行われる前の状況を指します[13]。経済の長期的動向は第6章，第10章，第12章などで触れますので，ここでは短期のモデルだな，と頭の片隅(カタスミ)に覚えておいて下さい。

　ここで**モデル**という言い方をしました。これは何でしょうか？　経済は非常に複雑です。様々な要因が絡み合って，ある経済現象が生まれたり，変化したりします。それを複雑なまま放っておくと，いつまでたっても因果関係や相関関係[14]を導けません。政策に重要なターゲットも見抜けません。そこで「経済的な見方」というある視点から，複雑な現象を思い切って単純化して理論化する操作が必要になってきます。それをモデル化あるいは理論化と呼び，経済学では数式モデルや図を使うことが多くなります。例えば国民経済計算や国際収支表も経済の見方であり，数々の消費理論や投資理論はモデルです。これから多くのモデルを学ぶことになりますが，常にどのような前提・制約があるか，どのような論理で結論を導いているかも考えていきましょう。そうすれば，ある理論の特徴と限界をはっきりと理解できるからです。

---

[12] ちょうど反対の考えを「**セイ法則**」（供給はみずからの需要をつくる）と言います。作った物は値段調整の結果によって必ず売れるので，恐慌（供給過剰）が起こることはないという信念を示します。

[13] 短期と長期の二分法と呼びます。ケインズがこの二分法を取ったわけではないのですが，単純化のためにここでは標準的な理解を示しておきます。なお短期や長期は具体的な期間とは関係なく，論理から導かれる抽象的な用語です。

[14] 前者は原因と結果が明らかな関係です。後者は2つの出来事がかなりの程度，同じ動きを見せることを意味します（例えば体重と身長）。

第1章 国民所得の決定

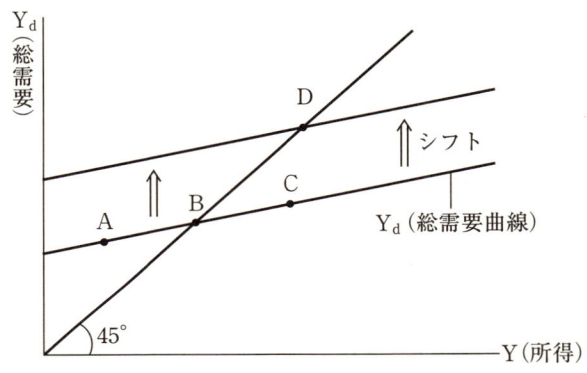

図1-4　45度線と総需要

2　45度線分析

大胆な単純化を行って，次のように取り決めます（経済学では「仮定する」という言葉を多用します）。経済は需要側が主に重要性を持つこと，その需要の中でまず消費に注目し，他の項目はとりあえず動かない（経済学では「所与（＝外から与えられた）」という言い方をします）と仮定します。そして労働市場と資産市場は考慮せず，生産物市場[15]のみを考えていきます。

この時，総需要 Y_d は次のように示されます。

$Y_d = C + I + G + (EX - IM)$

ここで C：消費，I：投資，G：政府支出，EX－IM：輸出－輸入（≒貿易・サービス収支）です。つまり総需要とは右辺の4つの項目の合計に他ならないのです。ここで経済がどの点に落ち着くか（＝均衡点はどこか）を調べるのに，45度線グラフという工夫があります。

横軸に国民所得 Y，縦軸に総需要 Y_d を取り，45度線（$Y = Y_d$）も入れておきます。後述しますが，総需要の直線は45度線よりも傾きが緩く，しかも切片が0よりも上にあります。ここで経済がA点にあるとしましょう。ここでは実際の国民所得よりも総需要が大きいので，生産量を増やすことになりま

---

[15] 財市場とも言います。通常の財・サービスが取引される市場です。

す。この傾向は総需要の直線が45度線に交わる所まで、つまりB点まで続きます。この点では国民所得＝総需要となるので、もはや生産量が動く誘因はありません。

今は供給が少なすぎる（つまり超過需要であった）場合を示しました。逆の場合、供給が多すぎるときにも似たような動きになります。今度はC点から出発すると、現在の総需要に対して国民所得が大きすぎます。そこで今度は生産量が減るように調整されていくのです。再びB点が均衡です。次に何らかの要因で、総需要全体が一気に増加したと仮定します。この時、総需要の直線が全体的に上方に移動します（「シフトする」と言います）。そうすると新しい均衡点はB点からD点に移動します（詳しくは後述）。このように、直線上の点の移動と、直線そのものの移動（シフト）は経済的な意味がまったく違うので、注意して下さい。

いずれの場合も、「総需要の大きさに応じて国民所得の水準が定まる」のです。それを視覚的に示したのが45度線分析です。

3　総需要の直線

それでは保留にしていた点を考察しましょう。第1は、なぜ総需要の直線は傾きが45度以下なのかです。

実は総需要の筆頭項目である消費に鍵があります。その他の投資、政府支出、財・サービス収支は一定（とりあえず変動しない値）とみなしました。その上で、**ケインズ型（短期）消費関数**を導入します。

$$C = a + c(Y - T)$$

ただし a は基礎消費、c は限界消費性向、T は一定の税額です。いきなり難しい式や言葉が大量に出てきましたね。しかし実は大げさなことを言っているわけではありません。経済学では式や記号を使うと、論理をクリアに示せて、大量の言葉を書かずに節約できることが多いのです。アイデアは単純なことが多いので、1つ1つステップを踏んでいけば、「わかった！」と思うことも多いでしょう。

まず関数という言葉から説明します。この場合は、所得　→　消費　とい

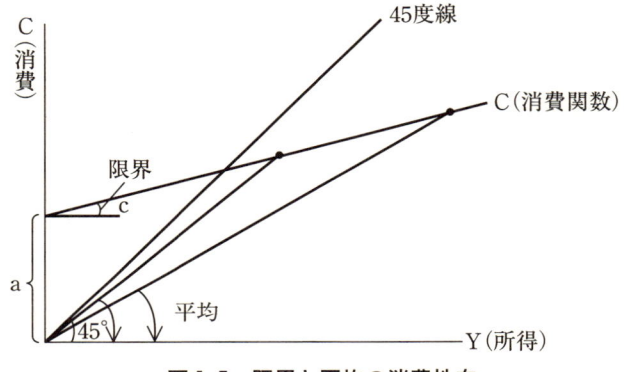

図1-5　限界と平均の消費性向

う具合に，一方が決まれば他方も自動的に（一意に）決まる関係を示します。消費関数，投資関数，貨幣需要関数など，何と何が変数で，どちらが最初に決まるか（独立変数），どちらが後から決まるか（従属変数）を見極めれば良いのです。次にY-Tの部分を可処分所得と言います。給料の全額ではなく，税金・保険料などを引いた処分可能な金額が重要です。最後に，基礎消費aの部分はたとえ可処分所得がゼロであっても，生活のために必要な支出です。グラフで言うと，縦軸の切片（総需要の直線と縦軸がぶつかる所）です。a>0である，というのが図1-5からわかります。

　限界消費性向cはやっかいです。まず**平均消費性向**を$C/(Y-T)$と定義しておきましょう。つまり，消費を可処分所得で割った値です。図1-5から明らかなように，この値は可処分所得が大きくなるにつれ，だんだん小さくなっていきます。ケインズはこの事態を指摘し，社会が豊かになると消費が減り，総需要が不足する（ゆえに投資が必要）とみなしました。それに対して**限界消費性向**とは，追加的にわずかな可処分所得の増加があった場合，どの程度の消費増加があるかという比率（追加的な消費÷追加的な可処分所得）です。例えば500万円の年収を持つ人が100万円の貯蓄をしていたら，0.8が平均消費性

---

[16] 消費が400万円なので，400/500＝0.8です。

向です[16]。この時，追加的に1万円の所得増があって，消費を7000円だけしたら，限界消費性向は0.7となります。この値は消費関数の傾きです[17]。

さて，ようやくcが消費関数の傾きを示すことがわかりました。そしてこのcは0と1の間にあるというのが通常の想定です。追加的な1万円の所得増があった場合，2万円消費に使うとか，1万5000円貯蓄するとか，そのような事態は考えにくいのです。ゆえにcは45度線の傾き（＝1）より小さく，正の値を持つと想定するのです。このため消費関数の傾きは45度線より緩やかとなります。そして他の変数はいま一定なので，消費関数の性質がそのまま総需要の直線に受け継がれます。これで第1の疑問は解けました。

最後に具体的な数値を入れてみましょう。

$$C = 100 + 0.75(Y - 40)$$

この式から次のようなことがわかります。まず基礎消費100，限界消費性向0.75，一括税40です。各人で，所得・可処分所得・消費・平均消費性向の表を作り，$Y = 40, 80, 120, 160, 200, 240$ と変化させた時に，それぞれの数値を埋めてください。「所得が大きくなると，平均消費性向が小さくなる」ということを確かめられましたか。

4　限界貯蓄性向

実は何気なく，今まで　**所得＝消費＋貯蓄**　という想定をしていました。所得のうち消費しない分を貯蓄と呼ぶということです。500万円の年収で400万円の消費をしていたら，残りの100万円が貯蓄に回っています。限界的な場面でも同じです。1万円のうち7000円が追加的な消費としたら，3000円が追加的な貯蓄となります。それゆえ**限界貯蓄性向** s を（追加的な貯蓄÷追加的な可処分所得）と定義すれば，

$$1 = c + s$$

となることは明らかです（上記の例では $c = 0.7$, $s = 0.3$）。変型した $1 - c = s$ とい

---

[17] この「限界」という言葉は，経済学では「追加的に（マージナル）」という意味です。数学に翻訳すると，ある関数を微分するという作業（微分係数を求める）になります。**図1-5** の消費関数は直線なので，その傾きは一定です。

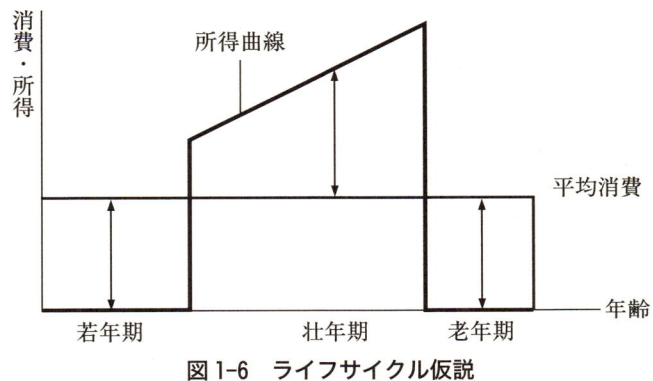
図1-6　ライフサイクル仮説

う式は，後に乗数の部分で使いますので，覚えておいて下さい。

5　その他の消費関数*

　これまではケインズ型の消費関数を使って分析を進めてきました。それは短期の分析を得意として，平均消費性向については，長期には低下することになっていました。ところが70年ほどの長期データを用いたクズネッツの推計によると，平均消費性向はほぼ0.9で一定になりました。つまりケインズ型消費関数と長期の実証データが一見すると矛盾するので，これを解決する理論が発展することになったのです。ここでは3つの代表的な仮説を取り上げます。

　1）ライフサイクル仮説
　人間は長期的視野にたち，人生全般（ライフサイクル）を考えて最適な消費や貯蓄を決めるというモデルです。
　生まれてから就職するまで，引退するまで，死去するまでの三期に人の一生を分け，真ん中の壮年期のみ所得が発生すると仮定します。この個人はまず，自分が生涯でどのくらい所得を稼げるか（生涯所得）を計算し，次にそれを全期間で平均化するように消費を決めます。つまり

　　　　生涯所得＝1年間の平均消費×生存期間＝生涯消費

です。その平均消費と実際の所得をみて，若年期では借金，壮年期では借金の返済と貯蓄，老年期では貯蓄の取り崩しを行います。このように**ライフサイクル仮説**では，長期的に消費の所得に対する比率は安定していますが[18]，短期的には壮年期が典型であるように，所得が高くなるにつれ，平均消費性向は下がっていきます。

　2）恒常所得仮説

　フリードマンが提唱した**恒常所得仮説**も有名です。次のように毎期の所得が分かれると主張されます。

　　　　毎期の可処分所得＝恒常所得＋変動所得

　恒常所得とは毎月のサラリーのように，自分の稼ぐ力を勘案（カンアン）して，将来をも見渡して平均的な「稼ぐ力」を反映した所得のことです。変動所得は景気に大きく左右されるボーナス部分や，宝くじの当たりなど，予想できない変動部分です。フリードマンによれば，消費はおおむね安定的で，恒常所得と一定の比例関係を持ちます。これにより，長期的には変動所得のプラス・マイナスは相殺（ソウサイ）され，可処分所得＝恒常所得となり，平均消費性向が安定した値になります。しかし短期には変動所得の部分に左右されて，所得と消費の比率が大きく動いていきます。またフリードマンは恒常所得が過去の所得を加重した値[19]から得られるとも主張し，こうして短期と長期の矛盾を説明しようとしました。

　3）流動性制約

　ライフサイクル仮説や恒常所得仮説は，かなり長期に渡った人間の合理性を仮定しています。しかしトービン等から，そのような合理性を発揮できる環境が整っていないと指摘されました。その1つが**流動性制約**と呼ばれる状

---

[18] 厳密には，寿命の予測不能性，遺産の存在などを仮定しないと，長期的な貯蓄が出てきません。
[19] 直前の所得は重要で，はるか昔の所得は重みが小さいと想定し，ウェイトを変えた係数をかけて平均をとることです。

況です。

　ライフサイクル仮説が典型だったように，所得がゼロでも資金をすぐに調達できて，最適な消費を実現することになっていました。しかし現実には人々はそれほど自由にお金を借りることはできません（特に若年期や所得の低い層にとっては）。すると本来は借金によって実現できたはずの消費が，資金繰りがうまくいかないという理由で，現実の可処分所得に大きく依存してしまうでしょう。この状況を流動性制約と言います。流動性という言葉に関しては第2章で詳しく述べます。ここでは不正確ですが，お金を自由に借りられることと関係する，と捉えておいて下さい。

　以上，3つの仮説を取り上げましたが，消費行動や貯蓄行動はマクロ経済学でも最も身近な分野です。具体的なデータも蓄積していますので，様々な仮説を検証しやすいとも言えます。このようにマクロ経済学は理論とデータの相互リンクの場所なのです。

IV　乗　数

　45度線分析でもう1つの留保は，新しい均衡がどのように達成されるかでした。この状況を描写するために，乗数という新しい考えを採用します。消費関数や乗数はケインズ経済学の大きな財産です。

1　政府支出乗数
　総需要の式をもう1度思い出して下さい。
　　　$Y_d = C + I + G + (EX - IM)$
　いま政府は経済全体の総需要が足りないと認識し，政府支出Gを動かすことによって国民所得Yに影響を与えようと考えました。その効果はどうなるでしょうか？　政府支出の増分をΔG[20]とします。それは総需要の一部で

---
[20] デルタ・ジーと読みます。デルタはわずかな増加分を指します。

すから、直ちに国民所得を ΔG だけ増やします。問題はこの先です。増えた国民所得は、三面等価の原則から必ず分配されます。つまり誰かの所得になり、そこからまた消費を行うことになります。どのくらい消費が増えるかというと、限界消費性向 c を所得の増分にかけた値になります。この場合は、$c \times \Delta G$ です。そしてここでもプロセスは終わりません。支出された消費は再び所得になるため、そして一部は再び消費に回ります。$c \times (c \times \Delta G)$ です。この過程がずっと続いていきます。結局、所得の増分をすべて集めれば

$$\Delta Y = \Delta G + c\Delta G + c^2\Delta G + c^3\Delta G + \cdots\cdots$$

となります。両辺に c をかけて辺々引けば

$$(1-c)\Delta Y = (1-c^n)\Delta G$$

となります。$0 < c < 1$ が限界消費性向の想定ですから、この範囲では c^n は無視できるほど小さくなり、ゆえに

$$\Delta Y = \Delta G / (1-c) \left(= \frac{1}{1-c} \cdot \Delta G\right)$$

となります。

この式が**政府支出乗数**を示します。つまり初期に ΔG だけ政府支出を増加すれば、その $1/(1-c)$ 倍だけ国民所得が増えるという意味です。この $1/(1-c)$ という部分[21]を乗数と呼びます。$0 < c < 1$ という想定では、乗数は必ず 1 以上になります。例えば $c = 0.8$ ならば、乗数は 5 です。この時、政府支出が 10 兆円増えたならば、国民所得は 50 兆円増えることになります。

別の式からも同じことを示します。総需要の式に消費関数を代入します。

$$Y_d = C + I + G + (EX - IM)$$
$$C = a + c(Y - T)$$
$$Y_d = a + c(Y - T) + I + G + (EX - IM)$$

ここで均衡では総需要と国民所得が等しくなくてはいけませんから、$Y_d = Y$ とおいて、Y について式を整理します。

$$(1-c)Y = a - cT + I + G + (EX - IM)$$

---

[21] 実は限界貯蓄性向の逆数です。

図 1-7　乗数過程

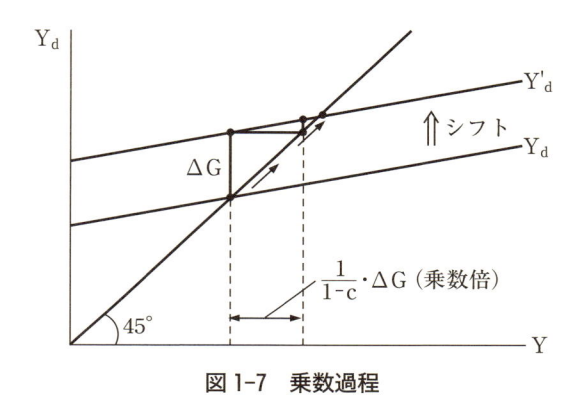

$$Y^* = \{a - cT + I + G + (EX - IM)\}/(1-c)$$

均衡なので特別な Y^* にしておきました。さて再び G が $G + \varDelta G$ に変化したとします。他はすべて一定です。新しい均衡国民所得を Y^{**} とおくと，

$$Y^{**} = \{a - cT + I + G + \varDelta G + (EX - IM)\}/(1-c)$$

が成立します。下の式から上の式を引くと

$$Y^{**} - Y^* = \varDelta G/(1-c)$$

となります。左辺は所得の増分ですから $\varDelta Y$ と同じです。結局，前と同じ式が導出できました。

　乗数の意味は甚大(ジンダイ)です。45度線分析の枠組みを前提にすると，政府支出が10兆円増えると，国民所得は10兆円どころではなく，その乗数倍増えることになります。公共投資が経済学的な理由から正当化されるのです。図示すると図1-7のようになります。政府支出が限界的に拡大すると，その分だけ総需要の直線は上方にシフトします。まず $\varDelta G$ だけ国民所得も拡大しますが，プロセスはそこで終わらず，より少ない量の $c\varDelta G$ だけ，再び総需要も増えます。このプロセスをずっと追っていくと，最後は45度線とぶつかる点に収束することになります。

2　租税乗数*

政府が総需要を管理する方策は，公共事業の他に減税がありえます。減税の効果を調べてみましょう。

$$Y^* = \{a - cT + I + G + (EX - IM)\}/(1-c)$$

この式で税額 T（一括税，人頭税）にかかってくる係数のみが重要です。他の変数は変化しないと仮定すれば，Tにかかってくるのは分子の $-c$，分母の $1-c$ だけです。そのため

$$\Delta Y = -c\Delta T/(1-c)$$

となることがわかります。係数にマイナスが付いていることに注意しましょう。税金が増えると所得は減るからです。ここで乗数は $-c/(1-c)$ となります。これを**租税乗数**と呼びます。

租税乗数は政府支出乗数よりも（絶対値で）小さいことに注意しましょう。その理由は租税の効果がまず消費に現れるので，貯蓄に逃げてしまう部分があるのです。それに対し，政府支出の場合は直接に総需要をまず増やしますから，貯蓄への脱漏が最初は起こっていないのです。

3　均衡予算乗数の定理*

政府支出を行うためには，財源が必要です。単純化のために，追加的な政府支出をすべて租税（一括税）の増加で賄うとしましょう（記号にすれば $\Delta G = \Delta T$）。一方は国民所得を増やす効果，他方は減らす効果です。例えば10兆円の増税をして，10兆円の追加的政府支出をした場合です。この時に全体の効果はどうなるでしょうか。プラスとマイナスが相殺してゼロになるでしょうか。実はそうではありません。

$$\Delta Y_1 = \Delta G/(1-c), \quad \Delta Y_2 = -c\Delta T/(1-c), \quad \Delta G = \Delta T$$

最初の式は政府支出の効果です。2番目は増税の効果です。これらを足して，3番目の式も代入すると

$$\Delta Y = \Delta Y_1 + \Delta Y_2 = \Delta G/(1-c) - c\Delta T/(1-c)$$
$$= \Delta G/(1-c) - c\Delta G/(1-c)$$
$$= (1-c)\Delta G/(1-c) = \Delta G$$

となります。つまり国民所得はちょうど政府支出の増分だけ増加するとなります。乗数が1ということです。この事実を**均衡予算乗数の定理**を呼びます。均衡予算を組んでも、なお乗数効果がプラスであると示されました。

4　様々な乗数*

今までは $Y_d = C + I + G + (EX - IM)$ という式において、消費 C のみが Y に従って変動すると仮定してきました。もしその仮定をはずせば、もっと様々な乗数効果を確かめることができます。

1）投資乗数

例えば（民間）投資が変動するということに着目すれば、政府支出の場合とまったく同じように

$$\Delta Y = \Delta I / (1 - c)$$

を導くことができます。政府支出も民間投資も総需要（有効需要）の重要な部分ですから、同じ効果を持つのです。この場合を**投資乗数**と呼びます。

2）比例税

今までは T が一定の値で、所得には依存していませんでした。これを比例税（所得に比例した税額）に置き換えることもできます。$T = tY$ と定め（t は一定の税率）、これを前の式に代入すると、

$$\Delta Y = \Delta G / (1 - c + ct)$$

となります。一括税の時と比べると、$1/(1-c) > 1/(1-c+ct)$ なので、乗数が小さくなっています。これは所得が大きくなるにつれて税額も多くなり、従って可処分所得が減るために、有効需要への効果が薄れることを意味します。一括税は効率的であることがわかります（ただし担税力の点からは問題あり）。

3）外国貿易乗数

再び一括税に戻した上で、輸入に注目します。今までは IM という形で一定としてきましたが、より現実的な仮定は「輸入も国民所得の大きさによっ

て変動する」とみなすべきでしょう。そしてどのように動くかと言えば，国民所得に比例して輸入も大きくなると想定することが許されるでしょう。つまり IM＝mY とおくのです。この m は追加的に所得が増えた時に，どのくらい輸入が増えるかを示すので，**限界輸入性向**と呼べます（0＜m＜1）。これを前の式に代入し，

$$\Delta Y = \Delta G/(1-c+m)$$

を得ます。この係数を**外国貿易乗数**と呼びます。再び，$1/(1-c) > 1/(1-c+m)$ なので，乗数が小さくなっています。総需要の式から明らかなように，輸入は有効需要のマイナス要因です。せっかく政府支出を拡大しても，その効果の一部は輸入として一国から脱漏するため，乗数効果が小さくなるのです。

V　投　資*

　有効需要を構成する要素として，これまで主に消費を考えてきました。しかし投資についても劣らず大事です。消費は総需要の中で最も大きなシェアを占めますが，安定的でさほど変動しません。投資は相対的に小さなシェアですが，在庫投資，設備投資，住宅投資など種類が多岐に渡り，大きな変動を起こします。つまり好況不況の波をもろにかぶるのが投資であり，「投資が投資を呼ぶ」とも言われるように，呼び水効果として，初期の投資が次々と波及する可能性もあります。そこでこの節では，投資に関する代表的な理論を紹介しましょう。

1　ケインズ型投資関数

　まず投資（資本）の限界効率という考え方を学びましょう。企業はさまざまな投資企画案を持っています。例えば次のような4つのプロジェクトを企画します。第1の LRT（次世代型路面電車）計画では，100億円の投資で8％の収益が見込めるとします。収益率とは，その投資がどのくらい儲けを生むかという率です。第2の新空港計画では300億円の投資で6％，第3の複合型スタジアム計画では100億円で4％，第4のオリンピック誘致計画では400億

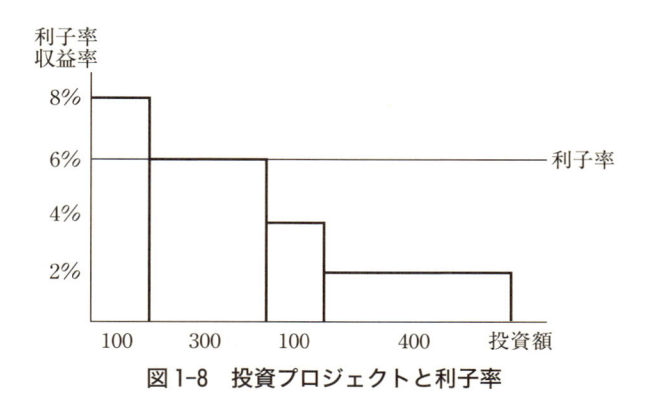

図1-8 投資プロジェクトと利子率

円で2％の収益がそれぞれ見込めます。この時，この企業（道州制における中央計画企業のようですが）はどこまで投資を行うでしょうか。

ケインズは「利子率との関係で決まる」と考えました。利子率が7％の時は，第1の案しか実行しません。金融機関から資金を調達してきた時は，その金利（利子率）よりも高い収益率でなければ，借金を返せません。自己資金の場合でも，銀行に預けておいた方が有利になるようでは，投資は実行しません。利子率が6％未満に下がった時，初めて第2の計画まで実行することになります。

追加的な投資による収益率を「**投資の限界効率**」と呼べば[22]，この値と利子率を比べることになります。そして，投資の限界効率と利子率が一致する点で，投資が行われるという理論が出てきます。これがケインズ型の投資関数です。さらに利子率が下がるほど資金の調達コストが下がるので，今までは採算に乗らなかったプロジェクトも実行されることになります。つまり，利子率が下がれば，投資は増加するという関係になるのです。この関係は後に第3章で再び触れます。

---

[22] ケインズ自身は「資本の限界効率」と呼びましたが，投資（フロー）と資本（ストック）を区別する意味から，本文のようにしておきます。

2　加速度原理

まったく違う発想の投資理論もあります。**加速度原理**と呼ばれます。投資は利子率というよりも，生産量（＝所得）の変化分に応じて決まるという理論です。望ましい資本設備をKとするとき，$K=\nu^{23}Y$ という関係を仮定します。資本ストックは所得に比例するという意味です。資本設備の変化分が投資ですから，

$$I = \Delta K = \nu \Delta Y$$

となります。あるいは同じことですが，

$$I_t = \nu(Y_t - Y_{t-1})$$

となります。添字tは時期を示し，Y_{t-1}は一期前の所得という意味です。これが加速度原理の式です。投資は所得の「変化」に対応して，増減するのです。例えば，たとえ経済成長で所得が増えていたとしても，その増え方が鈍ってくれば（経済成長率が鈍化してくれば），投資水準は下がっていくのです。

加速度原理はν(＝資本ストックと産出量の比)が一定という無理な仮定をしているのですが，他方，現実をよく説明できることでも知られています。つまり投資が利潤率，稼働率（資本設備がどの程度の実働であるか），売上げと密接な関連があることが説明できます。また $C_t = cY_{t-1}$ という消費関数および $I_t = \nu(C_t - C_{t-1})$ とともに総需要の式に代入すると，

$$Y_t = (CCI + \nu)Y_{t-1} - c\nu Y_{t-2} + G + EX - IM$$

となります。右辺の第三項以下を一定とおくと，結局，一期前と二期前の所得が定まれば，今期の所得が定まるという因果関係になります。これによって所得の動学的な経路がわかります。投資が景気変動を主導することになります。この発展型で経済成長論を考慮することができますが，それは第6章にまかせます。

3　ストック調整モデル

実は投資の限界効率の理論も加速度原理も，投資が最適な値に向かってす

---

[23] ギリシャ文字で「ニュー」と読みます。

図1-9 ペンローズ曲線

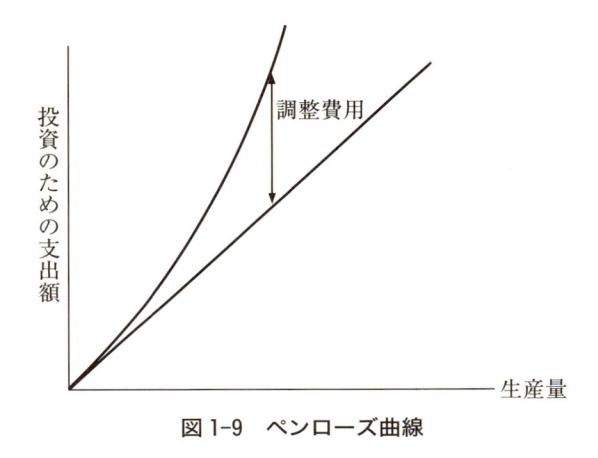

ぐに調整可能である，という解釈が可能になる理論でした。これに対して別のグループは，投資とは望ましい水準に調整されていく過程であると考えました。具体的には，

$$I_t = \lambda(K_t^* - K_{t-1}), \quad 0 < \lambda \leq 1$$

となります。K_t^* は望ましい資本ストック水準で，K_{t-1} は一期前の現実値です。投資はその差がプラス（つまり現実に資本ストックが足りない状態）ならば増加し，逆は逆となります。ただしその反応は100％というわけにはいかないので，その差の一部のみが今期の投資として実現すると考えます。λ（ラムダ）は「投資の調整速度」あるいは「伸縮的加速子」と呼ばれます。

こうして投資を資本ストックの調整過程と考える理論を，「新古典派の投資理論」，「**ストック調整モデル**」，「ジョルゲンソンの投資理論」などと呼びます。投資は利子率や所得の変化分ではなく，望ましい資本設備との直接関係で決まると考えるのです。非常にスマートな理論ですが，λ が望ましい資本設備とは関係なく一定に定まっているという欠点があります。

4　ペンローズ曲線

この欠点を補正するため，投資活動にかかる調整費用を明示しようと考え

る人たちもいました。つまり投資のスピードを上げて望ましい資本設備を実現しようと思うほど，多くの費用が必要だということです。その費用には販売網の確保，追加的人員の配置，企業内組織の改編，資金調達手段の開拓などがあるでしょう。

　横軸に生産量（投資量）の増加，縦軸に投資のための支出額をとれば，原点を通る直線は投資規模に関する調整費用がないことを示します。どの水準でも，両者が比例的な関係だからです。ところが現実には，投資規模が拡大するについて，逓増的に（増え方が増える）調整費用がかかってくるのです。上記の曲線と直線の差が，その費用を指します。このような曲線を「**ペンローズ曲線**」図1-9と呼びます。

　望ましい資本ストックの水準があっても，調整費用を考慮することで，投資増加のスピードも勘案することになります。

5　トービンのq

　最後に，これまでとまったく違う投資理論を紹介しておきましょう。アメリカのケインジアンであるトービンが考えた「q理論」です。

　　q＝（その企業の市場価値）／（その企業が持つ資本を買い換える費用）

と定義します。分子はその企業の株式市場での価値（株価×発行株数）＋債務です。これは株式市場で評価されるその企業の収益予想を含んでいます。分母はその企業が現有する資本ストックを，資本市場で売却した時に得られる金額（資本の再取得価格）です。q＞1の場合を考えてみましょう。この時，資本ストックを投資に用いないで，そのまま売却して得られる金額よりも，その資本ストックを保有することで期待できる収益の方が大きくなります。そこで企業は投資を増やすのです。逆に，その企業の資本ストックに魅力がなく，それを売却した方が高くなる場合は，投資は行いません。q＜1の場合です。こうしてqが1より小さいか大きいかが，投資にとって決定的に重要になるのです。

　こうした「**トービンのq理論**」は株式市場の評価を投資決定と関連づけた点で，ケインズの洞察力を発展させたものとも言えます。ケインズは資本の

限界効率が大きく変動する場面で，激しく動く株式市場の動向も睨(ニラ)んでいたのでした。さらに，q＝1となる点が例外であり，調整費用の存在を前提すれば，実物的な投資の価値と，金融市場での価値は乖離するのです。特に前者では調整費用が極めて大きくなり，瞬時の調整は難しくなります。

　これまで国民所得の決定という主題で，主にGDPの意味，消費関数，投資関数，それらと国民所得の関係を探ってきました。中には難しいトピックもありましたが，その部分はさほど気にすることはありません。むしろ三面等価，消費性向，乗数，有効需要の原理などの基本原理をもう1度復習してみて下さい。それでは次に貨幣の需給について学びましょう。

参考文献
1)　大住荘四郎『入門SNA―国民経済計算で読む日本経済』日本評論社，1997.
2)　中谷巌『入門マクロ経済学』日本評論社，2007（第5版），1993（第3版）.
3)　福田慎一・照山博司『マクロ経済学・入門（第3版）』有斐閣，2005.
4)　内閣府サイト http://www.esri.cao.go.jp/jp/sna/menu.html

（＊…発展学習　**ゴチック**…重要語）

（小峯　敦）

第2章

貨幣経済の理論

I　貨幣供給のメカニズム

1　貨幣の機能

「貨幣という語は，財貨に対する支払いにあたって，または実務上の他種の債務の履行にあたって，広く受領される一切のものを指称するのに用いられるものである。」。この章句は，ロバートソン（D. H. Robertson）が著書「貨幣」のなかで与えた貨幣の定義である。貨幣とは何か。この問いに答えるためには，そもそも貨幣はいかなる役割をはたすために出現したのであろうか，つまり，貨幣の機能について吟味することが最適な方法である。貨幣は，通常，(1)価値尺度としての機能，(2)交換手段としての機能，(3)価値貯蔵の手段としての機能，という3つの役割をはたすものと考えられる。逆にいえば，経済システムの中でこのような機能をはたしているものが，「貨幣」と呼ばれることになる。

(1)　価値尺度としての機能：この役割は，貨幣が財のもっている価値を計る手段，つまり，単位としての役割をはたすことである。交換が進展した経済社会においては，あらゆる財は一度「米」と交換されることになる。従って，あらゆる財の交換価値は，例えば，馬一頭は米10俵，布一反は，米2俵に相当するという具合に，米の数量によって表現される。かくして，米はその社会における価値の尺度となるのである。一般的な交換手段であり，かつ価値尺度としての機能をはたせば，たとえそれが米であったとしても，家畜であったとしても，もはや，「一種の貨幣」であるといえる。理想的なものは，金銀である。

(2) 交換手段としての機能：これは，交換過程において，貨幣が仲介の役割をはたし，取引を円滑にする機能である。いま，果物をもっている人があり，この人は，これを魚と交換したいと考えているとしよう。この人は，まず，直接に魚をもっている人を探すのではなく，まず，果物と米の交換をおこない，次いで，この米をもって，適当な時，適当な数量だけ魚と交換すれば，交換は，容易におこなわれるであろう。なぜならば，最初に，魚を保有している人を探すよりも「米」をもっている人を見出す方が容易であり，順次，魚をもっていて，これを果物と交換したいと思っている人よりも，魚と米を交換したいと希望している人のほうが遥かに一般的だからである。このような交換方式が一般におこなわれるようになると，米は明らかに社会における一般的な交換手段になる。(吉田3) p.147)

(3) 価値貯蔵手段としての機能：この機能は，貨幣が現在の消費を将来に持ち越す機能をもっていることを意味する。貨幣経済においては，商品の売手は，受け取った貨幣を直ちに支出し，他の商品を購入するというわけではなく，ある期間「貨幣」の形で貨幣という資産を保有している。貨幣には，他の商品に比較して価値の変動が少ないという性質がある。このために，貨幣は購買力を保持する手段として，利用される。つまり，貨幣は「価値貯蔵手段」という機能をもつことになる。なお，貨幣の購買力とは貨幣の他の財に対する支配力を示す。

2 マネー・サプライの形態

新聞の経済記事に「マネー・サプライ」のタームがしばしば見出される。これには，「通貨供給量」という訳語が当てられている。このマネー・サプライとは，家計や企業などの民間の非金融部門が保有する通貨のことである。

まず，マネー・サプライのタームから人々が連想することは，人々の財布の中に入っているお札と硬貨であろう。これらは「現金通貨」と名付けられている。現金通貨とは，中央銀行の発行する銀行券，政府の発行する補助貨幣，政府紙幣などの最終支払手段をさす。この現金通貨は，国内における一般的な流通手段としての通貨の基礎をなすものである。

ところで，現代社会においては，家計や企業が銀行に預け入れている普通預金，当座預金，通知預金，別段預金などの「要求払預金」も支払手段として機能している。このような要求払預金は，「預金通貨」と呼ばれている。銀行間の振替・為替取引のネットワークが完備している今日の金融システムのもとでは，要求払預金の方が現金よりも，「安全」で「効率的」な決済手段となっている。(古川2) pp.106-107)

　当座預金，普通預金，通知預金などの要求払預金は，当座預金を除いて，そのままの形で支払手段として利用することができないが，容易に通貨に変換して支払いを履行することができるという意味で，貨幣に近い金融資産であるということができる。日本銀行の統計では，これらを「預金通貨」(deposit money)と呼ばれている。現金通貨と預金通貨を合計したものが，「通貨」(money)と名付けられる。この大きさは，しばしば，M_1という記号で示される。(足立14) p.202)

　ところで，定期性預金は，そのままでは支払手段とはなりえないけれども，期限前の中途解約が可能であり，また銀行の総合口座制度の利用に見られるように，中途解約しなくても，定期預金を担保にしていつでも自由に現金を引き出すことが出来る。このようにみると，定期性預金は，「通貨に準ずる」という意味をもつことになる。したがって，定期性預金は「準通貨」と呼ばれる。M_1に準通貨を加算したものが，M_2である。さらに，M_2に，郵便局，農協・漁協，信用組合，労働金庫の預貯金と信託銀行の金銭・貸付信託を加算したものを，M_3と呼ばれている。日本銀行は，金融政策の指標として，M_2＋CDを採用し，重要視している。日本銀行は，M_3＋CDを単なる金融政策の参考指標としてみなしているだけである。譲渡性預金は，CD (negotiable certificate of deposit) と呼ばれている。

3　預金通貨の供給

　貨幣が経済の各分野に積極的に入り込んでいる貨幣経済の一つ重要な特色は，銀行の信用創造の点に求められる。銀行が貸出をおこなうと，預金通貨が造出される。これを通じて，社会の通貨の総量が増加することになる。簡

単にいえば，このことは，銀行が信用にもとづいて預金通貨を造出するという意味で，「信用創造」と呼ばれる。

預金通貨の供給は，「信用創造」とも称されている。この預金通貨の供給には，2つのケースがある。一つは，銀行が現金通貨を受け入れて，これに対して受動的に当座預金を設定するケースである。これは，「受動的信用創造」と呼ばれている。この受動的信用創造は，いわゆる本源的預金の場合にあたる。そこでは，銀行の保有現金と預金とは同じ額だけ増加するから，支払準備率は上昇する。他の一つは，銀行が能動的に割引，証券投資，貸出をおこない，その支払金額を当座預金に振り替えるケースである。これは「能動的信用創造」と呼ばれている。そこでは，当初貸出その他からの振替えにより預金のみが一方的に増加するから，支払準備率は低下することになる。通常，信用創造といわれる事態は，この能動的信用創造を指すことになる。

銀行は，預金からの現金引き出しと手形・小切手の交換尻の決済に備えるために，支払準備金としての現金を保有しなければならない。そこで，銀行は，多年の経験によって現金支払いの点から安全と思われる一定の支払準備率を維持しようと行動する。仮に現実の支払準備率がこの一定の支払準備率を上回るならば，つまり，過剰準備が惹起するならば，流動性は大となるが，収益性は小さくなる。銀行は，過剰準備が消滅するまで，貸出を増加させることによって，当座預金を創造することになるであろう。反対に，過少準備が惹起するならば，銀行は，過少準備が消滅するまで貸出を回収することにより当座預金を減少させる。(小泉 1) p.31)

いま，仮設例に基づいて，信用創造のプロセスを検討しよう。一経済に多数の銀行 (A銀行，B銀行，C銀行，D銀行…) が存在し，過去の経験に基づいて，支払準備率が20%であると想定する。銀行は受け入れた資金をこのうち，20%を手許に残してすべて貸出に振り向けるものとする。

最初，A銀行に新潟企業が現金を5,000円を預け入れたとしよう。A銀行で，この現金預入に基づいて成立する預金を「本源的預金」と呼ばれる。これを勘定形式で表すと，表2-1のようになる。いま，表2-1をA銀行の貸借対照表として，A銀行の貸出が小切手で，富山企業に支払われたとしよう。

表 2-1　A 銀行の貸借対照表

(資産)		(負債)	
現金	5,000	本源的預金	5,000

表 2-2　A 銀行の貸借対照表

(資産)		(負債)	
支払準備金	1,000	預金	5,000
貸出	4,000		
	5,000		5,000

表 2-3　B 銀行の貸借対照表

(資産)		(負債)	
支払準備金	800	預金	4,000
貸出	3,200		
	4,000		4,000

つまり，過剰現金を得た A 銀行は，受け入れた現金の 20%（＝5,000 円×0.2＝1,000 円）を残して，他の 80%（＝5,000 円×0.8＝4,000 円）を富山企業に貸出すことになる。富山企業は，取引相手の金沢企業にそれを小切手で支払う。金沢企業は，取引銀行である B 銀行にその小切手の取立を依頼したとしよう。この段階での A 銀行と B 銀行の貸借対照表は，**表 2-2** と **表 2-3** のようになる。

順次，B 銀行では，取立預金 4,000 円のうち，20% の支払準備金を残して，3,200 円の小切手を京都企業に貸出すとする。この関係は，**表 2-3** のようになる。

B 銀行によって貸出された 3,200 円の小切手は，回り回って C 銀行に預け入れられる。C 銀行はこのうち，20% の支払準備率を除いた 2,560 円を貸出す。この小切手は，また D 銀行に振り込まれる。以下このような過程が展開されて，F 銀行に預金がなされる。

表 2-4 C 銀行の貸借対照表

（資産）		（負債）	
支払準備金	640	預金	3,200
貸出	2,560		
	3,200		3,200

表 2-5 預金拡張の連鎖

	新預金	支払準備金	貸出
A 銀行	5,000	1,000	4,000
B 銀行	4,000	800	3,200
C 銀行	3,200	640	2,560
D 銀行	2,560	512	2,048
E 銀行	2,048	409.6	1,638.4
：	：	：	：
合計	25,000	5,000	20,000

このような預金拡張の連鎖をさらに分かりやすく説明するために，一枚の表に要約してみよう。これを示したものが，表 2-5 である。各銀行の新預金を合計すると，25,000 円になり，貸出額は，20,000 円になる。支払準備金は，5,000 円となる。預金の合計額 25,000 円の 20％は，5,000 円であるから，支払準備率の 20％は，依然として保持されている。

さて，表 2-5 で示された預金，ならびに貸出の波及過程は，以下の関係式で与えることができる。

新預金については，以下の関係式が成立する。

$$\Delta D = 5,000 + 4,000 + 3,200 + 2,560 + 2,048 + \cdots\cdots$$
$$= 5,000(1 + 0.8 + 0.8^2 + 0.8^3 + 0.8^4 + \cdots\cdots)$$
$$= 5,000 \{1/(1-0.8)\} = 25,000$$

ただし，ΔD ＝ 全体としての預金の増加額。

上の式のうち，$(1-0.8)$ は支払準備率 (0.2) を示す。このことから，以下の関係式が求められる。

表 2-6 信用拡張表

	新預金	支払準備金	新貸出
A 銀行	$\Delta D_0 = A$	rA	$A(1-r)$
B 銀行	$\Delta D_1 = A(1-r)$	$rA(1-r)$	$A(1-r)^2$
C 銀行	$\Delta D_2 = A(1-r)^2$	$rA(1-r)^2$	$A(1-r)^3$
D 銀行	$\Delta D_3 = A(1-r)^3$	$rA(1-r)^3$	$A(1-r)^4$

　　預金の増加額 = (1/支払準備率) × 本源的預金 …………………(1)

　銀行組織は，全体として，本源的預金に支払準備率の逆数を掛けた相乗積としての新預金（25,000円）を保有している。このうち，5,000円は，本源的預金であるから，これを控除した新しい信用創造額は，新貸出の合計に見合う金額（20,000円）である。

　貸出額については，以下の関係式が成立する。

$$\Delta L = 4{,}000 + 3{,}200 + 2{,}560 + 2{,}048 + \cdots\cdots$$
$$= 5{,}000\{(1-0.2) + (1-0.2)^2 + (1-0.2)^3 + \cdots\cdots\}$$
$$= 5{,}000\{(1-0.2)/[1-(1-0.2)]\} = 20{,}000$$

ただし，ΔL = 全体としての貸出の増加額。

　これまでの議論をやや一般化した形で説明しよう。上の表 2-5 で示された波及過程は，以下の表 2-6 で要約される。r = 支払準備率，A = 本源的預金。この表の第1欄の合計は，新預金額 ΔD ある。

$$\Delta D = \Delta D_0 + \Delta D_1 + \Delta D_2 + \Delta D_3 + \Delta D_4 + \cdots\cdots$$
$$= A + A(1-r) + A(1-r)^2 + A(1-r)^3 + \cdots\cdots$$
$$= A\{1 + (1-r) + (1-r)^2 + (1-r)^3 + \cdots\cdots\}$$
$$= A\{1/[1-(1-r)]\} = (1/r) \times A$$
$$\Delta D = (1/r) \times A \cdots\cdots\cdots\cdots\cdots\cdots\cdots\cdots\cdots\cdots\cdots\cdots\cdots\cdots(2)$$

　上式は，信用創造の乗数理論を示す基本式である。この式の中の $(1/r)$ は「信用創造乗数」と呼ばれている。

　貸出の増加額を ΔL で表すと，表 2-6 から以下の関係式が求められる。

$$\Delta L = \Delta L_0 + \Delta L_1 + \Delta L_2 + \Delta L_3 + \Delta L_4 + \cdots\cdots$$

第2章　貨幣経済の理論　35

$$= (1-r) A \{1 + (1-r) + (1-r)^2 + (1-r)^3 + \cdots\}$$
$$= (1-r) A \{1/[1-(1-r)]\} = \{(1-r)/r\} A$$
$$\Delta L = \{(1-r)/r\} A \cdots\cdots\cdots\cdots\cdots\cdots\cdots\cdots\cdots\cdots\cdots\cdots\cdots(3)$$

結局,銀行組織全体としての預金の増加額 ΔD は,(2)式で示された数量になる。銀行組織全体としての貸出の増加額 ΔL は,(3)式で示された数量になる。すなわち,銀行組織全体では,当初の本源的預金 A に対してその $(1-r)/r$ 倍の貸出の増加と,その $1/r$ 倍の預金の増加が造出されることになる。預金増加分のうち,本源的預金 A ($=\Delta D_0$) は,当初の現金流入による部分であるから,残額の $\{(1-r)/r\} A$ が銀行の貸出増加を通じて能動的に造出されたものである。つまり,これは新しい信用創造額を示す。これは,以下の式で示される。

$$\Delta D - \Delta D_0 = \{(1-r)/r\} A \cdots\cdots\cdots\cdots\cdots\cdots\cdots\cdots\cdots\cdots\cdots(4)$$

上式は,銀行組織全体としての預金拡張に関するフィリップスの公式である。これまでの説明においては,各銀行の貸出増加分から現金で引き出される資金は,全額を次の銀行に預け入れられるものと仮定されていた。このことは,各銀行の支払準備金の総計が当初の流入現金(=本源的預金 A)に一致することを意味する。

順次,支払準備金の増加量を ΔR で示すと,**表 2-6** から以下の関係式が求められる。

$$\Delta R = \Delta R_0 + \Delta R_1 + \Delta R_2 + \Delta R_3 + \Delta R_4 + \cdots$$
$$= rA + r(1-r)A + r(1-r)^2 A + r(1-r)^3 A + \cdots$$
$$= \{r/[1-(1-r)]\} A = A$$
$$\Delta R = A \cdots\cdots\cdots\cdots\cdots\cdots\cdots\cdots\cdots\cdots\cdots\cdots\cdots\cdots\cdots\cdots(5)$$

かくして,当初の流入現金が結局,銀行組織全体内部に留まると想定することによって,各銀行の支払準備の合計が本源的預金に符合することになる。

4　ハイパワード・マネー

中央銀行が為替相場を維持するために,外国為替市場で外貨を購入し,外貨準備を増大させるならば,この場合,中央銀行貨幣は創造される。中央銀

行が有価証券市場で買手となり，政府証券の手持高を増大させるならば，この場合，中央銀行貨幣は創造される。したがって，外貨準備（I）と政府証券（S）という資産勘定は，中央銀行貨幣の源泉となる。いま，中央銀行の貸借対照表の視点にたって中央銀行貨幣Hを定義すると，以下の関係式が成立する。

$$H = I + S \quad \cdots\cdots\cdots\cdots\cdots\cdots\cdots\cdots\cdots\cdots\cdots\cdots\cdots\cdots\cdots\cdots\cdots\cdots\cdots\cdots\cdots (1)$$

これは，中央銀行貨幣を生成サイドからみた定義式である。この中央銀行貨幣は，「ハイパワード・マネー」(high-powered money)，あるいは，マネタリー・ベース（monetary base）と呼ばれているものである。

順次，ハイパワード・マネーを使途サイドから定義すると，以下の関係式が成立する。

$$H = C + R \quad \cdots\cdots\cdots\cdots\cdots\cdots\cdots\cdots\cdots\cdots\cdots\cdots\cdots\cdots\cdots\cdots\cdots\cdots\cdots\cdots (2)$$

ただし，C＝現金通貨流通高，R＝支払準備金，H＝ハイパワード・マネー。つまり，Cは民間部門が保有する銀行券と補助貨幣をさす。また，Rは，銀行の現金準備である。銀行の現金準備とは，銀行の手持現金と銀行の中央銀行預金との合計額に等しい。

ところで，このHについては，中央銀行がこのHを旨くコントロールすることができるといわれる。これは，以下の関係式により，説明される。

$$C = 対外資産増 + 対政府信用増 + 対市中信用増 - 支払準備金増 \cdots (3)$$

上式において，支払準備金Rを左辺に移動させると，$H = C + R$ が成立する。これは，まさに，(2)式である。上式の右辺の3つの項目で構成される金融資産を購入，あるいは売却する時，Hの数量はこれに対応して増減することになる。つまり，中央銀行は，Hをコントロールすることができるといえる。

既に明らかにされたように，貨幣数量は，以下の式により与えられる。

$$M = C + D \quad \cdots\cdots\cdots\cdots\cdots\cdots\cdots\cdots\cdots\cdots\cdots\cdots\cdots\cdots\cdots\cdots\cdots\cdots\cdots\cdots (4)$$

ただし，M＝貨幣供給（マネー・サプライ），D＝預金通貨。

順次，MとHを結合させる作業に眼を向けよう。支払準備率をrで示せば，以下の式が定義される。

$r = R/D$ ……………………………………………………………(5)

現金保有係数を c で示せば，以下の関係式が求められる。

$c = C/D$ ……………………………………………………………(6)

順次，(2)式から(5)式までを適当に代入し，整理すると，以下の関係式が求められる。

$M = [(1+c)/(c+r)] \cdot H = mH$ ……………………………………(7)

$m = (1+c)/(c+r)$ ……………………………………………………(8)

ここで，m は貨幣乗数 (money multiplier) と名付けられている。支払準備率 r が 1 より小さいとき，貨幣乗数は 1 より大きい。H が中央銀行の政策により，与えられるとき，この H がどれだけの M を支えるかを(7)式が示している。(8)式から明らかになるように，r が高ければ高いほど，また，c が大きければ大きいほど，貨幣乗数 m は小さくなる。明らかに，H と M との結びつきは，c の数値と r の数値，およびその安定性に依存する。貨幣（金融）政策が H の操作によって M を動かすことを目標とするならば，貨幣乗数の値が安定的であることが必要である。(永谷 13) pp. 143-145)

II　貨幣需要の理論

1　貨幣の保有動機

貨幣は，一般的交換手段としての機能と，価値貯蔵手段としての機能を営む特異な資産である。貨幣という資産は，他の金融資産に比較して収益性が低い。デフレーションによる貨幣の購買力の増加がない限り，現金の収益性はゼロである。普通預金にはプラスの利子がつくが，その利子率はかなり低い。にもかかわらず，われわれはなぜ収益性の低い形態で資産を保有するのであろうか。明確にいえば，プラスの収益を生み出さない貨幣を人々はなぜ手許に保有しようとするのであろうか。

この問いに最初に回答を提示したのが，ケインズ (J. M. Keynes) の一般理論であった。ケインズは，貨幣需要を「流動性選好」(liquidity Preference) と呼ん

だ。ケインズは，貨幣需要を4つの動機に分類した。

(1) 所得動機：これは家計または消費者の貨幣保有動機であって，消費取引のための貨幣需要である。家計は所得を受け取り，受け取った所得のなかから消費のために支出をおこなっていく。つまり，家計はその時々の所得にもとづいて消費活動を続けていくために，貨幣を保有することが不可欠となる。ケインズによれば，この所得動機にもとづく貨幣需要量は，その期間における消費支出Cの大きさに依存するとされる。すなわち，所得動機にもとづく貨幣需要は$L_{1a}(C)$で示される。

(2) 営業動機：これは企業の営業取引のための貨幣保有動機である。企業は，その期の生産物を売却して，売上代金を回収していく。企業は，売上代金のなかからさまざまな費用を支払っていく。このことから，企業は，売上高にもとづいた経常的な生産活動を続けていくために貨幣を保有することが必要となる。ケインズによれば，この営業動機にもとづく貨幣需要は，投資支出Iの大きさに依存するものとされる。すなわち，営業動機にもとづく貨幣需要は，$L_{1b}(I)$で示される。

ケインズは，所得動機と営業動機を一括して「取引動機」と名付けた。いずれも取引のための貨幣需要からであって，ケインズは，それは，所得の大きさに依拠するとみなしている。いま，取引動機にもとづく貨幣需要をL_1と国民所得との関係は，以下のような関数関係でもって表明される。

$$L_1 = L_1(Y) \quad \cdots\cdots\cdots\cdots\cdots\cdots\cdots\cdots\cdots\cdots\cdots\cdots\cdots\cdots\cdots\cdots\cdots\cdots\cdots\cdots (1)$$

ただし，$L_1 = L_{1a}(C) + L_{1b}(I)$

この場合，Y＝名目国民所得。

(3) 予備的動機：これは，「不意の支出を必要とする偶発事に備えたり，有利な購入をする思いがけない好機に備えたり，貨幣額で確定している後日の債務を弁済するために，予めに準備するための貨幣保有動機である。家計でいえば，災害に遭遇するとか，病気になるなどの予測のできない支出の増加が惹起したときに，それに対して困惑しないように準備し，貨幣を保有する。企業の場合にも同じような準備的な動機が考えられる。ケインズによれば，取引動機にもとづく貨幣需要L_1の中に，予備的動機にもとづく貨幣需要もす

でに内包されているものとみなされる。(Keynes 10) p. 196)

(4) 投機的動機：これは，貯蓄保有形態の選択に際して，有価証券の保有よりはむしろ貨幣の保有を選択しようとする人々の心構えを意味する。ケインズは，議論を簡単化するために，証券と貨幣という2つの形態で資産が保有されるという世界を想定している。貨幣の収益率はゼロである。このことから，証券の収益率がプラスであるとき，人々は，資産を証券の形態で保有し，証券の収益率がマイナスであるとき，人々は貨幣の形態で資産を保有する。

ところで，証券市場での相場を見て，値下がりしそうであろうと予想するときには，人々は手持ちの証券を売却して，貨幣に換えると評価損という資本損出（capital loss）を回避することができる。逆に，証券市場での相場を見て，値上がりしそうであると予想するときには，人々は貨幣を手離して，証券を購入する。その後，相場が値上がりの形態で実現するならば，人々は評価益という資本利得（capital gain）を獲得することができる。このようにみると，貨幣は完全流動性という重要な意味をもつ資産である。

いずれにせよ，証券価格の変動に伴う資本損失の回避と，資本利得の獲得ということで証券市場において，売り買いがおこなわれる。この売り買いの行為を，「投機的取引」と呼ぼう。このような投機的取引の関連で，資産の一部分を貨幣の形態で保有しようとする動機が発生する。これを「投機的動機」という。

順次，証券価格（p_s）と利子率との関係を説明しておこう。証券価格は，確定利子支払い額（R）を市場利子率（i）で割ったものに等しい。すなわち，

$$p_s = R/i$$

である。p_sは証券価格を示す。つまり，p_sは利子率の逆数に等しくなる。いま，証券の額面価額が100万円であり，この証券の確定利子率が5%であると仮定しよう。人々が，1年間この証券を保有していれば，人々は5万円（=100万円×5%）の利子収入を稼得する。しかし，経済の動向により，証券の購入後に市場利子率が6%に騰貴したと想定しよう。このとき，上式から明らかになるように，i=6%であるから，証券価格p_sは，83万円に下落することになる。つまり，p_s = 50,000÷0.06 = 830,000円。これは，5万円の確定利子

を獲得するために，i＝6％のもとでは，83万円の現金があればよいということを意味している。最初に，100万円でこの証券を購入した人は，証券の売却にあたって，17万円の資本損失を被ることになる。確定利子が5万円であるから，実際には，12万円の損失となる。これまでの議論から，証券価格が下落することは，市場利子率が騰貴することと同じであり，反対に，証券価格が上昇することは，市場利子率が下落することと同じであるということが判明する。

　ところで，投機的動機にもとづく貨幣需要を理路整然と説明するためには，利子率の変化に関して人々が抱く期待が何を志向しているのかを明らかにされねばならない。人々は，過去に学習した経験から「正常とみなされる利子率」について一定の観念をもっている。これがケインズ理論の支柱となっている。実際の利子率がこの利子率から乖離した場合，そこで期待されることは正常とみなされる利子率に実際の利子率が接近することである。いま，正常とみなされる利子率i_eを8％と想定し，実際の利子率i_aが10％であると仮定しよう。つまり，i_aがi_eを凌駕している。このような場合，人々は，利子率が将来に下落すると予想する。明確にいえば，証券価格p_sは，上昇すると予想される。この場合，人々は証券市場で証券投資に投資したほうが有利であると考える。このことから，人々は資産を証券の形で保有することになる。したがって，i_aが非常に高い水準にあるときには，投機的動機にもとづく貨幣需要が小さいものとなる。反対に，i_aが非常に低い水準にあるとすれば，人々は利子率の上昇を期待する。i_aが低ければ低いほど，ほんの僅かに利子率が騰貴しても，人々は証券の保有によって損失を被ることになる。このことから，利子率が上昇すると予想する人々は，資産をすべて貨幣の形態で保有することになる。これまでの議論から，経済全体として，実際の利子率が低くなればなるほど，投機的動機にもとづく貨幣需要L_2は増大し，利子率が高くなればなるほど，投機的動機にもとづく貨幣需要L_2は，減少することが判明する。この関係は，以下の関係式で示される。

$$L_2 = L_2(i) \quad \cdots\cdots\cdots\cdots\cdots\cdots\cdots\cdots\cdots\cdots\cdots\cdots\cdots\cdots\cdots\cdots\cdots\cdots(2)$$

　これまでの説明は，図2-1のように図示される。縦軸には利子率iが測定

第2章　貨幣経済の理論　41

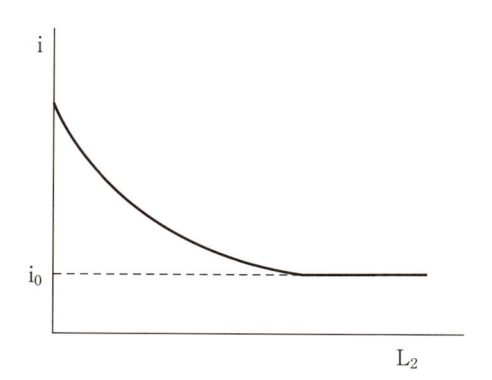

図2-1　投機的動機にもとづく貨幣需要

され，横軸には投機的動機にもとづく貨幣需要 L_2 が測定される。この図においては，投機的動機にもとづく貨幣需要曲線は右下がりの曲線で描写される。図において，ある非常に低い利子率水準では，投機的動機にもとづく貨幣需要は無限に増大することになる。このような状況のもとでは，資産としての証券の魅力はなく，人々は利子率の動きに関して無限弾力的に資産を貨幣の形態で保有することを示している。このような状態を「流動性トラップ」(liquidity trap) と名付けられている。図では，利子率水準が i_0 のもとでは，流動性トラップは貨幣需要曲線が横軸と平行になる部分で示される。他方，図では，比較的に高い利子率が存在し，ここにおいては，投機的動機にもとづく貨幣需要はゼロとなることが示されている。

2　流動性選好関数

ケインズによれば，経済全体としての貨幣需要は，取引動機にもとづく貨幣需要，予備的動機にもとづく貨幣需要，投機的動機にもとづく貨幣需要を，すべて合計したものに等しい。いま，経済全体としての貨幣需要を L で示すと，(1)式，(2)式から，以下の関係式が求められる。

$$L = L_1(Y) + L_2(i) \quad \cdots\cdots\cdots\cdots\cdots\cdots\cdots\cdots\cdots\cdots\cdots\cdots\cdots\cdots (3)$$
$$L = L(Y, \ i) \quad \cdots\cdots\cdots\cdots\cdots\cdots\cdots\cdots\cdots\cdots\cdots\cdots\cdots\cdots\cdots\cdots (3a)$$

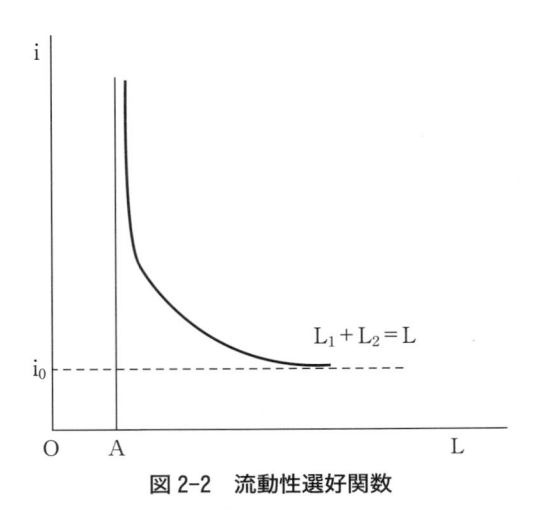

図 2-2 流動性選好関数

(3)式,(3a)式は L 関数を示す。この L 関数は流動性選好関数と呼ばれている。上式から明らかになるように,経済全体としての貨幣需要の一部は,名目国民所得に依存し,残りの一部は利子率に依存する。この状況を図示したものが図 2-2 である。この図の横軸には,貨幣需要が測定され,縦軸には利子率が測定される。取引動機にもとづく貨幣需要と予備的動機にもとづく貨幣需要の合計 L_1 は,利子率には反応しない。これは,横軸において,OA の大きさで表示される。これは,事前に与えられた定数とみなされる。他方,i_0 は,人々が証券を売却して,すべての資産を貨幣の形態で保有するときの利子率を示す。

3　ケインズによる利子率決定の理論

貨幣需要関数と前節でみた貨幣供給のメカニズムを結合させて,与えられた所得水準のもとで,利子率がいかに決定されるかという仕組みを概観しておこう。ケインズは,当面の主題を検討するためのモデルを以下のように構成する。すなわち,

$$L = L_1(Y) + L_2(i) \quad \cdots\cdots\cdots(3)$$

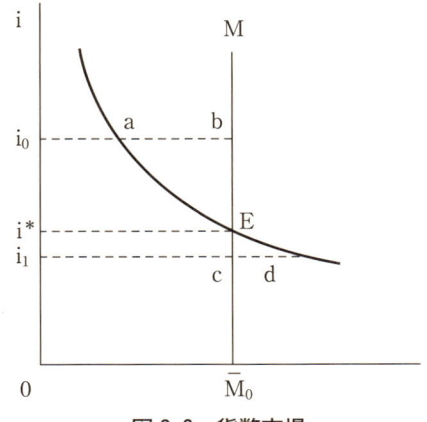

図 2-3　貨幣市場

$$M = \overline{M} \quad \cdots\cdots\cdots\cdots\cdots\cdots\cdots\cdots\cdots\cdots\cdots\cdots\cdots\cdots\cdots\cdots\cdots\cdots\cdots\cdots\cdots (4)$$

$$L = M \quad \cdots\cdots\cdots\cdots\cdots\cdots\cdots\cdots\cdots\cdots\cdots\cdots\cdots\cdots\cdots\cdots\cdots\cdots\cdots\cdots\cdots\cdots (5)$$

この場合，記号の意味は以下のとおり。Y＝名目国民所得，i＝利子率，M＝名目貨幣供給，$\overline{M}$＝M の確定値，L＝経済全体としての貨幣需要，L_1＝取引動機にもとづく貨幣需要，L_2＝投機的動機にもとづく貨幣需要。

各式の意味は以下のとおり。(3)式は経済全体としての貨幣需要関数を示す。(4)式は，貨幣当局が貨幣供給量を外生的に決定し，統制することを表明する式である。(5)式は貨幣市場の需給均衡条件を表す。

順次，(5)式に(3)式，(4)式を代入すると，以下の関係式が求められる。

$$\overline{M} = L_1(Y) + L_2(i) \quad \cdots\cdots\cdots\cdots\cdots\cdots\cdots\cdots\cdots\cdots\cdots\cdots\cdots\cdots\cdots\cdots (6)$$

上式は，名目国民所得と利子率という2つの未知数を含んでいるから，論理的に単独で未知数を確定することができない。ケインズは利子論において所得を既知として，(6)式が利子率を決定すると，力説した。

利子率の直接決定される場は，貨幣市場である。所得水準が一定であるとすれば（Y＝$\overline{Y}$），取引動機にもとづく貨幣需要L_1が一定値をとる。したがって，経済全体の貨幣需要を図示すると，図2-3のように，右下がりのL曲線として描かれる。いま，貨幣供給量が図にみられるように$\overline{M}_0$で外生的に与

えられると仮定しよう。かくして，利子率は，両曲線の交点で決定されるから，均衡利子率は，i^* となる。このことから，ケインズの流動性選好理論においては，利子率は，経済全体の貨幣需要を経済全体の貨幣供給に合致させる水準において，決定されるということが判明する。貨幣の需給を一致させる利子率は，均衡点 E に対応する i^* に決定される。仮に利子率がこの i^* よりも高い水準にあるならば，貨幣市場においては $\overline{M}_0$ が L（・）を上回ることになる。この差は，貨幣の超過供給を意味する。たとえば，利子率が i_0 にあるときには，ab に等しい貨幣の超過供給が惹起することになる。このことは，証券需要がなお旺盛であることを意味する。やがて，証券価格 p_s が騰貴し，利子率 i は，$p_s = R/i$ 式から，下落する。反対に，利子率が均衡利子率 i^* を下回るならば，貨幣市場において，$\overline{M}_0 < L(\cdot)$ となる。この差は貨幣の超過需要を意味する。例えば，利子率が i_1 にあるならば，cd に等しい貨幣の超過需要があることになる。このことは，証券需要が鈍化することを意味する。人々は，証券を売却して，貨幣の形で資産を保有しようとする。証券価格 p_s は，下落する。したがって，利子率は騰貴する。結局，利子率は，貨幣の超過需要がゼロになる i^* に落ち着く。

これまでの議論から，貨幣ストックの需要と供給が一致する E 点は，証券ストック需要と供給が一致する点でもあるということが，見出される。この関係は，以下の関係式によって確かめられる。

$$L(\cdot) - M = B^s - B^d \tag{7}$$

この場合，$B^d =$ 証券需要，$B^s =$ 証券供給，L = 貨幣需要，M = 貨幣供給。(7)式の左辺は，貨幣の超過需要を示す。(7)式の右辺は，証券の超過供給を示す。**図 2-4** は，証券市場の需給曲線を示す。縦軸には，証券価格 $1/i$ が測定され，横軸には証券の需給量が測定されている。証券価格が低いほど，証券に対するほど需要は増大する。証券価格と利子率は可逆的に変化する。証券価格が低いということは，利子率が高いということを意味する。利子率の上昇は，貨幣残高の需要量を減少させる。これにより，個人の収支制約条件により，保有証券への支出は増加する。つまり利子率が高いほど証券に対する需要は増加する。かくして，証券需要曲線 B^d は，$1/i(=p_s)$ に対して右下がりの曲線

図 2-4 証券市場

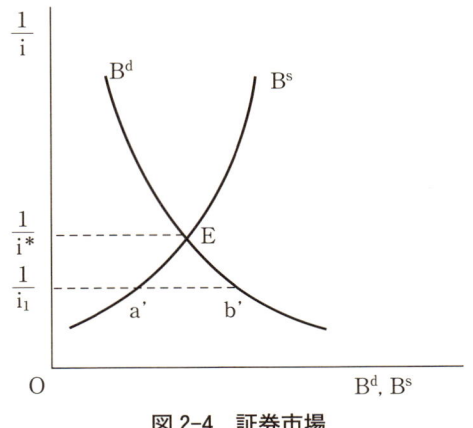

となる。

　他方，証券価格が低いほど，証券の供給は小さくなる。証券価格が低いということは，利子率が高いことを意味する。利子率が高いほど，投資財への需要は減退する。このために，企業は，資金調達されねばならない投資計画数を少なくする。これにより，証券の供給は小さくなる。かくして，証券の供給曲線 B^s は右上がりとなる。この両曲線の交点で証券価格が決定される。この均衡証券価格は，$1/i^*$ となる。**図 2-3** において，利子率が i_0 であるならば，貨幣市場は M>L となり，この差額が貨幣の超過供給（ab）を意味する。このとき，**図 2-4** の証券市場のおいては，$B^d>B^s$ となる。この差額が証券の超過需要（a'b'）を意味する。ワルラスの法則により，貨幣の超過供給＝証券の超過需要がそこでは，成立していることになる。証券市場で，証券の超過需要が惹起するならば，証券価格は騰貴する。証券の超過需要は減少する。証券価格の上昇により，利子率は下落する。貨幣市場において，貨幣需要が増大し，貨幣の超過供給は減退していく。ワルラス法則により，$M-L=B^d-B^s$ の関係式において，貨幣の超過供給のギャップと証券の超過需要のギャップは，証券価格の上昇と利子率の下落によって，徐々に排除されていく。証券価格が $1/i^*$ に到達したとき，利子率は i^* となる。したがって，証券・貨幣

の両市場は,均衡することになる。$1/i^*$に対してi^*が対応することになる。

III 貨幣数量説

1 フィッシャーの交換方程式

　古典派の人々は,実物経済の分析では,「貨幣」を単なるヴェールと見ていたが,中央銀行から供給される貨幣数量が物価水準の高さに大きな影響力をもっていると考えていた。このような貨幣数量が物価の高さを決定するという考え方は,一般に「貨幣数量説」と呼ばれている。

　貨幣数量説にはいくつかのタイプがあるが,最も単純な型のものは,いわゆるフィッシャーの「機械論的貨幣数量説」といわれている考え方である。フィッシャーは,1911年,著書「貨幣の購買力」を上梓し,この古典学派以来の貨幣数量説を,交換方程式を用いて,的確に実証的に定式化した。フィッシャーは,この著書のなかで以下のように述べている。「交換方程式は,一年間におこなわれた個々の取引のすべてを意味する方程式の和に等しい。それぞれの売買取引において交換される貨幣と財貨は,事実上,同一の価値をもつのである。例えば,砂糖を購入するために支払った貨幣は,購入した砂糖と同一の価値をもっている。したがって,1年間におけるあらゆる取引の合計については,貨幣の支払総額は購入された財貨の総価値に等しい。かくして,この交換方程式は,貨幣の側面と財貨の側面をもっている。貨幣の側面は,貨幣の支払総額であり,貨幣数量とその流通速度を乗じた相乗積に等しいものとみなされる。一方,財貨の側面は,交換された財貨の数量とそれぞれの価格を掛けた相乗積に等しいものからなる。」。(Fisher, 17) pp. 16-17) いま,貨幣数量をM,貨幣の取引流通速度をV,物価水準をP,そして,1年間における取引総額量をTで示せば,交換方程式は以下の関係式で示される。

$$MV = PT \quad \cdots\cdots\cdots\cdots\cdots\cdots\cdots\cdots\cdots\cdots\cdots\cdots\cdots\cdots\cdots\cdots\cdots\cdots\cdots\cdots\cdots\cdots\cdots\cdots\cdots\cdots\cdots\cdots\cdots\cdots\cdots\cdots\cdots (1)$$

　ここで,貨幣の取引流通速度について補足しておこう。貨幣の流通速度の概念は,貨幣理論の中心概念であり,ある特定の貨幣存在量の回転速度の尺度である。つまり,一定の貨幣単位が一定期間に,人から人の手に渡されて

取引される貨幣の回数をさすものである。この場合，取引の種類によって，貨幣の流通速度は，取引流通速度と所得流通速度とに大別される。前者は，金融取引を含めた流通速度をさす。このことはフィッシャーの交換方程式 MV＝PT の V に最もよく示されている。これに対して，貨幣の所得流通速度は，貨幣が一定期間に貨幣が最終生産物の購入に支出される平均回数である。この V は，国民所得を貨幣ストックで割ることにより求められる。V＝Y/M。これから，MV＝Y が成立する。V＝貨幣の所得流通速度，Y＝名目国民所得，M＝貨幣数量。

　議論を本筋に戻そう。上述の交換方程式に，(a)総取引量 T が一定であること，(b)貨幣の取引流通速度 V が短期間において，制度的に確定していて変化しないということ，この2つの仮説を注入すると，そこには，機械論的貨幣数量説が成立することになる。つまり，V と T とがコンスタントであるという仮定のもとで，M を増加させると，P は必然的に M と同率同方向に変化することになる。例えば，M が10％増加すれば，P も10％上昇することになる。M が10％減少すれば，P も10％下落することになる。この脈絡に関して，フィッシャー教授に語ってもらうのが一番であろう。「要するに，数量説 (quantity theory) は，もし鋳貨の呼称の変更，鋳貨の悪鋳，鋳貨の増加，その他のなんらかの方法によって，ドルの個数を増加させるならば（流通速度と取引高が変化しないという条件のもとで），物価水準は同じ割合で上昇することになるであろう。本質的なことは，貨幣量の個数であって，貨幣量のウエートではない。」。(Fisher 17) pp. 31-32）

　このように，貨幣はただ物価を動かすだけで総取引数量 T に影響を及ぼすことがないのであろうという考え方は，貨幣が経済のベールであるという「貨幣ベール観」に連結するのである。このような考え方の中で，例えば，T が一定という仮定は，どのようにして出現するのであろうか。これに対する回答は，古典学派の世界においては，いわゆるセイの法則 (Say's law) の法則が想定されている点にある。セイの法則は，「供給が自らの需要を創造する」を内容とする。セイの法則が想定される以上，経済は常に完全雇用状態になるという暗黙の前提が基本となるのである。このようにして，完全雇用が成

立し，この完全雇用のもとで生産される生産物の数量は，短期的には，一定であると仮定されることになる。この上に，生産構造，取引構造などが短期間においては，変わらないという仮定が追加されると，T＝コンスタントという仮定が成立することになる。他方，V＝コンスタントという仮定については，支払いの習慣，制度，取引構造，生産構造，金融制度などが，短期的には不変であると想定されることになる。これにより，V＝コンスタントという想定が成立することになる。

2 現金残高数量説

ケンブリッジ学派のマーシャルによって，現金残高数量説という接近法が誕生した。この接近法では，フィッシャーのように，取引に支出される貨幣ということに重点をおくものではなく，企業や家計が手元に保有する貨幣に視点を絞るものである。いま，社会の所得がかりにYであるとすれば，家計や企業はそのYの一定割合を貨幣の形態で保有することになる。この関係は以下の式でもって定式化される。

$$M = kY \quad \cdots\cdots\cdots\cdots\cdots\cdots\cdots\cdots\cdots\cdots\cdots\cdots (2)$$

この場合，M＝貨幣数量，k＝マーシャルのk（貨幣の保有比率），Y＝名目国民所得。さらに，Yは以下の式で定義される。

$$Y = PO \quad \cdots\cdots\cdots\cdots\cdots\cdots\cdots\cdots\cdots\cdots\cdots\cdots (3)$$

ただし，P＝物価水準，O＝最終生産物の産出量。(2)式に(3)式を代入すると，以下の関係式が求められる。

$$M = kPO \quad \cdots\cdots\cdots\cdots\cdots\cdots\cdots\cdots\cdots\cdots\cdots\cdots (4)$$

上式の右辺は貨幣需要を示す。上式の左辺は貨幣供給を示す。とすると，(4)式は，フィッシャーの交換方程式のような自明の理を示す恒等式ではなく，貨幣需給の均衡を表明する方程式ということになる。

(4)式に含まれる諸変数 M，k，O，P の変化率を $\dot{M}/M$，$\dot{k}/k$，$\dot{O}/O$，$\dot{P}/P$ で表示すれば，以下の関係式が求められる

$$\dot{M}/M = (\dot{k}/k + \dot{O}/O) + \dot{P}/P \quad \cdots\cdots\cdots\cdots\cdots\cdots\cdots\cdots (5)$$

上式において，$\dot{M}/M$ の項目が $(\dot{k}/k + \dot{O}/O)$ の項目を上回るならば，以下の

式が求められる。

$$\dot{M}/M - (\dot{k}/k + \dot{O}/O) = \dot{P}/P > 0 \quad \cdots\cdots(6)$$

かくして，貨幣供給の成長率（$\dot{M}/M$）が k の成長率（$\dot{k}/k$）と産出量の成長率（$\dot{O}/O$）との和を上回るならば，物価上昇率（$\dot{P}/P$）は正となり，物価水準は騰貴することになる。

順次，$1/k$ を V で書き改めると，マーシャルの現金残高数量説がフィッシャーの交換方程式に様変わりすることになる。つまり，以下の関係式が求められる。

$$MV = PO \quad \cdots\cdots(7)$$

ここで留意すべきことは，上式の V は，貨幣の取引流通速度ではなく，「貨幣の所得流通速度」を示すという点についての確認である。

参考文献

1) 小泉　明「金融論講義」青林書院新社，1967.
2) 古川　顯「日本銀行」講談社，1989.
3) 吉田啓一「経済学新講」文化新書，昭和 39 年.
4) 石野　典・中山靖夫「貨幣経済の分析」学文社，昭和 54 年.
5) 堀家文吉郎「現代金融論」世界書院，昭和 46 年.
6) A. Marshall, "Money Credit and Commerce", Macmillan and Co., Limited, London, 1923（永沢越郎訳,「マーシャル貨幣信用貿易（第一分冊）」，岩波ブックサービスセンター，昭和 63 年）
7) I. Fisher, "The Purchasing Power of Money", 1931（金原賢之助訳,「貨幣の購買力」改造社，昭和 11 年）
8) 吉野直行「入門―金融」有斐閣，1999.
9) J. Marchal, "Théorie des Flux Monétaires", Editions Cujas, Paris, 1967（溝川喜一訳,「新古典学派：レオン・ワルラスとアービイング・フィッシャー」『経済分析と貨幣』，ミネルヴァ書房，昭和 53 年）
10) J. M. Keynes, "The General Theory of Employment Interest and Money", Macmillan, 1957.
11) D. H. Robertson, "Money", James Nisbet & Co. Ltd., London, 1948（安井琢磨・熊谷尚夫訳,「貨幣」岩波書店，1971）
12) 川口　弘「金融と経済」「現代金融論：セミナー経済学教室 6」日本評論社，昭和 45 年）
13) 永谷敬三「金融論」マグロウヒル好学社，昭和 57 年.

14) 足立英之「近代経済学2」有斐閣，昭和54年.
15) 堀内昭義「金融論」東京大学出版会，1990.
16) 望月昭一「貨幣的経済学」成文堂，1989.
17) I. Fisher "The Purchasing Power of Money", Augustusm. Kelley, Publisher, 1911.

(石橋一雄)

第3章

国民所得と利子率の同時均衡

I 財貨市場と IS 曲線

　ケインズ以後のケインズ派の人々は,ケインズ自身の理論の欠陥を補うために,生産物市場と貨幣市場の同時均衡の理論を構築した。その代表的なエコノミストは,ヒックス (J. R. Hicks) であり,ハンセン (A.H.Hansen) である。この理論は,IS 曲線と LM 曲線との2つの支柱で構成される。

　IS 曲線は,貯蓄と投資を均衡せしめる,すなわち,財貨市場を均衡させる利子率と所得との組み合わせの軌跡を表明するものである。

　図3-1は,IS 曲線の導出過程を明示したものである。この図のパネル I には,資本の限界効率が与えられたときの利子率 i と投資 I との関係,すなわち,投資関数 [I=I(i)] が描かれている。投資関数の性質から,利子率に対して,投資は減少関数である,つまり,$dI/di<0$ であるから,$I(i)$ 曲線は左下がりの曲線となる。このパネルにおいては,与えられた利子率に対して投資水準 I が,他の事情が等しければ,確定することになる。

　パネル II には,S=I という財貨市場の均衡を示す関係が45度線として描かれている。ただし,S=貯蓄,I=投資。

　パネル III には,貯蓄関数 [S=S(Y)] が描かれている。貯蓄関数の性質から,国民所得 Y に対して,貯蓄 S は増加関数,すなわち,$dS/dY>0$ であるから,$S(Y)$ 曲線は右下がりの曲線として描かれる。

　パネル IV には,IS 曲線が右下がりの曲線として描かれる。この IS 曲線の導出は,以下の手順で求めることができる。

　パネル I から出発し,利子率が i_0 の水準にあると仮定しよう。パネル 1 に

見られるように，投資関数が図の曲線のように与えられるものとする。このとき，投資はI_0となる。そこから，パネルⅡに眼を転ずると，生産物の需給均等条件により，投資がI_0のときには，貯蓄はそれに符合する水準S_0であらねばならない。順次，パネル3に眼を向ける時，図に示された貯蓄関数のもとでは，貯蓄がS_0だけおこなわれるためには，国民所得の水準は，Y_0であらねばならない。結局，利子率がi_0のとき，貯蓄・投資の均衡を造出する国民所得の水準は，Y_0となることが判明する。このi_0とY_0の組み合わせがパネルⅣにおける座標 a としてとられている。a 座標は，任意の点である。すべての i に対して，同じ手続きがとられるはずである。その点の集まりである軌跡をとれば，パネルⅣに描かれるような曲線が求められる。これを，われわれは，IS 曲線と名付けることにしよう。この IS 曲線は，投資と貯蓄との均等，したがって，財貨市場での需給をもたらす所得水準と利子率の組み合わせを示すものである。

IS 曲線は，右下がりの曲線である。IS 曲線が右下がりの曲線になる理由は，低い利子率に対しては高い投資水準が対応し，この高い投資水準に均等する貯蓄が造出されるためには，所得は高い水準にならねばならないからである。このメカニズムを説明してみよう。

いま，利子率が図 3-1 のパネルⅠに見られるように，i_0からi_1に低下したとする。利子率が低下すると，投資はI_0からI_1に拡大する。このとき，他の事情が等しいければ，投資の超過（I>S）の状態が発生する。利子率がさらに変化しないとすれば，財貨市場の均等（I=S）は，貯蓄が投資に均等する水準S_1になることによって，回復される。貯蓄が増大するためには，国民所得は，Y_0からY_1に増大しなければならない。結局，利子率がi_1のとき，S=I をもたらす国民所得の水準はY_1であらねばならない。かくして，利子率と国民所得の2変数は，財貨市場の均等を維持するためには，逆方向に変化することになるので，IS 曲線は，可逆的な関係を表明することになる。この結果として，IS 曲線は右下がりの曲線となる。

これまでの議論をモデル体系の形で説明してみよう。財貨市場のモデルは，以下の関係式で示される。

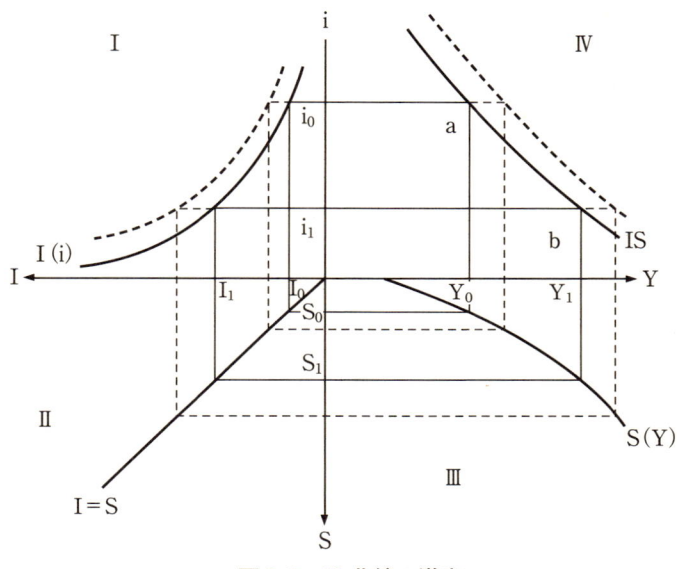

第3章　国民所得と利子率の同時均衡

図 3-1　IS曲線の導出
(出所) 足立1) p. 248.

$$Y = C + I \quad \cdots\cdots(1)$$
$$C = C(Y) \quad \cdots\cdots(2)$$
$$I = I(i) \quad \cdots\cdots(3)$$

この場合，Y = 国民所得，C = 消費，I = 投資，S = 貯蓄，i = 利子率。(1)式は財貨市場の需給の均等条件を示す。(2)式は消費関数を示す。(3)式は，投資関数を示す。

財貨市場の均衡条件は以下の関係式で示される。

$$S = I \quad \cdots\cdots(4)$$

この式は，(1)式において，$S = Y - C$ と定義することによって求められる。(4)式に(2)式と(3)式を代入すると，以下の式が求められる。

$$S(Y) = I(i) \quad \cdots\cdots(5)$$

上式は財貨市場の均等式を表明する。上式により，投資と貯蓄を均等にする所得 Y と利子率 i との関係を求めることができる。(5)式は，IS曲線を表明

する。IS 曲線の勾配は以下の式で示される。
$$di/dY = (dS/dY)/(dI/di) \quad \cdots\cdots\cdots(6)$$
この場合，dI/di は投資係数を示す。この符号は負である。dS/dY は貯蓄係数を示す。この符号は正である。かくして，di/dY の符号はマイナスとなる。IS 曲線は右下がりの曲線となる。

　IS 曲線の位置は，(a)資本の限界効率の大きさ，(b)消費性向の大きさに依存する。仮に景気が上向きになり，企業の予想収益が好転し，資本の限界効率が上昇すると仮定するならば，企業はより多くの投資をおこなうであろう。ただし，この場合，利子率は以前と同一である。図 3-1 において，投資曲線は上方にシフトすることになる。この投資曲線のシフトに対応して，IS 曲線は，以前の IS 曲線の右上方にシフトすることになる。

II　貨幣市場と LM 曲線

　ケインズは，貨幣需要を「流動性選好」と呼び，その動機を4つに分類している。所得動機，営業動機，予備的動機，投機的動機，などがこれである。ケインズは所得動機と営業動機を一括して，「取引動機」と命名している。この取引動機にもとづく貨幣需要は，所得水準 Y の大きさに依存する。すなわち，これは，$L_1 = L_1(Y)$ で示される。L_1 ＝取引動機にもとづく貨幣需要。他方，投機的動機にもとづく貨幣需要 L_2 は，利子率 i の大きさに依存することになる。これは，$L_2 = L_2(i)$ で示される。L_2 ＝投機的動機にもとづく貨幣需要。

　図 3-2 のパネル I には，$L_2(i)$ 曲線が描かれている。投機的動機にもとづく貨幣需要は利子率の減少関数であるから，左下がりの曲線として描かれる。パネル II には，$M = L_1 + L_2$ で示される貨幣市場の均衡条件が描かれている。M ＝外生的に与えられる貨幣供給。パネル III には，取引動機にもとづく貨幣需要 L_1 曲線が描かれている。

　順次，パネル IV には，LM 曲線が描かれている。この LM 曲線を導出することにしよう。パネル I に眼をむけて，利子率が i_0 の水準にあると仮定しよう。このとき，$L_2(i)$ 曲線から，投機的動機にもとづく貨幣需要は，L_2^0 の大き

さを確定する。そこから，パネルIIに眼を転ずると，貨幣供給が $\overline{M}$ の水準に与えられているから，$\overline{M} - L_2^0 = L_1^0$ は，活動残高（取引動機にもとづく貨幣需要）となる。経済主体は，所得動機と営業動機にもとづいて，L_1^0 の大きさに等しい貨幣を保有することになる。

パネルIIIに眼を転ずるとき，L_1^0 が取引動機にもとづく貨幣需要として吸収されるためには，国民所得は Y_0 の水準にあらねばならない。つまり，$L_1 = kY = L_1(Y)$ 式において，$k = $ マーシャルの k，$k = $ 一定，$L_1 = \overline{M} - L_2(i)$ であるから，均衡のためには，L_1 に対応する国民所得は Y_0 の大きさであらねばならない。そして，利子率が i_0 のときには，貨幣市場における需給を確保するための国民所得は，Y_0 となる。この i_0 と Y_0 の組み合わせがパネルIVにおいて，座標 a として示される。

順次，利子率が i_1 の水準に決定されるならば，$L_2(i)$ 曲線から，L_2^1 の大きさが確定される。また，$M - L_2 = L_1$ 曲線から，L_1^1 の大きさが求められる。そして，$L_1(Y)$ 曲線から，Y_1 の大きさが確定することになる。この i_1 と Y_1 との組み合わせがパネルIVにおいて，座標 b として表示される。このような手続きを繰り返すことにより，貨幣の需給を均等させるその他のさまざまな利子率と所得との組み合わせの関係が求められる。この関係を図示したものが，右上がりのLM曲線である。LM曲線はパネルIVに示されている。

LM曲線が右上がりとなる根拠は，以下のとおり。高い所得水準に対しては，大きい取引動機にもとづく貨幣需要が対応することになる。このことから，貨幣供給がコンスタントであるかぎり，投機的動機にもとづく貨幣需要はその分だけ小さくならねばならない。この投機的動機にもとづく貨幣需要が小さくなるためには，利子率はいままでよりも高い水準に騰貴しなければならない。かくして，高い水準の所得には，高い利子率が対応することになるから，LM曲線は右上がりの曲線となる。

これまでの議論を，以下の単純な貨幣市場のモデルを用いて整理しておこう。

$$L = L_1(Y) + L_2(i) \quad \cdots\cdots\cdots\cdots\cdots\cdots\cdots\cdots\cdots\cdots\cdots\cdots\cdots\cdots (7)$$

$$M = \overline{M} \quad \cdots\cdots\cdots\cdots\cdots\cdots\cdots\cdots\cdots\cdots\cdots\cdots\cdots\cdots\cdots\cdots\cdots\cdots\cdots\cdots (8)$$

$$L = M \quad \cdots\cdots(9)$$

この場合，$L_1(Y)$ = 取引動機にもとづく貨幣需要，$L_2(i)$ = 投機的動機にもとづく貨幣需要，L = 経済全体としての貨幣需要，M = 経済全体としての貨幣供給，Y = 所得，i = 利子率，$\overline{M}$ = M の確定値。

(7)式は貨幣需要関数を示す。これは流動性選好関数とも呼ばれている。(8)式は，貨幣供給量が貨幣当局によって統制され，コンスタントであることを示す式である。(9)式は貨幣市場の均衡条件を示す。

(9)式に，(7)式と(8)式を代入すると，以下の式が求められる。

$$\overline{M} = L_1(Y) + L_2(i) \quad \cdots\cdots(10)$$

上式は，貨幣市場の需給均衡条件を表明する。貨幣供給量が $\overline{M}$ に与えられる場合，この式にもとづいて，貨幣市場の均衡条件を充足する所得と利子率の関係を求めることができる。(10)式は，LM 曲線を表明する。LM 曲線の勾配は，以下の式で与えられる。

$$di/dY = -(dL_1/dY)/(dL_2/di) \quad \cdots\cdots(11)$$

上式において，dL_2/di = 貨幣需要の利子率に対する反応係数，dL_1/dY = 貨幣需要の所得に対する反応係数，$dL_2/di < 0$，$dL_1/dY > 0$。かくして，(11)式の符号は正となる。これにより，LM 曲線は右上がりの曲線となる。

LM 曲線の位置は，(a)貨幣供給量，(b)流動性選好関数，(c)物価水準，などに依存する。例えば，貨幣当局が拡張的貨幣政策を実施すると，貨幣供給量は増大する。貨幣供給量の増大は，**図 3-2** において，貨幣市場の需給条件 M = L を左下方にシフトさせることになる。増大した貨幣供給量の一部は，投機的動機にもとづく貨幣需要として吸収され，一部は取引動機にもとづく貨幣需要として吸収されねばならない。この場合，投機的動機にもとづく貨幣需要が発生するためには，一定の国民所得のもとで，利子率が下落しなければならない。また，取引動機にもとづく貨幣需要の新しい増加分が惹起するためには，一定の利子率のもとで，国民所得が増大しなければならない。

第 3 章　国民所得と利子率の同時均衡　57

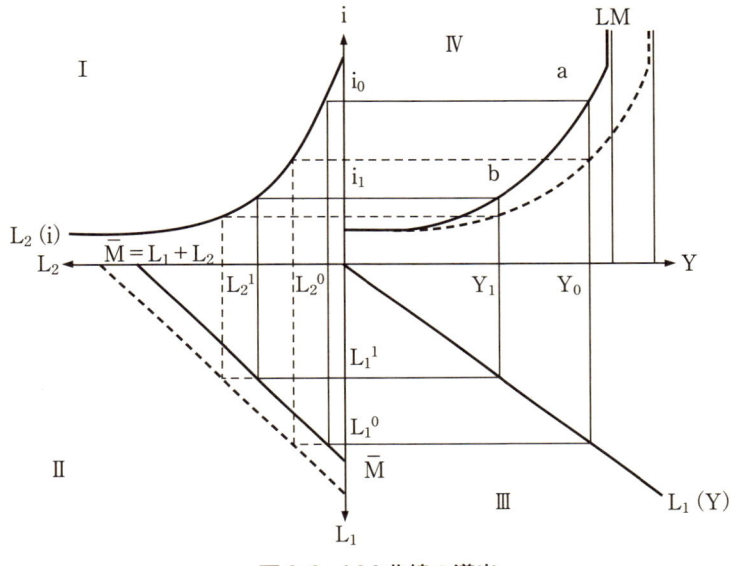

図 3-2　LM 曲線の導出
（出所）足立 1) p. 251.

III　財貨市場と貨幣市場の同時均衡

　財貨市場の均衡を示す IS 曲線と貨幣市場の均衡を示す LM 曲線を用いて，両市場を同時に均衡させる点を求めてみよう。われわれは，当面の主題を吟味するためのモデルを以下のように構成する。

$$S(Y) = I(i) \quad\cdots\cdots\cdots\cdots\cdots\cdots\cdots\cdots\cdots\cdots\cdots\cdots\cdots\cdots\cdots\cdots\cdots\cdots\cdots\cdots (5)$$
$$\bar{M} = L_1(Y) + L_2(i) \quad\cdots\cdots\cdots\cdots\cdots\cdots\cdots\cdots\cdots\cdots\cdots\cdots\cdots\cdots (10)$$

　上式から明らかになるように，(5)式は国民所得 Y と利子率 i という 2 つの未知数（内生変数）を含んでいる。(10)式も Y と i という未知数を含んでいる。論理的にはどちらの体系も単独で 2 つの未知数を決定することができない。そこで，ケインズは，所得決定モデルにおいては，利子率を所与として，(5)式の体系が所得 Y を決定することができると，主張した。また，ケインズは，

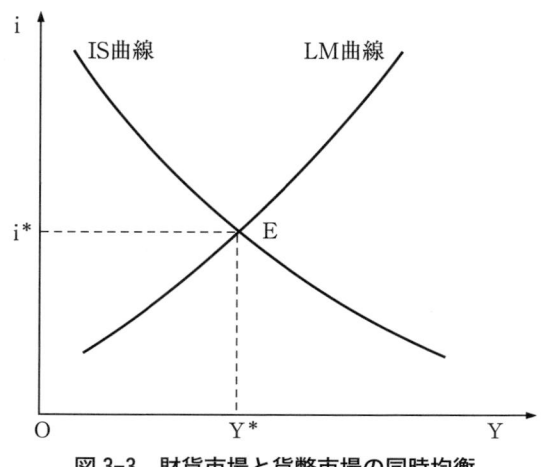

図 3-3　財貨市場と貨幣市場の同時均衡

流動性選好理論の利子率決定理論においては，逆に所得を一定として，(10)式の体系が利子率 i を決定すると，力説した。しかしながら，ヒックスをはじめとするポスト・ケインジアンの IS・LM モデルの接近法は，(5)式と(10)式の体系が Y と i の均衡水準を同時に決定することができることを明らかにした。かくして，IS・LM モデル接近法は，ケインズ経済学の考え方を大きく進展させた。

IS 曲線と LM 曲線とを一枚の図に示したものが，図 3-3 である。両曲線の交点 E はいわゆる同時均衡を表明する点である。すなわち，E 点は，IS 曲線の点であるから，Y^* と i^* は財貨市場の均衡を満たし，同時にそれは LM 曲線の上の点でもあるから，貨幣市場の均衡を満たしている。Y^* ＝均衡国民所得，i^* ＝均衡利子率。このメカニズムは，貨幣供給量 M が外生的に与えられるならば，Y^* と i^* が確定されることを表明している。

しかしながら，現実の経済がつねにこの E 点の位置に存在するという保証はない。ある一時点において，一方，または両方の市場が不均衡の状態にあるかもしれない。

図 3-4 において，IS 曲線よりも上方にある Y と i の組み合わせは，財貨の

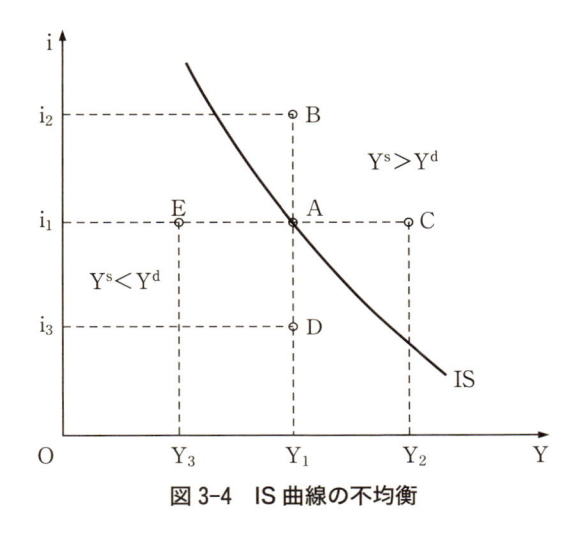

第3章　国民所得と利子率の同時均衡　59

図 3-4　IS 曲線の不均衡

総供給 Y^s が財貨の総需要 Y^d を凌駕していることを意味する。仮に Y がコンスタントのもとで、この IS 曲線上のある点において、利子率が上昇するならば、投資が減少する。これにより、S>I が発生する。つまり、IS 曲線から乖離した上方運動は、財貨の超過供給を生み出す。この場合、所得は減少する。所得は IS 曲線の方向に引き戻される。反対に、IS 曲線より下方にある Y と i の組み合わせは、財貨の総需要が財貨の総供給を上回ることを意味する。仮に Y がコンスタントのもとで、利子率が下落すれば、投資は増大する。これにより、S<I の状態が発生する。つまり。IS 曲線から乖離した下方運動は、財貨の超過需要を惹起する。この場合、所得は増大する。所得は、IS 曲線の方向に引き戻される。

図 3-5 において、LM 曲線よりも下方にある組み合わせは、貨幣需要が貨幣供給を上回る点である。仮に、貨幣供給が M に固定され、一定であるとすれば、LM 曲線から乖離した右方運動はより高い所得水準を示す。これは取引動機にもとづく貨幣需要の増加を生み出す。つまり、流動性が不足する。貨幣市場は、L>M となる。貨幣市場は、貨幣の超過需要となる。この場合、利子率は騰貴する。利子率は LM 曲線の方向に引き戻される。逆に、LM 曲

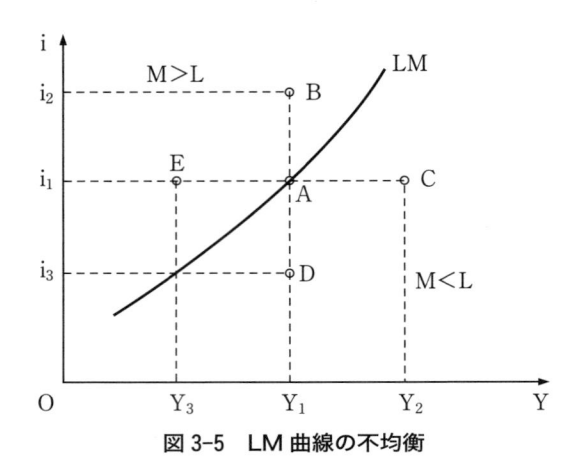

図 3-5　LM 曲線の不均衡

線よりも上方にある Y と i との組み合わせは，貨幣供給が貨幣需要を凌駕することを示す点である。仮に，M＝コンスタントとすれば，LM 曲線から乖離した左方向の運動は，より低い所得水準を示す。これは取引動機にもとづく貨幣需要の減少を生み出す。つまり，貨幣市場は，貨幣の超過供給（M＞L）となる。この場合，利子率は下落する。かくして，利子率は LM 曲線の方向に引き戻される。

図 3-6 は，IS 曲線と LM 曲線によって分割される 4 つの領域を描写している。領域 I は，財貨市場には財貨の超過供給が発生し，貨幣市場には貨幣の超過供給が発生している状態を，表明している。この場合，経済の調整機能は，所得が減少するように，利子率が低下するように作動することになる。領域 II は，財貨市場には財貨の超過需要が発生し，貨幣市場には貨幣の超過供給が発生している状態を表明している。この場合，経済調整機能は，所得が増大するように，利子率が低下するように働くことになる。領域 III は，財貨市場には財貨の超過需要が発生し，貨幣の超過需要が発生している状態を示している。この場合，経済機能は，所得が増大するように，利子率が騰貴するように働くことになる。領域 IV は，財貨市場には財貨の超過供給が発生し，貨幣市場には貨幣の超過需要が発生している状態を表明している。この

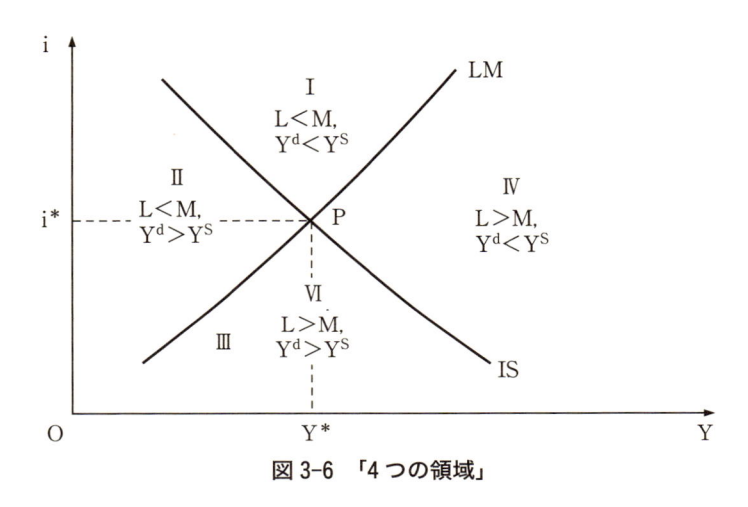

第3章 国民所得と利子率の同時均衡　61

```
   i
   │        ╲         ╱
   │         ╲   Ⅰ   ╱ LM
   │          ╲ L<M, ╱
   │       Ⅱ  ╲Yd<Ys╱
   │           ╲   ╱    Ⅳ
   │    L<M,    ╲ ╱   L>M,
i* ├ ─ ─ ─ ─ ─ ─ P     Yd<Ys
   │    Yd>Ys   ╱ ╲
   │           ╱   ╲
   │          ╱ Ⅵ   ╲
   │     Ⅲ  ╱       ╲
   │        ╱ L>M,   ╲
   │       ╱  Yd>Ys   ╲ IS
   │      ╱           ╲
   O─────────Y*──────────────Y
```

図 3-6　「4 つの領域」

場合，所得が減少するように，利子率が騰貴するように経済の調整機能が働くことになる。

　財貨市場と貨幣市場の同時均衡は，両方の市場における高度の相互関係を意味している。ある市場において攪乱が起ると，自動的に他の市場において，運動の変化が惹起することになる。これらの運動が初めの市場に反作用を及ぼすことになる。2つの市場が再度，同時に均衡を回復するまで，運動の変化が連続的に起ることになる。図 3-7 において，経済体系が領域 I の A 点に位置すると仮定しよう。領域 I においては，財貨の超過供給と貨幣の超過供給が発生している。これは，A 点において西向きのカギ型の矢印と南向きのカギ型の矢印で示されていることを意味する。2つの力は，ベクトル AB によって解決される。この結果として，利子率と所得はともに低下する。

　順次，経済システムが B 点に位置したとき，何が惹起するのか。IS 曲線上においては，財貨の超過供給は排除されている。しかし，貨幣の超過供給は依然として，発生している。このために，利子率は下落する。これは，ベクトル BC で示される。かくして，経済システムは，C 点に位置する。領域 Ⅱ の C 点は，財貨の超過需要と貨幣の超過供給の状態が発生していることを意

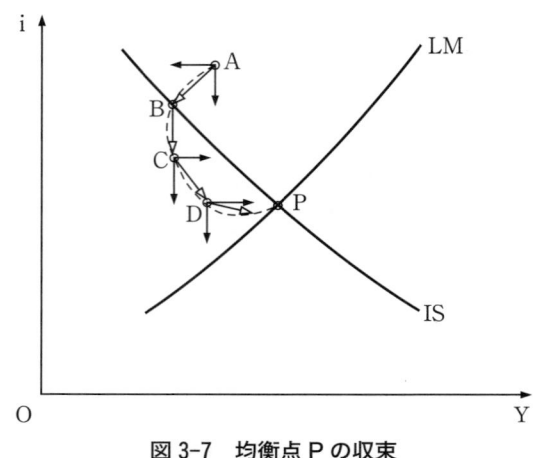

図 3-7 均衡点 P の収束
（出所）Crouch 2) p. 315.

味する。これは，C 点において東向きの矢印と南向きの矢印で示される。2 つの力は，ベクトル CD によって解決される。D 点においても，C 点で見られたような状態が発生している。2 つの力は，ベクトル DE によって解決される。

A 点から出発した運動は，B 点，C 点，D 点を辿っていくことになる。連続的な過程において，われわれは点線で表示された線，ABCD のような軌道を辿ることを確認することができる。体系は，やがて均衡点 P に収束することになる。

IV　IS−LM モデルと金融・財政政策

当面の分析に必要とされるモデルは，以下の関係式で示される。

$$Y = C(Y) + I(i) + G \tag{1}$$

$$M = L(Y, i) \tag{2}$$

この場合，Y＝国民所得，C＝消費，I＝投資，G＝政府支出，i＝利子率，M＝貨幣供給，L＝貨幣需要。(1)式は，財貨市場の需給均等式を示す。(2)式は

図3-8 財政政策の効果

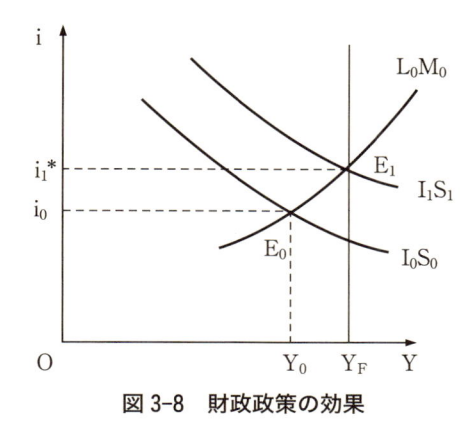

貨幣市場の需給均衡条件式を示す。Mは外生的に確定された大きさである。

2本の連立体系を図示したものが，図3-8である。財貨市場の均衡はI_0S_0として示される。貨幣市場の均衡はL_0M_0として示される。I_0S_0とL_0M_0との交点E_0が，両市場をともに均衡させる利子率と所得との組み合わせになる。つまり，財貨市場と貨幣市場をともに均衡させる利子率と所得は，i_0, Y_0となる。Y_0水準は物理的に生産可能な水準である。しかし，このY_0と完全雇用所得水準Y_Fとが一致する保証はない。いま，Y_0の方がY_Fよりも低いケースを想定しよう。労働市場には失業が発生している。このために，有効需要を喚起するような政策が，あるいは，金利引き下げによる金融緩和政策がとられることが望まれる。

第1に，財政政策の効果を考察する。与えられた利子率i_0のもとで，政府支出の増大はIS曲線を右方にシフトさせる。図3-8にみられるように，政府が政府支出をI_0S_0からI_1S_1にまで拡大させ，その財源として赤字公債を発行し，市中消化したとしよう。政府支出の増大は，その乗数効果により，所得を増大させる。やがて，所得はY_0から，Y_Fに増加する。新しい均衡点はE_1である。しかし，この場合，利子率の騰貴により，企業の投資支出は一部分，押し出されることになる。つまり，そこには，クラウディング・アウト効果が発生することになる。Y_Fは，労働市場で，完全雇用が達成されている

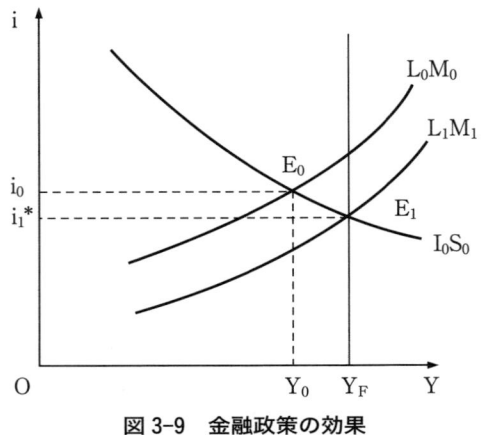

図 3-9　金融政策の効果

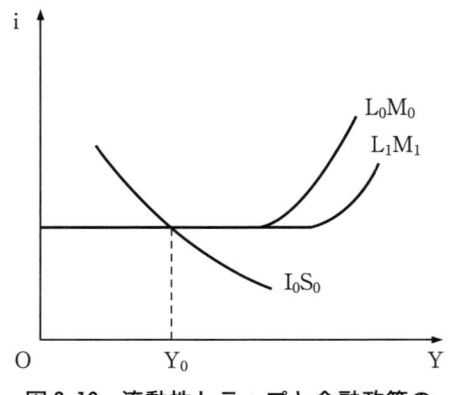

図 3-10　流動性トラップと金融政策の無力化

ときに実現される国民所得である。Y_0は現実の国民所得である。

　第 2 に，金融政策の効果を考察する。中央銀行が貨幣供給量 M を増大させたしよう。M の拡大は，LM 曲線を L_0M_0 から L_1M_1 に右方にシフトさせる。これを図示したものが，**図 3-9** である。新しい均衡点は E_1 である。図にみられるように，M の増加により，利子率は下落し，企業の投資活動は旺盛にな

り，投資支出は増大する。このようなルートをとうして，最終生産物に対する有効需要を拡大させることになる。国民所得は増加し，完全雇用国民所得水準 Y_F に到達する。

しかし，このようなルートが旨く作用するとは限らない。出発点の状態が，LM 曲線の水平な部分，換言すれば，「流動性トラップ」のそれであれば，いかなる現象が惹起するのであろうか。この場合，貨幣供給量の増大は，LM 曲線を右方にシフトさせるが，この増加分はすべて，公衆により，保有されてしまうことになる。人々は証券を手放し，資産をすべて貨幣の形態で保有しようとする。かくして，利子率は低下しない。従って，投資が利子率に対して，感応的であったとしても，投資支出は増大しない。かくして，国民所得は増加しない。金融政策は，所得水準に影響を及ぼすことができない。産出量 Y_0 は不変にとどまる。過小雇用均衡が持続することになる。この状況を図示したものが，**図 3-10** である。

参考文献
1) 足立英之「国民所得と利子率の同時決定」『近代経済学2』有斐閣，昭和54年．
2) R. L. Crouch. "Macroeconomics" Harcourt Brace Jovanovich, Inc. 1972.
3) 伊達邦春・春日正孝「ケインズ革命から新しいケインズ経済学へ」『現代政治経済学テキスト』中央経済社，1997．
4) 伊達邦春・柏崎利之輔「経済原論」学文社刊，昭和50年．
5) 宇沢弘文「共有財産の精神に返れ」『日本経済新聞夕刊（3月28日）』日本経済新聞社，2007．
6) 土居丈朗「やさしい経済学」『日本経済新聞（5月10日）』日本経済新聞社，2007．
7) 福岡正夫編「経済学の潮流」日本評論社，1974．

（石橋一雄）

第4章

失業とインフレーション

I ケインズ以前の雇用理論

　1930年代の大不況において，アメリカでは32年の不景気のどん底に約1500万人の失業者があり，37年の好況の絶頂期でも約750万人以上の失業者があった。多くの労働者はどんな賃金でもかまわぬと仕事を探して街を放浪するが，仕事がなく，ただ眼にしたのは「求職者無用」という看板であった。

　ケインズ以前の経済理論は，古典派理論と呼ばれている。この古典派の考え方は，均衡雇用は完全雇用状態のもとで成立しており，仮に労働市場において不均衡が惹起したとしても，実質賃金率の調整によって，均衡が自動的に回復に向かうということを内容としている。このことから，古典派の失業概念は，「自発的失業」と「摩擦的失業」の2形態であった。前者は，働く能力をもつ労働者が，現行の賃金率を承諾しない場合に惹起する失業である。後者は，労働市場が不完全であることから労働者が一時的に労働から離れる場合に生じる失業である。また，摩擦的失業は，地域間の移動が困難であることから惹起する失業，インフォメーション不足にもとづいて発生する失業，などをも含んでいる。この節においては，古典派の雇用理論とケインズ派の雇用理論を概説する。

1　古典派の雇用理論

　古典派雇用理論は，2つの公準で構成される。ひとつは，「賃金は労働の限界生産物に等しい」という命題で要約される。これは古典派の第一公準として

呼ばれている。他のひとつは,「賃金の効用は雇用量の負の限界効用に等しい」という命題で要約される。これは,古典派の第二公準と名付けられている。

1) 古典派の第一公準の分析

われわれは,当面の主題を吟味するためのモデルを以下のように構成する。

$$R = pq \quad \cdots\cdots\cdots\cdots\cdots\cdots\cdots\cdots\cdots\cdots\cdots\cdots\cdots\cdots\cdots\cdots\cdots (1)$$
$$C = v + uq + Wl \quad \cdots\cdots\cdots\cdots\cdots\cdots\cdots\cdots\cdots\cdots\cdots (2)$$
$$\pi = R - C \quad \cdots\cdots\cdots\cdots\cdots\cdots\cdots\cdots\cdots\cdots\cdots\cdots\cdots\cdots (3)$$

この場合,R＝総収入,C＝総費用,p＝生産物の価格,q＝生産物の数量,v＝固定費用(減価償却費),u＝生産物一単位当たりの比例費用,W＝貨幣賃金率,l＝労働投入量,π＝利潤。この場合,(1)式は総収入関数を示す。(2)式は総費用関数を示す。(3)式は利潤の定義を表明する。

順次,(3)式に(1)式,(2)式を代入すると,以下の式が求められる。

$$\pi = pq - (v + uq + Wl) \quad \cdots\cdots\cdots\cdots\cdots\cdots\cdots\cdots\cdots (4)$$

上式を労働量 l で微分すると,以下の関係式が求めれる。

$$(p - u)(dq/dl) = W \quad \cdots\cdots\cdots\cdots\cdots\cdots\cdots\cdots\cdots\cdots (5)$$
$$[(p - u)/P](dq/dl) = W/P \quad \cdots\cdots\cdots\cdots\cdots\cdots\cdots\cdots (6)$$

ただし,P＝物価水準。(5)式の左辺は労働の限界生産物を示す。右辺は貨幣賃金率を示す。かくして,(5)式は古典派の第一公準を表明するものである。(6)式の左辺は,労働の限界生産物を示す。右辺は実質賃金率を示す。(5)式と(6)式は,ともに企業の利潤最大化の条件を表明する。

ところで,このモデルには以下の4つの前提が想定されている。(a)短期分析である。(b)すべての労働は同質であること。(c)収穫逓減の法則が支配する。(d)完全競争状態が支配する。

(d)の仮定により,p, u, P, はともに一定である。(a)により,v(＝固定費用)は定数となる。仮定(c)により,労働の限界生産物は労働量が増大するにつれて逓減していく。このことから,(6)式より,実質賃金率と雇用量との間の関係を図示すると,図4-1 のようになる。そこでは,右下がりの労働需要曲線 $l^d l^d$ が求められる。この $l^d l^d$ 曲線は,労働の限界生産物を反映したものである。

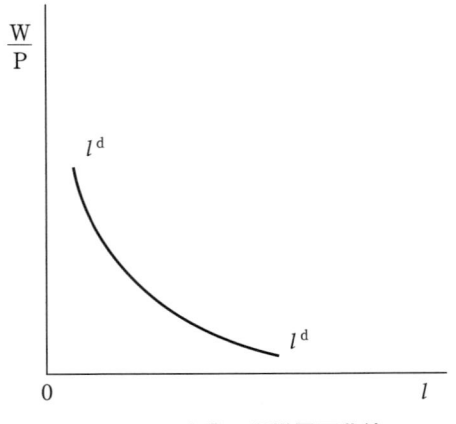

図 4-1 一企業の労働需要曲線

2) 古典派の第二公準

われわれは, 当面の主題を吟味するためのモデルを以下のように構成する。

$$U = \mu W l \quad \cdots\cdots(7)$$
$$T = T(l) \quad \cdots\cdots(8)$$
$$S = U - T \quad \cdots\cdots(9)$$

記号の意味は以下のとおり。U＝全部効用, T＝全部苦痛, S＝余剰効用, μ＝貨幣の限界効用。この場合, (7)式は全部効用関数を示す。(8)式は全部苦痛関数を表示する。(9)式は余剰効用の定義を表す。

ところで, このモデルには, 以下のような前提が想定されている。(a)貨幣の限界効用が一定である。(b)労働はすべて同質である。(c)完全競争状態が支配する。(d)労働の限界苦痛逓増の法則が支配する。

順次, (9)式に, (7)式, (8)式を代入すると, 以下の関係式が求められる。

$$S = \mu W l - T(l) \quad \cdots\cdots(10)$$

上式を労働量 l で微分すると, 以下の関係式が求められる。

$$\mu W = dT/dl \quad \cdots\cdots(11)$$
$$\phi W/P = dT/dl \quad \cdots\cdots(12)$$

ただし, $\phi = P\mu$。(12)式の左辺は実質賃金率 (W/P) の効用を示す。右辺は,

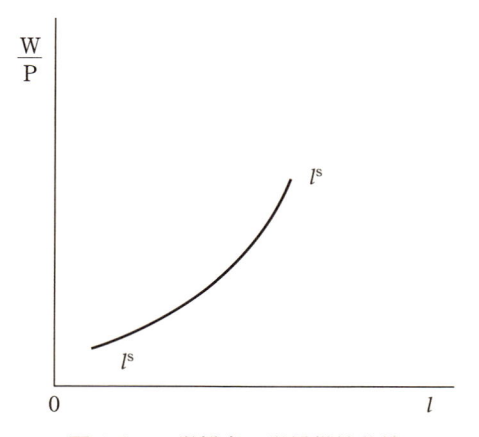

第4章 失業とインフレーション　69

図4-2　一労働者の労働供給曲線

雇用量の負の限界効用（＝労働の限界苦痛）を表明する。これにより、(12)式は古典派の第二公準を示すことになる。つまり、これは、「賃金の効用は労働の限界苦痛に等しい」という命題を示す。この命題は、労働供給に関する命題を表明する。

仮定(a)により、μはコンスタントとなる。(12)式の左辺の実質賃金率の効用は実質賃金率そのものの変化に正比例して増減することになる。(12)式の右辺は、仮定(d)により、労働量が増大するにつれて、逓増することになる。かくして、(12)式より、実質賃金率と労働供給量との関係は、**図4-2**に見られように右上がりの曲線（$l^s l^s$）で描写される。

順次、一定の実質賃金率に対して示された一企業の労働需要量を、社会全体の企業について集計すると、社会全体の労働需要曲線を求めることができる。これは、仮定(b)によって可能となる。$L^d = \Sigma l^d_1 + l^d_2 + l^d_3 + \cdots\cdots$。$L^d =$社会全体の労働需要。**図4-3**の$L^d$曲線はこのようにして描かれたものである。他方、一定の実質賃金率に対して示される一労働者の労働供給量を、社会のすべての労働者について集計すると、社会全体の労働供給曲線を求めることができる。これは、仮定(b)により、可能になる。$L^s = \Sigma l^s_1 + l^s_2 + l^s_3 + \cdots\cdots$。$L^s$ ＝社会全体の労働供給。**図4-3**の右上がりのL^s曲線は、このようにして描写

図 4-3　古典派の完全雇用

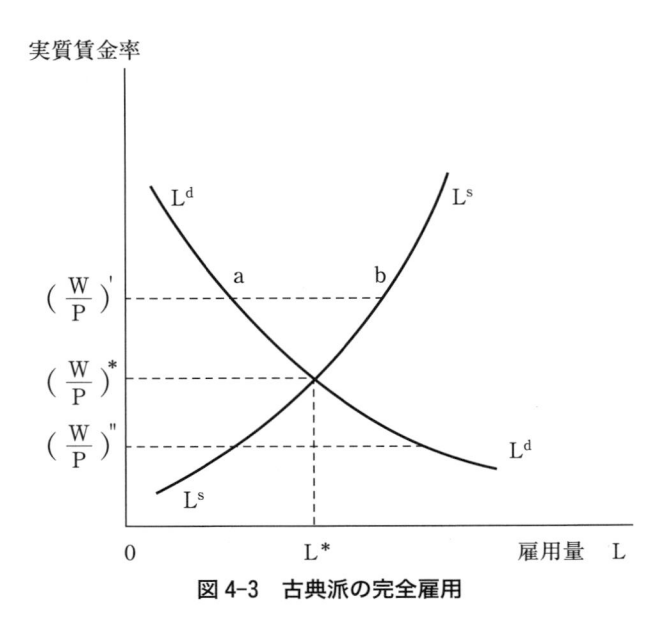

されたものである。(宮崎・伊東 16) pp.19-25)。

　L^d 曲線と L^s 曲線との交点において,雇用量と実質賃金率の均衡水準が決定される。均衡雇用量が L^* となる。この均衡雇用量は,古典派の世界では,つねに完全雇用状態のもとで成立する。仮に,実質賃金率が $(W/P)'$ にあるならば,労働市場においては労働の超過供給 (ab) が発生する。この場合,実質賃金率は,労働の超過供給がゼロになるまで,低下することになる。図 4-3 の ab の大きさは,古典派のいう自発的失業をしめす。

　反対に,実質賃金率が $(W/P)''$ であるならば,労働市場において,労働の超過需要 (=労働力の不足) が惹起することになる。この場合,労働の超過需要がゼロになるまで,実質賃金率は上昇し続けることになる。価格の自動調節作用により,結局,$L^d = L^s$ の均等関係が労働市場にて瞬時に成立することになる。これに対応して決定される雇用量は完全雇用量 L^* にほかならない。このようにして,労働市場において,L^* が確定するならば,生産部門の生産関数 $O = F(L)$ を経由して,完全雇用産出量 O^* が決定される。

2 ケインズの失業理論

　ケインズによれば,古典派の公準は「非自発的失業」の可能性を認めないものであるとされる。これは,不愉快なことである。ケインズは,2つの公準のうち,第一公準はそのまま承認して支持するが,第二公準については,批判している。ケインズは,2つの理由で第二公準を否定している。これについて,ケインズ自身に語ってもらうのが一番であろう。「疑いもなく,労働者が条件として,要求するものは,実質賃金率であるよりはむしろ貨幣賃金率であるという状況は,単にありうるどころか,正常なケースである。労働者は,通常において,貨幣賃金率の削減には抵抗するけれども,賃金財価格の上昇が起こるたびごとに,自分たちの労働を撤回することはないであろう。」。(Keynes 13) p.9)

　上述の引用文がケインズの第一の異議である。要するに,現実の労働者の行動を観察するとき,労働の供給は貨幣賃金率の関数であって,実質賃金率の関数ではないということである。関数で示せば,労働供給関数は,$W = \overline{W}$,または,$L^s = g(W)$で定式化される。この根拠として,労働者は通常,貨幣賃金率の引き下げには,猛然として抵抗を露にするけれども,物価水準の上昇する結果として,実質賃金率が下落したといって,その度ごとに自分たちの労働供給を労働市場から減少させるということはしない。このような行動が労働者の慣行であろう。

　更に,ケインズは第二公準について,批判を加えている。「しかし,より根本的な異議はこうである。古典派理論は,労働者は貨幣賃金率の引き下げを受け入れることによって,つねに実質賃金率を引き下げることができると想定しているのである」。実質賃金率が労働の限界不効用に合致する傾向があるという公準は,明らかに,労働者自身が労働の対価として受け取る実質賃金を決定することができることを想定している。これがケインズのいう第二公準批判に関する理由である。しかしながら,現実経済において,労働者自身が労働報酬である実質賃金率を確定できるということは不可能である。実質賃金率は,分子の貨幣賃金率Wと分母の物価水準Pとの2因子で構成される。労働者が労使交渉で決定できるのはWだけであり,分母のPについ

ては確定することができない。物価水準Pは，他の社会的要因により決定される。(Keynes 13) p.10)

　ケインズは，第二公準を否定することによって，労働者は雇用者とは異なって，最大満足を追求することができないと，考えた。このことは，同時に資本主義社会特有の失業現象＝「非自発的失業」を見出す道を開拓することになるということを意味する。ケインズの労働供給関数には，以下に述べる3つの特性がある。(宮崎・伊東 16) p.45)

　(a)　労働の供給は貨幣賃金率の関数である。
　(b)　完全雇用に到達するまでは，労働者の要求する貨幣賃金率には，変化はない。$W = \overline{W}$。
　(c)　完全雇用に到達すると，労働の供給は非弾力的となる。つまり，L^s曲線は横軸に対して垂直な直線となる。

　上に述べた3つの理由により，労働供給曲線は図4-4の下半分に描かれるようなL^s曲線で示される。L^s曲線は，$\overline{W}FL^s$の形態で示される。他方，労働需要曲線は，古典派の世界と同様に，右下がりのL^d曲線となる

　ところで，社会全体の雇用量は，L^d曲線とL^s曲線との交点Eにおいて確定される。実際の雇用量は$0L_0$である。とすると，この場合，L_0L^*は，与えられた貨幣賃金率のもとで働きたいとする意思と能力があるのにもかかわらず，雇用の機会を得ることができないという意味において，「非自発的失業者」を表明している。

　図4-4の上半分は，ケインズの有効需要の原理を説明している。Z曲線は総供給関数$Z = \phi(L)$を示したものである。D曲線は，総需要関数$D = f(L)$を図示したものである。社会全体の雇用量は，Z曲線とD曲線との一致点Aにおいて決定されることになる。有効需要の原理は，「供給は有効需要により制約される」ということを内容とするものである。有効需要の大きさで確定する雇用量Lは，L^*以下の不完全雇用状態にあることになる。ケインズの世界においては，A点における雇用量は，完全雇用の点に等しい何らかの保証もないということになる。ケインズは，不完全雇用均衡が現実の姿であると考えている。非自発的失業を解消するためには，L^d曲線を右方にシフト

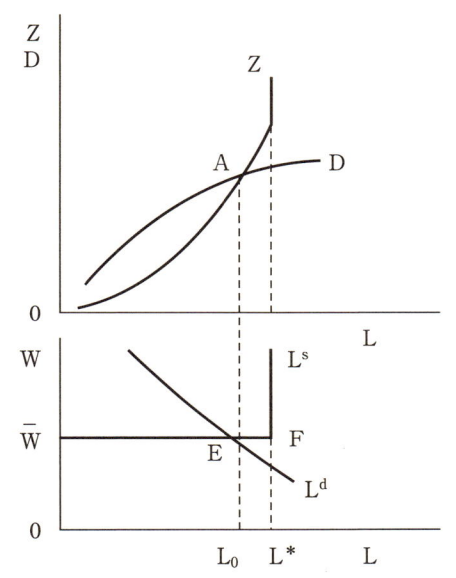

図4-4 ケインズ体系の不完全雇用均衡
(出所) 宮崎・伊東 16) p.86.

させる必要がある。このためには，政府は，公共事業，生活保護費などの政府支出の増大を通じて，総需要曲線 D を上方にシフトさせねばならない。

II　インフレーションの基礎理論

今日，インフレーションの原因を説明する理論には，2つの潮流がある。一つは生産物の需要サイドにインフレの原因を求める接近法である。この接近法は，与えられた総供給曲線のもとで，総需要曲線が上方にシフトする過程として，物価水準の上昇を把握しようとする方法である。これは，「需要インフレーションの理論」と呼ばれている。他のひとつは，生産物の供給サイドにインフレの原因を求める接近法である。この接近法は，与えられた総需要曲線のもとで，総供給曲線が上方にシフトする過程として物価水準の上昇を解明しようとする方法である。これは，「コスト・インフレーションの理論」

として知られている。

1 $e_o \cdot e_p$ の理論

1) インフレにも有効なケインズ理論

1930年代の大不況においては，大量の非自発的失業者が発生し，また，一定とされていた貨幣量の所得流通速度についても，急激な変化が観察されるようになった。このために，伝統的な理論は，いまのままで現実に旨く適用されないということが明白になってきた。そこで，ケインズは，貨幣量の増加が物価水準の上昇と結合するという伝統的な理論に代わって，貨幣量の変化が物価水準に反響を及ぼす因果的過程に注目した。明確にいえば，貨幣量の増加が及ぼす最初の衝撃は，利子率を低下させることにある。これは，ケインズ効果と呼ばれている。利子率の低下は，投資需要を増加させ，順次，これが所得，雇用，産出量の増加を造出させる。所得，雇用，産出量の3点セットが増加すると，労働者の契約締結上の立場が，確実に強化されることになる。この結果として，労働費用が増大する。短期的には，生産物の収穫が逓減する。これらの理由により，物価がまた騰貴し始める。

このように，ケインズは，貨幣量の変化が物価水準に対して及ぼす影響を実物経済との一般的な関連の中で解明しようとしたのである。このように，ケインズの一般理論の出現により，インフレーション理論においても，ケインズ的な考え方が浸透していくことになる。

ケインズ理論と古典派の貨幣数量説との間には，大きな乖離がある。第一に，伝統的な理論の叙述は，貨幣量が利子率の決定に及ぼすという「流動性選好理論のルート」を無視し，このために，貨幣量の産出量に対して及ぼす影響を見逃すことになり，貨幣量の増加から直接に物価水準の騰貴を造出するという短絡的なシナリオを展開することになる。伝統的な理論のもつ重要な手抜かりは，諸資源が完全雇用状態につねにあるものと仮定していることに胚胎する。仮に完全雇用が最初から仮定されているならば，貨幣量の増加，あるいは，これに関連するあらゆるものも雇用と産出量を増大させることは，不可能である。

これとは対照的に，ケインズは不完全雇用均衡が現実の姿であると考えた。とすると，不完全雇用状態のもとでは，貨幣量が増大したとしても，物価水準は上昇しないかもしれないということになる。このことは，一般理論において展開された「e_o・e_p理論」によって明瞭に説明されている。

ケインズは，当面の主題を吟味するためのモデルを以下のように構築する。

$$D = PO \tag{1}$$
$$e_p = (dP/dD)(D/P) \tag{2}$$
$$e_o = (dO/dD)(D/O) \tag{3}$$

この場合，P＝物価水準，O＝産出量，D＝有効需要，e_o＝有効需要に関する産出量の弾力性，e_p＝有効需要に関する物価の弾力性。

(1)式は有効需要が産出量に物価水準を乗じた相乗積に等しいという定義式である。(2)式と(3)式は，各弾力性の定義式を示す。

順次，(1)式をDで微分すると，以下の式が求められる。

$$1 = (dP/dD) \cdot O + (dO/dD) \cdot P \tag{4}$$

上式にP＝D/Oと，O＝D/P式を代入すると，以下の関係式が求められる。

$$1 = (dP/dD)(D/P) + (dO/dD)(D/O) \tag{5}$$

順次，上式に(2)式，(3)式を代入すると，以下の関係式が求められる。

$$e_p + e_o = 1 \tag{6}$$

(5)式と(6)式は，「有効需要が増加したときの効果は，一部分は物価上昇に，他の部分は，生産の増大になって現れる」ということを意味する。どちらがより大きく現れるかは，経済が完全雇用に近いかどうかによって異なる。すなわち，$e_o = 0$ の場合，$e_p = 1$ である。この状況においては有効需要が増大したとしても，生産は増大することはなく，物価水準だけが騰貴する。反対に，$e_o = 1$ の場合には，$e_p = 0$ となる。この場合には，有効需要が増大しただけ物価水準がコンスタントのもとで生産物の生産のみが増大する。通常，e_o は，1とゼロとの中間の値をもつことになるから，e_p もこれに対応してゼロと1との中間の値をもつであろう。そして，e_o が1に近いかゼロに近いかは，主として完全雇用・完全利用の状態によって決定されるのである。この脈絡に関して，花輪俊哉教授は，論文「現代インフレーションの分析」において以下

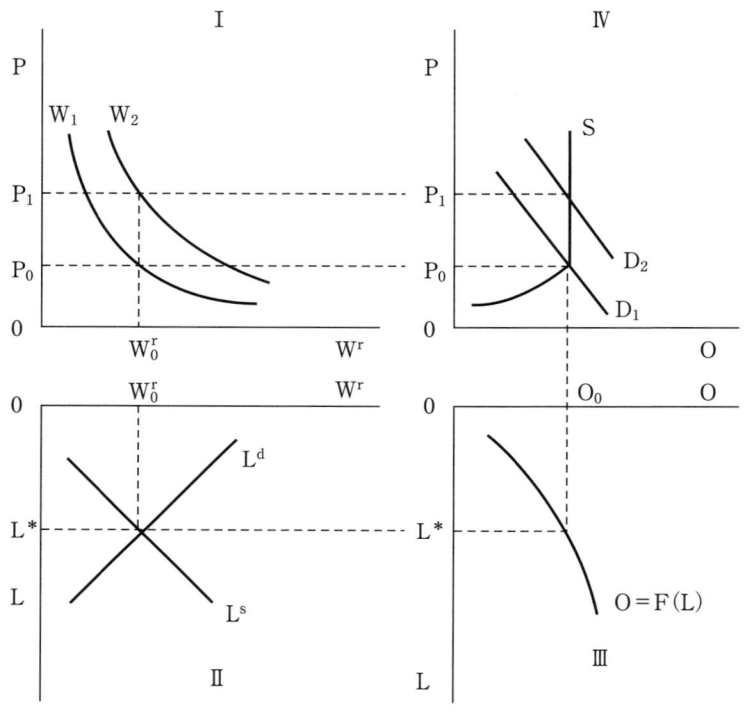

図 4-5 ディマンド・プル・インフレーション
（出所）Lindauer 11) p. 248.

のように叙述している。「不完全雇用の段階では，有効需要の増加は生産に吸収される割合が高く，完全雇用状態に近づくにつれて，物価に吸収される割合が高くなるといえる。」(花輪 4) p. 727)

ケインズは，大著「雇用・利子・および貨幣の一般理論」において，有効需要の増加が物価上昇と同時に産出量の増大を造出するかどうかを基準にして，「真生インフレーション」と「半（セミ）インフレーション」を峻別している。「有効需要量がさらに増加しても，もはや産出量は増加せず，もっぱら有効需要の増加に対して正比例的な費用単位の増加がもたらされる場合には，われわれは，真生インフレーションの状態と名付けることにしよう」。(Keynes 13) p. 303)

2) ディマンドプル・インフレ説

リンダー (J. Lindauer) 教授は,著書「マクロ経済学」の中で「デイマンドプル・インフレーション」の説明を的確におこなっている。**図4-5**の4枚のグラフ図において,パネルⅠは物価水準Pと実質賃金率W^rとの関係を,パネルⅡは労働市場における労働需要関数 ($L^d = f(W^r)$) と労働供給関数 ($L^s = g(W^r)$) を,パネルⅢは生産関数 ($O = F(L)$) を,パネルⅥは財貨市場における総需要曲線Dと総供給曲線Sとの関係を,それぞれ,図示している。パネルⅠにおいて,最初に物価水準PがP$_0$に決まり,貨幣賃金率WがW$_1$に外生的に与えられている。最大可能な産出量OがO$_0$に,雇用量LがL*の大きさに与えられている。このような経済システムにおいて,購買力の増大は物価水準をより高い水準にまでせり上げることになる。なぜならば,そこでは最大産出量水準が既に到達されているからである。つまり,財貨が供給される以上に財貨に対する需要が旺盛である限り,物価水準は騰貴し続けることになる。例えば,仮に有効需要が**図4-5**にみられるようにD$_1$からD$_2$に増大すると,この結果として,インフレーションが発生することになる。なぜならば,購買力の増大は財貨市場において物価水準の騰貴を引き起こすからである。明確にいえば,物価水準はP$_0$からP$_1$に上昇することになる。同時に,物価水準が高くなるにつれて,貨幣賃金率も競り上げられることになる。貨幣賃金率が元の水準W$_1$のもとにあるかぎり,実質賃金率W^rは,物価水準が騰貴するにつれて低下することになる。実質賃金率が下落すると,雇用者は労働者が供給する以上により多くの労働者を雇用しようとする。仮に,貨幣賃金率がW$_2$の水準に競り上げられるならば,経済の生産者は労働者が喜んで労働を供給するほどにより多くの労働者をもはや雇用しようとはしなくなるであろう。

購買力の増大が,利用可能な,制限された産出量の価格を競り上げるにつれて,有効需要の増大が経済の物価水準を上方に吊り上げることになる。このような状況のもとで発生するインフレーションは,典型的に「ディマンドプル・インフレーション」(demand-pull inflation) として命名されている。これは,「需要牽引インフレーション」と訳される。

図4-6　需要インフレーション

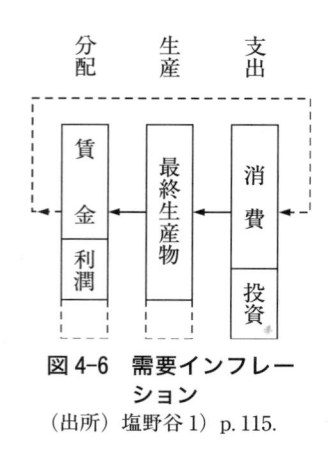

（出所）塩野谷1）p. 115.

　ディマンドプル・インフレーションは，消費支出と投資支出の和である有効需要が財貨の総供給の100％以上を購入しようとするときに惹起するものである。それは，経済のもつ物理的に生産可能な生産能力に比較して有効需要が過大であるために引き起こされることになる。この差は，投資支出と貯蓄とのギャップとして表明されることになる。図4-6は，ディマンドプル・インフレーションの状態を描写している。支出が生産および分配を凌駕するために，インフレ圧力によって生産物の価格は騰貴し，生産額は支出額と等しくなる。価格が騰貴すると，生産額は金額的に増大する。つまり，(1)式（D＝PO）で示されたPOの生産額は増大することになる。増大した生産額POは生産過程に参加した人々に分配されねばならない。しかし，貨幣賃金率は契約により確定しているから，賃金総額（＝WL）は固定されることになる。さしあたって，分配所得の増加分は，利潤に帰属することになる。かくして，生産者は，正常利潤の他に，ディマンドプル・インフレーションによって，投資と貯蓄との差額に等しい「意外の利潤」(windfall profit) を稼得することになる。この意外の利潤とは，最終生産物の事後的な実現売上高が期待売上高を上回るさいに，発生する差額である。図4-6の点線で囲まれた部分が物価の上昇と利潤の増大によって，三面等価の原則が旨く成立することを示している。

2 コスト・インフレーションの理論
1) 賃金プッシュ・インフレ説

　労働組合は，貨幣賃金率の引き上げを要求するさいに生計費の上昇，および労働の生産性の指標に注目して，合理的な行動をおこすであろう。この状況は，以下の関係式をもたらすことになる。

$$W = \alpha P(O/L) \quad \cdots\cdots(1)$$

この場合，W＝貨幣賃金率，L＝雇用量，P＝物価水準，α＝労働分配率，O＝生産量，O/L＝労働の生産性。

　今，労働の生産性を y で示すと，以下の式が与えられる。

$$y = O/L \quad \cdots\cdots(2)$$

(1)式と(2)式から，以下の式が求められる。

$$P = W/\alpha y \quad \cdots\cdots(3)$$

　順次，上式を成長率のタームで示すと，以下のようになる。上記の方程式に含まれる変数，P，W，α，y の変化率を，g_p，g_w，g_α，g_y で明記する。

$$g_p = g_w - g_\alpha - g_y \quad \cdots\cdots(4)$$

$g_p = \dot{P}/P$＝物価上昇率，$g_w = \dot{W}/W$＝貨幣賃金率の上昇率，$g_y = \dot{y}/y$＝労働の生産性の上昇率，$g_\alpha = \dot{\alpha}/\alpha$＝労働分配率の成長率

　(4)式において，α と y がコンスタントに留まるならば，物価上昇率 g_p は，貨幣賃金の上昇率 g_w が高ければ高いほど，騰貴することになる。ここで留意すべきことは，貨幣賃金率の上昇率が労働の超過需要によって惹起するものではなく，労働組合の圧力によって貨幣賃金率の引き上げがなされるということになるという点についての確認である。このような考え方は，賃金プッシュ (wage push) インフレ説として命名されている。この脈絡に関して，丸尾直美教授は，論文「コスト・インフレとその対策」において，以下のように叙述している。「1960年代には，大部分の年において賃金上昇率が生産性の上昇率を凌駕するようになっていた。この事実からも判明するように，日本経済のインフレの型が，1950年代から1960年代にかけて，需要インフレ型からコスト・インフレ型へと転換したのではないかということの示唆を与える。」。(丸尾6) p.13)

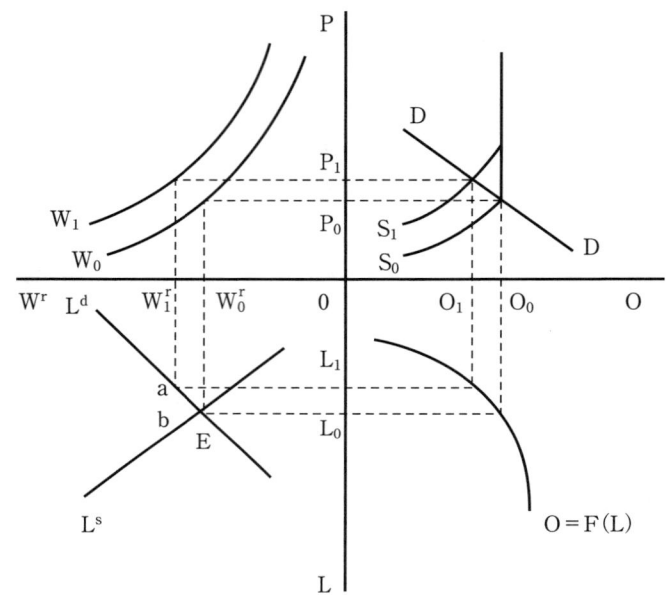

図 4-7 賃金プッシュ・インフレ
（出所）高橋 5) p. 154.

　図 4-7 は，賃金プッシュ・インフレのケースを描写している。初めに完全雇用均衡 E が成立しており，その時の物価水準は P_0，貨幣賃金率は W_0 であるとする。このとき，貨幣賃金率が労働組合の力により，攻撃的に W_1 にまで引き上げられると，総供給曲線は S_0 から S_1 まで上方にシフトする。この結果として，所与の需要曲線が DD のもとでは，総供給曲線のシフトによって，物価水準は P_0 から P_1 にまで騰貴し，産出量は O_0 から O_1 にまで減少することになる。これに伴って，雇用量は L_0 から L_1 にまで削減されることになる。実質賃金率は W^r_0 から W^r_1 にまで上昇することになるので，労働市場においては，自発的失業 (ab) が惹起することになる。つまり，貨幣賃金率の上昇によって，物価水準と失業率がプッシュ・アップされたとになる。
　2）利潤プッシュ・インフレ説
　現代インフレーションの原因および発生メカニズムは，産出量の生産ない

し，供給側の独占的，あるいは寡占的市場支配と深く関連している。ここでは，生産物の供給者である企業は，フル・コスト原理に立脚して，自らの価格を設定することになる。フル・コスト原理による価格決定方式は，下記の関係式によって示される。

$$P = (1+m)(WL/O) \cdots\cdots\cdots\cdots\cdots\cdots\cdots\cdots\cdots\cdots\cdots\cdots\cdots\cdots\cdots(1)$$

この場合，P＝供給価格，W＝貨幣賃金率，L＝雇用量，O＝産出量，m＝マーク・アップ率（mark-up ratio）。

上式は，企業が生産物単位当たりの賃金費用に対してコンスタントな利益率を維持するように供給価格を決定することを内容とする式を表明している。この場合，マーク・アップ率は，利潤の加算率を示す。貨幣賃金率 W は，労働組合との団体交渉によって，決定される。いま，労働組合の賃金引上げ要求を容認し，この結果として，(WL/O) 項目それ自体が増大したとする。この場合，O/L は労働の生産性を示し，コンスタントであると，仮定する。企業は，一定のマーク・アップ率 m を増大した (WL/O) 項目に乗じて供給価格を決定することになるであろう。(1)式に $y = \dfrac{O}{L}$ 式を代入すると，以下の関係式が求められる。ただし，y は労働の生産性を示す。

$$P = (1+m)(W/y) \cdots\cdots\cdots\cdots\cdots\cdots\cdots\cdots\cdots\cdots\cdots\cdots\cdots\cdots\cdots(2)$$

上式は，PP 曲線として示される。図 4-8 において，横軸に労働量が測定され，縦軸に供給価格 P が測定される。PP 曲線は価格決定曲線である。PP 曲線は右上がりの曲線である。この経済的根拠はこうである。雇用量 L が増大するにつれて，労働の限界生産物は逓減する。同様に，L が増大するにつれて，y は減少する。(2)式において，m と W がコンスタントであると仮定すれば，L の増加に伴う y の減少は，供給価格 P の騰貴を造出する。かくして，PP 曲線が右上がりになる理由は，高い雇用量に対して，供給価格が高くならねばならないということに依拠する。

他方，財貨市場の均衡条件式は以下の関係式によって与えられる。

$$sPf(L) = I + \gamma \cdots\cdots\cdots\cdots\cdots\cdots\cdots\cdots\cdots\cdots\cdots\cdots\cdots\cdots\cdots(3)$$

この場合，s＝貯蓄係数，f(L)＝産出量，I＝投資，γ＝シフト・パラメーター。

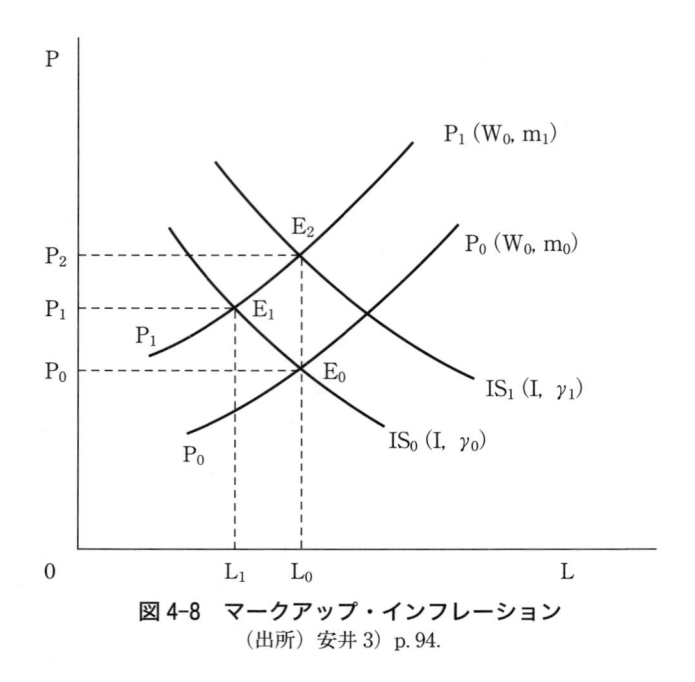

図4-8 マークアップ・インフレーション
（出所）安井3) p.94.

ただし，生産関数は以下の式により，与えられる。

$$O = f(L) \quad \cdots\cdots(4)$$
$$Pf'(L) = W \quad f' > 0, \ f'' < 0 \text{。} \quad \cdots\cdots(5)$$

(3)式の左辺は貯蓄 S を示し，右辺は投資を表明する。つまり，この式は IS 曲線を示す。IS 曲線は右下がりの曲線を示す。この IS 曲線が右下がりになる理由は以下のとおり。仮に価格 P が上昇すれば，(3)式から明らかになるように，I, γ, s を一定とするとき，P の増加に対しては $f(L) = O$ が減少し，産出量 O が減少するためには L が減少しなければならないからである。

PP 曲線と IS 曲線を1枚の図に纏めたものが**図 4-8** である。最初に，完全雇用均衡 E_0 が成立しており，そのときの価格水準は P_0 であり，雇用量は L_0 である。いま，寡占企業による m が上昇したと想定しよう。これは PP 曲線を左上方にシフトさせることになる。生産物需要がコンスタントである限り，IS 曲線は IS_0 曲線に留まることになる。とすると，m の上昇によって，

雇用量は L_0 から L_1 まで減少し，価格は P_0 から P_1 まで騰貴する。均衡点 E_1 のもとでは，失業（L_0-L_1）が発生することになる。

順次，政府が拡大的財政政策を実施すれば，IS 曲線は IS_0 から IS_1 にまで，右上方にシフトすることになる。この場合，E_2 点においては，失業は減少することになるが，これに代わって，物価は一段と騰貴することになる。このことは，さらに貨幣賃金率の引き上げの要求を労働組合を経由して造出されることになる。この結果，wage-spiral が進行していくことになる。(安井 3) pp.91-94)

III 現代インフレーション理論

1 フィリップス曲線の誕生

フィリップス（A. W. Phillips）は，イギリスの 100 年間にわたる長期のデータを用いて貨幣賃金率の上昇率と失業率との間の安定したトレード・オフの関係を解明した。フィリップスの論文「イギリス（1861-1957）における失業率と貨幣賃金率の上昇率との間の関係」の骨子は以下のように要約される。1861-1957 年のおける貨幣賃金率の変化率と失業率の点の相関図は，図 4-9 のように図示される。この図から以下の 2 点が指摘される。第 1 に，この図にプロットされた 53 の観察値の散布は，失業率が低ければ低いほど，貨幣賃金率の変化率が大きくなる。反対に，失業率が高ければ高いほど，貨幣賃金率の変化率が小さくなることになる。2 変数の間には，非線形で，負の相関がある。この貨幣賃金率の変化率と失業率との間に確証された非線形の負の安定的な関係は，その発見者の名前にちなんで「もとのフィリップス曲線」と呼ばれている。(水野 7) p.273)

フィリップスの研究で確証された第 2 の点は，フィリップス曲線を軸とする逆時計回りのループが存在することであろう。これの意味は，以下のとおり。労働需要が増加しつつあり，失業率が低下しつつあるときには，それらが安定しているときに比較して，貨幣賃金率の上昇率はいっそう高くなるような傾向が見出される。反対に，労働需要が減少しつつあり，失業率が増大

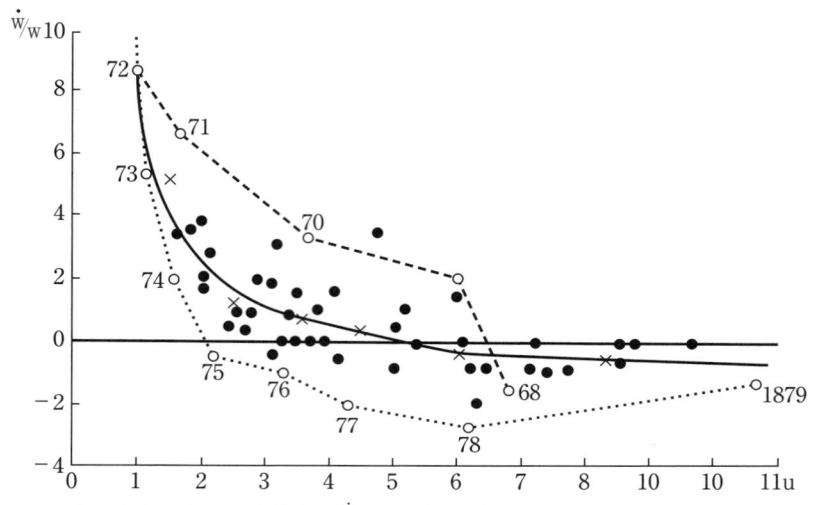

図 4-9 貨幣賃金率の変化率（W/W）と失業率（u）の関係 （1861-1913年）
(出所) A. W. Phillips, "The Relation between Unemployment and the Rate of Change of Money Wage Rates in the United Kingdom, 1861-1957", *Economica*, Vol. 22 (November 1958), p. 247.

しつつあるときには，それらが安定しているときに比較して，貨幣賃金率の上昇率はいっそう低下するような傾向が見出される。（A. W. Phillips 8）p.247)

2 適応的期待仮説

ケーガン，フェルプス，フリードマンの人々は，現代のインフレーション分析において適応的期待仮説を重要視している。この適応的期待仮説は，以下の関係式によって示される。

$$\dot{\pi}^e = b(\pi - \pi^e) \quad 0 < b < 1 \cdots\cdots(1)$$

この場合，π^e＝期待物価上昇率，π＝現実物価上昇率，b＝調整係数。

(1)式は，time-subscript の形態で書き表すと，以下の関係式で示される。

$$\pi^e_t - \pi^e_{t-1} = b(\pi_{t-1} - \pi^e_{t-1}) \cdots\cdots(2)$$

$$\pi^e_t = b\pi_{t-1} + (1-b)\pi^e_{t-1} \cdots\cdots(3)$$

この場合，π_{t-1}＝t－1期の現実物価上昇率，π^e_{t-1}＝t－1期の期待物価上昇

表 4-1 適応的期待形成仮説

t	(1) π_t	(2) $b\pi_{t-1}$	(3) π^e	(4) $(1-b)\pi^e_{t-1}$	(5) (2)+(4)
1	10%	—	—	—	—
2	10%	5%	5%	0%	5%
3	10%	5%	7.5%	2.5%	7.5%
4	10%	5%	8.75%	3.75%	8.75%

率。

(2)式は,期待物価上昇率の変化が前期におけるインフレの現実値と期待値の差額で定義される過去の予想上の誤差(prediction error)に比例するということを意味している。この場合,パラメーターbがウェイトとして用いられる。bがゼロに近ければ,ウェイトの大きさは緩やかに減少する。経済主体は長いメモリー(記憶)をもつことになる。逆に,bが1に近ければ,ウェイトは急速に減衰する。それは,経済主体が短期メモリーを覚えていることを意味する。この結果,最近の物価上昇率が調整過程を支配することになる。

いま,π の時系列を想定し,$\pi=10\%$ であると想定する。これは**表 4-1**の第1欄に明示されている。さらに,$b=0.5$(bはゼロと1との間にある),$\pi^e_1=0\%$ とする。$\pi^e_1=$ 第1期の期待物価上昇率。(3)式を利用すると,第2期の期待物価上昇率 π^e_2 は以下の関係式によって与えられる。

$\pi^e_2 = b\pi_1 + (1-b)\pi^e_1$　　$0<b<1$

上式に,該当する数値を代入すると,以下の式が求められる。

$\pi^e_2 = (0.5\times 10\%) + (1-0.5)\times 0\% = 5\%$

同様に,(3)式を用いて,第3期の期待物価上昇率 π^e_3 を算定すると,以下の関係式を得る。

$\pi^e_3 = (0.5\times 10\%) + (1-0.5)\times 5\% = 7.5\%$

明らかに,無限にこのような算定方法を繰り返すと,π^e の全時系列を算定することができる。**表 4-1**の第3欄に,π^e の時系列が示される。

3 期待によって修正されたフィリップス曲線

サミェルソンは,論文「安定的な物価水準の達成と維持に関する問題」において,フル・コスト原理のもとでフィリップス=リプシー型のフィリップス曲線を斬新な取り扱いでモデルの精緻化を試みている。通常,企業はその製品価格を決定するとき,単位労働コストに基づいて計算された一定のマーク・アップ率 m を用いる。この関係は,以下の関係式で示される。

$$P = (1+m)(WL/O) \quad \cdots\cdots(1)$$

ただし,P=製品価格(あるいは物価水準),W=貨幣賃金率,L=雇用量,O=産出量,m=マーク・アップ率,WL/O=産出量に占める労働コスト。今,労働の生産性を y で示せば,以下の式が求められる。

$$y = O/L \quad \cdots\cdots(2)$$

(1)式と(2)式を整理すると,以下の関係式が求められる。

$$P = (1+m)(W/y) \quad \cdots\cdots(3)$$

上式の両辺の自然対数をとれば,以下の関係式が求められる。

$$\log P = \log(1+m) + \log W - \log y \quad \cdots\cdots(4)$$

上式を時間 t について,微分し,整理すると,以下の関係式が求められる。ただし,$(1/x)(\dot{x}/x) = \dot{x}/x$ の簡略法を利用する。

$$\pi = \dot{P}/P = \dot{W}/W - \dot{y}/y \quad \cdots\cdots(5)$$

ただし,$\pi(=\dot{P}/P)$ は物価上昇率を示す。$\dot{W}/W$=貨幣賃金率の上昇率,$\dot{y}/y$=労働の生産性の上昇率。

ところで,もとのフィリップス曲線は貨幣賃金率の上昇率と失業率(u)との間の負の関係であるから,以下の式が得られる。

$$\dot{W}/W = \alpha(1/u) + \beta \quad \cdots\cdots(6)$$

(5)式に(6)式を代入すると,以下の関係式が求められる。

$$\pi = \alpha(1/u) + \gamma \quad \cdots\cdots(7)$$

$$\pi = f(u) \quad \cdots\cdots(8)$$

ただし,$\gamma = \beta - \dot{y}/y$。

この(7)式,または(8)式は,サミェルソンとソローによって考案されたフィリップス曲線を示す基本式である。この式は,物価上昇率と失業率との間に

第4章　失業とインフレーション　87

図4-10　フィリップス曲線

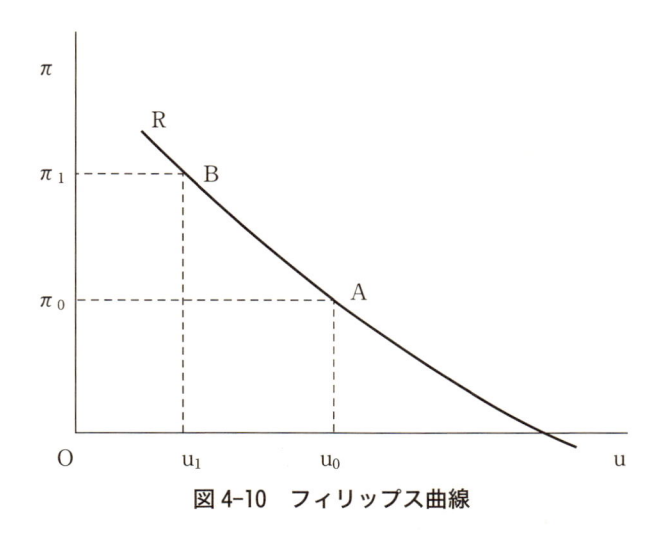

負の関係があることを示す。通常，フィリップス曲線と呼ばれるものは，この(8)式を想定している。(西野17) p.66)

フリッシュ教授 (H.Frisch) は，著書「インフレーションの理論」において，上式に関して以下のように叙述している。「図4-10 に見られるように，フィリップス曲線 R の A 点と B 点との間には，物価上昇率と失業率との間のトレード・オフが存在している。ある意味において，多くの失業率で，より低いインフレーションを買うことができる。また，より高いインフレーションで，より少ない失業率を買うことができる。」。(Frisch 9) pp.44-45)

マネタリストは，失業率のコストよりもインフレーションのコストを重要視している。しかも，インフレーションとは，基本的には極めて貨幣的な現象であると考えている。このために，貨幣供給量の増大は長期的には，みな物価の上昇を造出させることになる。このような視点のもとで，マネタリストは，多少の失業を犠牲にしても「貨幣の引き締め政策」によるインフレ期待の鎮静を力説するのである。

ところで，1960年代後半に入ると，先進資本主義国では，多かれ少なかれフィリップス曲線が，図4-11 に見られるように，R_0曲線からR_1曲線に上方

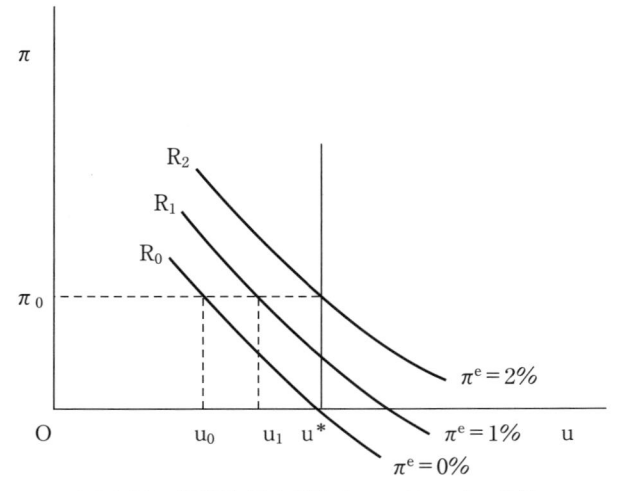

図 4-11 期待物価上昇率とフィリップス曲線

にシフトしていることが，調査で確認されるようになった。同一の現実の物価上昇率のもとで，例えば，$\pi = \pi_0 =$ コンスタントのもとでは，このフィリップス曲線の上方シフトによって，失業率が u_0 から u_1 にまで拡大いくことになる。このような状況を醸しだす根本的な原因は，何か。マネタリストは，この原因を期待物価上昇率の増大にもとめている。したがって，フィリップス曲線の方程式も期待物価上昇率を勘案した形で修正されねばならない。

$$\pi = f(u) + \pi^e \quad \cdots\cdots\cdots(9)$$

上式において，右辺の第2項は期待物価上昇率 π^e が現実の物価上昇率に完全に反映されることを表明している。第1項は，貨幣錯覚の項目を示す。この(9)式から引き出される有力な帰結は，以下のとおり。第1に，それぞれ異なった期待物価上昇率 π^e に対応している，一群のフィリップス曲線が惹起する。第2に，期待物価上昇率の変化はフィリップス曲線をシフトさせる。π^e の増大（減少）は，人々のインフレ期待を修正するために，R曲線を上方（原点の方向）にシフトさせることになる。

参考文献

1) 塩野谷祐一「現代の物価」日本経済新聞社, 昭和 49 年.
2) 仲宗根誠・山崎研治「現代の金融論」中央経済社, 昭和 56 年.
3) 安井修二「ケインズ理論と企業者の供給態度」,「雇用と物価の経済理論」創文社, 昭和 53 年.
4) 花輪俊哉「現代インフレーションの分析」「一橋論叢;第 53 巻第 6 号」一橋大学一橋学会編集, 6 月号, 日本評論社, 1965.
5) 高橋宏「インフレーションの理論」「現代インフレーション特集」東洋経済臨時増刊（第 3597 号）, 東洋経済新報社, 昭和 46 年.
6) 丸尾直美「コスト・インフレとその対策」「経済セミナー：12 月号」, 日本評論社, 1972.
7) 水野朝夫「フィリップス曲線」「会計人コース：経済学の学び方・考え方」, 中央経済社, 昭和 53 年.
8) A. W. Phillips, "The Relation between Unemployment and the Rate of Change of Money Wage Rates in the United Kingdom, 1861-1957." Economica. (November) 22, 1958.
9) H. Frisch "Theories of Inflation", Cambridge University Press, 1983.
10) J. J. Sijben, "Rational expectations and monetary policy," Sijthoff & Noordhoff, 1980.
11) J. Lindauer, "Macroeconomics,", Wiley International Edition, 1968.
12) 山崎研治,「金融論」, 東洋経済新報社. 昭和 58 年.
13) J. M. Keynes, "The General Theory of Employment Interest and Money," Macmillan & Co., LTD. 1957.
14) P. A. Samuelson and R. M. Solow, "The Problem of Archieving and Maintaining a Stable Price Level：Analytical Aspects of Anti-Inflation Policy," American Economic Review, May, [(50) 2], 1960.
15) 宮沢健一「現代経済学の考え方」岩波書店, 1985.
16) 宮崎義一・伊東光晴「コンメンタールケインズ一般理論」日本評論社, 昭和 39 年.
17) 西野萬里・福宮賢一「現代経済政策論」日本評論社, 1987 年.
18) D. Dillard, "The Economics of John Maynard Keynes, The Theory of a Monetary Economy," Prentice-Hall, Inc., 1948（岡本好弘訳,「J. M. ケインズの経済学」東洋経済新報社, 昭和 41 年）

（石橋一雄）

第5章

金融政策の理論

I 金融政策の手段

　金融政策の手段は，一般的には中央銀行が貸出・証券売買・預金などの業務を通じて，貨幣総量を間接的に調整しようとする「量的統制」と，経済の特定分野への貨幣的調整をおこなうという「質的統制」とに分割される。量的統制には，公定歩合政策，公開市場操作，および支払準備率政策などがある。これらが金融政策（貨幣政策）手段の中核を構成している。

1　公定歩合政策

　中央銀行は，「銀行の銀行」として，市中銀行に対する割引・貸付業務（信用供与）をおこなっている。これは，具体的には，(a)中央銀行が市中銀行がもっている割引手形を再割引する方式，(b)中央銀行が市中銀行のもっている約束手形や国債を担保にして貸付をおこなう方式，(c)当座貸越の方式，などでおこなわれる。公定歩合政策は，中央銀行がこれらの対銀行信用供与の条件の変更，すなわち，「再割引率」の変更，再割引貸出の対象となる適格証券の決定などを通じて，市中銀行の与信業務，信用創造に影響を及ぼそうとするものである。（小泉・山下 8) pp. 246-253）

　市中銀行が中央銀行からの借入れに依存している場合，中央銀行が公定歩合を引き上げるならば，市中銀行の資金コストは高まることになる。順次，市中銀行は，貸出金利を引き上げる。市中銀行の貸出金利が上昇するならば，借手，特に企業の資金コストは増大することになる。この結果，企業は，資本設備や，在庫投資などを抑制する。このことは，乗数効果を通じて国民所

得に阻止的作用を及ぼすことを意味する。国内景気は，抑えられることになる。この脈絡にかんして，館龍一郎教授は，著書「経済政策の理論」において，以下のように叙述している。「公定歩合が短期証券の利回りよりも高い水準に引き上げられれば，銀行は中央銀行からの借入れに依存するよりは手持ちの短期証券を処分することが有利となる。銀行が短期証券を処分して必要資金を調達する限り，短期利子率は上昇する。金融は全体として逼迫する。」このように，中央銀行が景気上昇の初期的段階に公定歩合を引き上げるならば，市中銀行は，採算上，借入れを抑制し，短期証券を売却しようとする。このことは，借入れ依存度の増大がチェックされることを意味する。

　逆に，中央銀行が公定歩合を引き下げるならば，市中銀行の貸出金利は低下する。これは，企業の資金調達コストの削減を意味する。企業は設備投資を拡大する。これは，乗数理論により，国民所得の増大を造出する。かくして，景気の拡大が惹起する。(館・小宮 16) p.235)，(川口 7) p.94)

　ところで，公定歩合を政策的に変更することを公定歩合政策という。中央銀行が市中銀行に対して貸出をおこなう場合，それに付される金利は予告されることになっている。これを公定歩合という。公定歩合は懲罰的であらねばならない中央銀行の金利である。懲罰的ということは市中銀行が中央銀行から資金を借り入れると割高になり，損失を被ることを意味する。通常，公定歩合を引き上げるのは，金融引き締め政策をおこなう場合である。公定歩合を引き下げるのは，金融緩和政策をおこなう場合である。公定歩合変更の効果については，コスト効果（cost effect）とアナウンスメント効果（announcement effect）とに峻別される。コスト効果とは，市中銀行の資金調達コストの変化を通じて経済活動に影響を及ぼすという効果である。コスト効果は，公定歩合の変更→市中銀行の資金調達コストの変化→貸出金利の変化→投資・消費活動の変化，というルートで波及していくことになる。他方，アナウンスメント効果とは，中央銀行が公定歩合の変更を発表するアクション自体に付随して惹起する心理的効果をさす。わが国においては，金融引き締め政策がとられたときには，つねに公定歩合の引き上げが実行された。金融引き締め政策は，ともかく景気を下降局面に転じさせた。公定歩合の引き上

げは，財政サイドの景気抑制措置と歩調を併せて，景気の上昇を阻止するであろうということを，多くの人々に認識されていたといえる。わが国においては，アナウンスメント効果がコスト効果を凌駕すると考えられている。

2 公開市場操作

公開市場操作は，中央銀行がそれ自体のイニシァティブに基づき，公開市場で証券を売買することによって，貨幣数量と信用供与量を調整することを目指す操作である。具体的には，その売買の相手方が市中銀行である場合を想定して，中央銀行が金融緩和を意図して「買い操作」をおこなうケースを検討してみよう。中央銀行は，証券の購入代金を自行宛の小切手を振り出して支払う。証券の売り手が市中銀行であれば，小切手の提示はその銀行がおこなう。証券の買いあげは，市中銀行の手元に現金通貨を供給することになる。市中銀行が中央銀行にもっている当座預金（中央銀行預け金）は，証券購入時に振り出された小切手の金額だけ増大する。この結果，市中銀行の支払準備金が増加する。明確にいえば，銀行の資産サイドで支払準備金の増加と中央銀行に対して手放した証券の売却にともなう金融資産の減少が惹起する。かくして，買いオペレーションの場合には，市場利子率の下落と銀行の支払準備金の増加という2重の金融緩和効果が生まれることになる。この結果，信用創造能力は拡大し，信用のアベイラビリティーが増大する。(鬼丸 9) pp. 165-173)

反対に，中央銀行が金融引き締めを意図するときには，売り操作がおこなわれる。いま，中央銀行が証券100を一般公衆に売却したというケースを想定しよう。公衆は，証券の購入代金を市中銀行宛の小切手で中央銀行に支払う。この中央銀行はその小切手を市中銀行に呈示する。市中銀行は，中央銀行預け金から金額100の支払いをおこなう。**表5-1**に見られるように，中央銀行の証券保有形態が資産勘定で100だけ減少する。また，公衆が保有する証券保有残高が資産勘定で100増加する。これと同時に，市中銀行の中央銀行預け金が資産勘定で100減少する。つまり，中央銀行はその小切手を市中銀行に呈示し，同時にその銀行の中央銀行預け金をその金額（100）減少させ

表 5-1　売り操作の仕組

中央銀行	
（資産）	（負債）
証券　　−100	預金　　−100

一般公衆	
（資産）	（負債）
証券　　＋100	
預金　　−100	

市中銀行	
（資産）	（負債）
中央銀行預け金　−100	預金　　−100

る。その小切手を受け取った銀行は，振出人（公衆）の預金を100だけ減少させる。これを**表5-1**でいえば，市中銀行勘定の負債サイドにおいて預金が100だけ減少し，一般公衆勘定の資産サイドにおいて，預金が100だけ減少する。

かくして，売りオペレーションの場合には，利子率を上昇させる効果と，銀行の支払準備金の減少という2重の金融引き締め効果が生まれることになる。この結果を瞥見すると，売り操作の買手が一般公衆である場合には，市中銀行の預金債務（負債サイド）と支払準備金（資産サイド）とが同額ずつ減少する。かくして，市中銀行の支払準備金が減少するので，信用創造能力は小さくなり，信用のアベイラビリティーは減少する。

公開市場操作は，このようにして市中銀行の支払準備金の変化を惹起せしめ，また公衆の保有する資産の流動性をも変化させ，この流動性の変化を経由して直接的に銀行信用のアベイラビリティーを変化させ，間接的に利子率を変化させる。（堀家・鶴岡 14) p. 281)。

3　支払準備率政策

市中銀行は，原理的には預金を貸出または，証券投資に運用し，利鞘を得ることによって利潤追求をおこなっている。預金者は取引動機にもとづく貨幣需要に依拠して，預金の引き出しを求めて市中銀行に駆け込む。このために，市中銀行は，預金の引き出しに備えて常になんらかの現金準備を保有し

ていなければならない。市中銀行は，必要とされる支払準備量を日頃の営業活動から経験に基づいて把握している。また，法律の規定により，市中銀行はそれぞれの預金総額の一定比率に相当する現金通貨を中央銀行に常に預け入れておく義務を負っている。このように，預金総額に対して一定割合の現金通貨を法律によって中央銀行に預け入れることを義務づけた制度が，「法定支払準備制度」である。この際，中央銀行預け金は，法定支払準備（または，法定準備金）と呼ばれる。また，この法定準備金の預金総額に対する比率は，法定支払準備率，または支払準備率と呼ばれる。法定支払準備率政策とは，中央銀行がこの支払準備率を変更することによって，銀行の信用供与能力と総需要を調節する政策である。

　法定支払準備制度は，もともと預金者保護，銀行の流動性確保という目的で設定されたものである。いま，なんらかの原因で，市中銀行が手許に超過準備をもつことになったというケースを想定しよう。市中銀行は，当然に利潤の追求を求めて「貸出の拡張」をおこなう。なぜならば，銀行の手許には余裕資金がダブついているからである。仮に中央銀行がこの貸出の拡張を望ましくないものと判断するならば，貨幣当局は法定準備率 r を引き上げるであろう。$D = A \times (1/r)$ の公式により，信用乗数 $1/r$ は減少し，本源的預金 A がコンスタントであっても，市中銀行の預金通貨創造額 D は減少することになる。明確にいえば，法定準備率の引き上げは，過剰（超過）準備の減少を意味する。すなわち，市中銀行が自由に処分しうる準備量の中から，中央銀行がその一部を吸い上げることになる。市中銀行は支払準備率 r の引き上げによって，中央銀行に法定支払準備として，その引き上げ分に相当する現金を新たに預託しなければならない。市中銀行は，さしあたり中央銀行に駆け込んだり，手持ちの証券や手形を証券市場で売却して手持ち現金を回復しなければならない。これは，市中銀行の信用供与の意欲能力が減退することを意味する。(堀家・鶴岡 14) pp.286-288)

　逆に，支払準備率が引き下げられるならば，過剰準備が増大することになる。これにより，借入金の返済，証券投資，貸付などに余剰資金を市中銀行は利用することになる。これは，信用のアベイラビリティーが大きくなるこ

とを意味する。このように、支払準備率政策は、市中銀行の信用のアベイラビリティーに影響を及ぼすことによって、貨幣経済の総需要の調整をおこなっていくのである。

4 窓口規制

窓口規制は、中央銀行である日本銀行と市中銀行との間の紳士協定による一種の信用割当であり、窓口指導とも呼ばれる。日本銀行は、取引先の市中銀行ごとに適正と認める貸出額、追加信用額・回収額を査定してこれをその銀行に示し、その貸出増加を規制するのである。

昭和30年代の高度成長期のわが国において、支払準備率政策や、公開市場操作を通じた資金調達は、副次的あり、主役は貸出政策であった。そのために、公定歩合政策と窓口規制が金融政策の中心となっていたのである。昭和31-32年にかけて、オーバー・ローン（これは資金の超過需要を意味する）の状態が慢性化した。当時の公定歩合政策は単独でオーバー・ローンを是正する能力はなかった。金融引き締め期に突入すると、公定歩合の十分な引き上げはおこなわれず、昭和32年には「窓口規制」が強化された。

II 金融政策の中間目標

1 貨幣政策遂行のプロセス

金融（貨幣）政策は、与えられた政策手段の操作によって金融部門に衝撃を与えて、それを通じて実物部門の最終目標に影響を及ぼそうとすものである。したがって、金融政策の決定過程は、2つの段階に分割される。第1に、貨幣当局は金融政策に関する最終目標を決定しなければならない。最終目標として考えられるのは、国民所得の拡大、完全雇用の確保、物価水準の安定、国際収支の均衡、などである。これらの目標変数を選択する際に、政策ジレンマが発生する。例えば、完全雇用の目標と物価安定の目標を達成する際に惹起する矛盾が、これである。

第2に、政策担当者は、実物部門の最終目標を成就するために、さまざま

な政策手段をいかに操作すべきかを決定しなければならない。現実においても，理論（マネタリスト，および非マネタリスト）においても，そこには物的生産，雇用および物価のタームで表明される最終目標を固定化することに関しては，ほとんど意見の相違がないと思われる。しかしながら，第2の問題については，金融政策の手段と最終政策目標との間の連結環を言及するものである。

仮に貨幣的波及過程についての正確な操作，したがって，政策手段と金融変数，および実物変数との間の相互作用について完全情報があるならば，金融政策の遂行は極めて容易であろう。しかしながら，現実においては，複雑怪奇の波及過程についての完全な情報が不足しているのである。そこでは，金融政策行動の最終効果は，当該期間全体を通じて広域化することになる。このために，以下にみられる実践的手順が表舞台に登場してくる。金融政策の担当者は，金融政策を実行するさいに必要とされる情報を与えてくれる「中間変数」を注入することになる。実際的な視点にたって，金融政策の決定過程が，多くの部門に分割される。このために，金融政策の遂行を改善するために，政策担当者は，指標・操作目標の接近法を採用する。この接近法は，以下の図に観察されるように，操作目標と中間目標に焦点を合わせている。

金融政策手段　→　操作目標　→　中間目標　→　最終政策目標

第一に，2つの概念（中間目標と操作目標）の明確な定義を与えることは有益なことであろう。いかなる金融変数が適切なものであるかを検討することは有意義なことである。この中間目標の問題は，マネタリストと非マネタリストとの間で熾烈な政策論争を展開してきた。この問題は，1970年-80年代にかけて貨幣理論の文献に闊達な議論を惹起させた。金融政策手段が実物部門の最終政策目標に対してどのような効果を及ぼすかをめぐる解釈が第一の問題である。次いで，現行の貨幣アクションが最終目標に中立的に，拡張的に，収縮的に影響を及ぼすかを判断するにさいして，いかなる中間変数を採用すべきかという問題が起こる。これが第二の問題である。この問題に関する回答は，金融政策が経済活動に対して及ぼす連結環としての波及過程に関する

操作の解釈と密接に関連している。このように中間目標は，現行の貨幣的衝撃を惹起せしめることに関する情報を与えることを意味するものである。中間目標は最終目標の適切なる叙述であらねばならないし，長い波及過程における連鎖の最後の「連結環」として現出するものである。

原理上，金融変数のうちで中間目標となりうるための要件は，以下の3つである。第1は，測定が可能である。これは以下のことを意味する。ひとつは正確なデータが可及的速やかに入手できることである。他の一つは，そのデータが容易に解釈ができ，概念的に曖昧なものではないということである。この脈絡にかんして，サイベン (J. J. Sijben) 教授が著書「合理的期待と貨幣政策」において以下のように叙述している。「中間目標の規模に関する明確な情報は，貨幣当局にとって直ちに利用可能なものであらねばならない。」。

第2の要件は，到達可能性である。すなわち，ある金融変数を中間目標に選択し，それに所定値を与えた場合，その近傍に到達できるものであらねばならない。換言すれば，中央銀行がこの中間変数を適切にコントロールできるものであらねばならない。この結果，この中間変数の大きさの変化は，貨幣当局自身の貨幣的アクションの結果として解釈される。非マネタリストは，この脈絡に関して，価格目標 (市場利子率) を選択する。他方，マネタリストは，数量目標 (貨幣的集計量) を選択する。

第3の要件は，最終目標変数との相関が強いということである。換言すれば，中間目標の変化が実物部門の固定された政策目標に対して予測可能な強力な衝撃を及ぼすものであらねばならない。

ところで，中間目標とリンクする金融政策戦略を定式化するにさいして，第2の問題が発生する。なぜならば，金融政策手段と選択された中間目標との間において，直接的かつ，明確な関係が存在しないからである。明確にいえば，金融政策手段が実行される場合，操作期間中，他の経済変数が中間目標に影響を及ぼし，それが貨幣的行動の衝撃に関して誤解をまねくような情報を惹起することになる。したがって，これは，現行の金融政策に関して都合の悪い判断をもたらすことになる。この脈絡に関して山崎研治教授は，著書「金融論」において以下のように叙述している。「中央銀行は中間目標に対

して直接的に作用することはできない。このために，中間目標との間に中央銀行が直接に決定できる金融変数を選択し，操作目標を設定するのである。」。(山崎 17) pp. 126-144)。

　この引用文から明らかになるように，金融政策の担当者は，いわゆる「操作目標」を導入することによって，実用主義的な手順を充実化する。操作目標は，いわば，金融政策の実行を改善するものである。操作目標は，最初に選択された中間目標に向かって直接に作用する金融変数である。サイベン教授は，この脈絡に関して特筆に値すべき叙述をおこなっている。「操作変数は,貨幣市場における操作を通じて,原則的には中央銀行によってコントロールされるべきものである。操作目標は貨幣当局によって供給される「貨幣的燃料」(monetary fuel) である。他方，中間目標は，この燃料がこの経済活動を調整するのに必要とされる貨幣的エネルギーにどの程度まで転換することができるかについての知識（reading）を中央銀行に与えるものである。

　操作目標は，以下のような要件を充足しなければならない。第1に，ごく短期間にわたるこの貨幣変数の大きさを正確に測定できるということである。このようにすれば，貨幣当局の政策担当者は，かれらの貨幣行動の効果が正しい方向に進展しているか否かを，最終政策目標に対して望ましい効果を達成しているかどうかを確認することができる。

　第2に，中央銀行は，金融政策手段を操作することによって，操作目標の大きさをコントロールすることができる。第3に，操作目標の大きさの変化が選択された中間目標の大きさの変化を旨く支配しうることが不可欠であろう。この操作目標の選択は，波及過程の解釈に決定的に依存している。この脈絡に関して，非マネタリストは，操作目標として貨幣市場条件（利子率，市中銀行の自由準備 (free-reserves) を選択する。他方，マネタリストは，操作目標として「マネタリー・ベース」を力説する。なぜならば，この変数は中央銀行によって旨くコントロールされるし，これに加えて，中間目標として行動する多くの貨幣的集計量と良好な予測可能な関係を持ち合わせているからである。(Sijben 11) pp. 21-34)。

　これまで叙述された金融政策決定から，いかなる金融変数が中間目標とし

て，また操作目標として利用することができるかを跡づけることは有益なことである。ここで留意すべきことは，価格目標と数量目標を同時に中間目標として利用することができないということである。ここで，金融緩和を取り上げて，議論を進めてみよう。金融緩和には，「マネーの量を潤沢に供給することによる金融緩和」と，「金利を低めに誘導することによる金融緩和」とがある。前者のケースにおいては，マネタリー・ベースやマネー・サプライという量は，安定することになるが，金利は金融市場の需要と供給の相対的な関係に応じて，大きく変化する可能性がある。この金融政策の手法は，量的ターゲット」呼ばれる。他方，後者のケースにおいては，金利は安定するが，マネタリー・ベースやマネー・サプライという量は，金融市場の需要と供給の相対的な関係において，比較的に大きく変動する。この金融政策の手法は，金利ターゲッティングという。ゼロ金利政策の場合，ほぼゼロの無担保コール翌日物金利がターゲッティングになる金利である。

2 利子率決定のメカニズム

今日，利子論の研究者によれば，理論的分析の枠組みで利子率に影響を及ぼす効果は，3つの効果に分類されるとされている。流動性効果，所得・物価水準効果，価格期待効果などが，これである。

1）流動性効果

流動性効果は通常，ケインズ効果（keynes-effect）と呼ばれている。流動性効果は，図5-1で明らかにされている。貨幣需要関数がLで与えられ，貨幣供給関数がMで与えられているとする。この場合，貨幣市場の均衡状態を示す均衡利子率はi_0となる。いま，貨幣当局が公開市場操作により，貨幣供給量を増大させたとする。すなわち，貨幣供給がMからM′に拡大する。この場合，利子率はi_0からi_1に低下する。つまり，貨幣供給がM′に増大すれば，貨幣市場においてi=i_0である限り，貨幣の超過供給が発生する。これは，順次，ポートフォリオの調整を造出する。調整としては，過剰な貨幣残高を手離して，人々は証券を購入する。したがって，金融資産の価格，つまり，証券価格は，上昇する。この結果，利子率は下落する。利子率は，M曲線の右

図 5-1 流動性効果

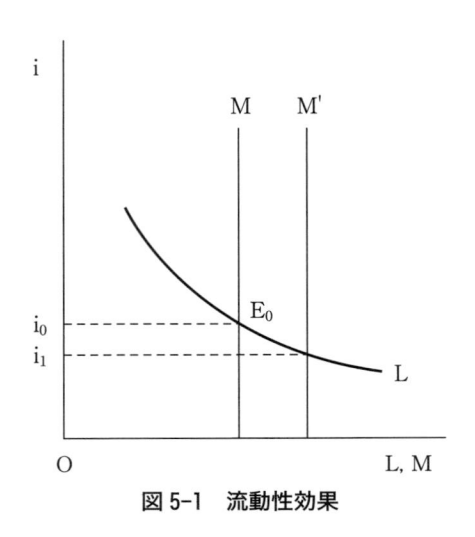

方シフトによって，i_1に下落する。かくして，ケインズ効果とは，貨幣供給の増加によってi_0からi_1への利子率の変化として表明されることになる。利子率のこのような流動性効果は，マネタリストたちによっても認められている。マネタリストは，このような効果を極めて短期の現象であると理解している。マネタリストによれば，この流動性効果は，所得効果と価格期待効果によって2-3ヶ月で相殺されてしまうとされている。(望月 10) p.98)

2) 所得・物価水準効果

第2の効果は，所得・物価水準効果と呼ばれているものである。この効果はウィクセル効果とも呼ばれている。この効果は，図 5-2 で説明すると，明瞭に説明される。この図のE_0点は，図 5-1 のE_0の状態を示している。これは長く続くことはなく，早晩，崩れる。拡張的金融政策の実施によって，利子率は低下する。均衡点はE_1になる。利子率の低下によって，投資活動は旺盛になる。乗数効果を経由して国民所得が増大する。これは，取引動機に基づく貨幣需要の増大を造出する。図 5-2 に見られるように，経済全体としての流動性選好曲線は，LからL'に右上方にシフトする。上で説明されたように流動性効果は利子率をi_0からi_1に低下させたのであるが，それに続く所

第5章 金融政策の理論

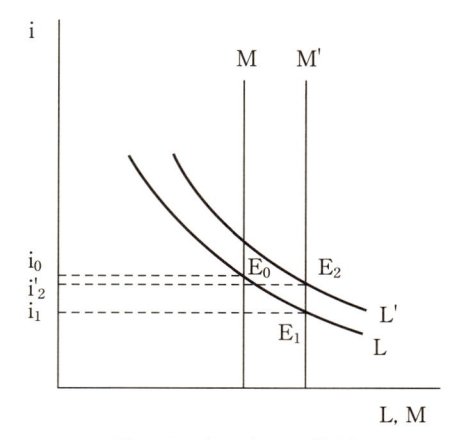

図 5-2 ウィクセル効果

得・物価水準効果によって，利子率は，i_1からi_2'に再度，騰貴していくことになる。それゆえに，所得・物価水準効果の結果，流動性効果の一部は打ち消されることになる。流動性効果により，下落した利子率は，所得・物価水準効果によって，騰貴に反転することになるのである。図 5-2でいえば，新しい貨幣市場の均衡点 E_2において仮に貨幣需要曲線と貨幣供給曲線が旨く交差しているとすれば，利子率は出発点の水準に復帰したことになるのである。このような現象は，利子率のスナップバック（snap back）と命名されている。

　ところで，ウィクセルは，完全雇用経済を念頭において議論を展開している。ウィクセルの場合，流動性効果による利子率の低下は，財貨の需要を造出する。これが所得の増大を反映するものであるが，もっぱら，物価の騰貴に依拠するものでもある。名目国民所得 Y は物価水準 P と実質生産量 O を乗じた相乗積に等しい（Y = PO）。今，O がコンスタントに留まるならば，Y は P の騰貴により，増大することになる。このような仮定のもとでは，流動性効果はウィクセル効果によって完全に打ち消されることになる。なぜならば，利子率が元の水準に戻るまで，物価水準がずっと騰貴し続けるからである。（千田 2）pp. 155-159，望月 10）pp. 98-100）

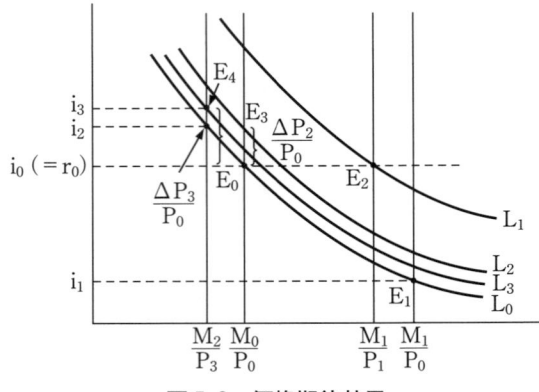

図 5-3 価格期待効果
（出所）今井 1）p.123.

3）価格期待効果

　価格期待効果は，別名，「フィッシャー効果」とも呼ばれる。価格期待効果を説明したものが，**図 5-3** である。L_0 曲線は，初めの実質貨幣需要曲線を示す。実質貨幣供給量が M_0/P_0 で与えられるとき，均衡利子率は i_0 となる。この場合，均衡点は E_0 点である。この点では，物価は安定しており，$r_0 = i_0$ が成立している。r＝実質利子率，i＝名目利子率。順次，貨幣当局が拡張的金融政策をおこなったとする。これにより，貨幣供給が M_0 から M_1 に増大する。しかし，物価水準は依然として，$P = P_0$ に留まっている。実質貨幣供給曲線は，金融緩和政策により，M_1/P_0 にシフトする。この結果，均衡点は E_0 から E_1 に右下方にシフトする。利子率は，i_1 に低下する。この i の低下はケインズ効果を示す。この場合，$r_1 (= i_1)$ が成立している。

　実質利子率の低下は，投資の増大をもたらす。投資の増加は，乗数効果を経由して所得の増加を造出する。これにより，実質貨幣需要曲線は L_1 に上方にシフトする。いま，Y＝PO 式において，物価水準 P が部分的に騰貴し，産出量 O も部分的に増大すると，想定しよう。物価水準が P_0 から P_1 に騰貴すると，実質貨幣供給量は減少する。なぜならば，パティンキン教授の力説する「残高効果」が発生するからである。これによって，貨幣供給曲線は，$M_1/$

P_1に左方にシフトする。この結果，新しい均衡点はE_2となる。実質利子率rは元に戻る。これが第2の効果であるウィクセル効果である。

今，この均衡点E_2において，期待物価上昇率π^eがゼロであると仮定する。したがって，名目利子率iは，実質利子率rに等しい。$i=r$。この状態のもとで，さらに，貨幣供給を増大させながら一定期間にわたり，継続的に続くと想定すれば，早晩，物価水準は騰貴し始める。現実物価上昇率πが騰貴すると，人々はインフレ期待を上方に修正することになる。これによって，期待物価上昇率π^eはプラスとなる。価格期待効果によりπ^eの増加分は名目利子率に上乗せされる。名目利子率は実質利子率から乖離する。新しい均衡点において，$i=r+\pi^e$という関係式が成立する。E_2点に逆戻りした経済システムは，πの騰貴に伴って生まれるπ^eの増加分の修正という「価格期待効果」によって，π^eの増加分が名目利子率iに加算される。つまり，$\pi_0 + \Delta\pi^e = \pi^e{}_0 + \Delta\pi^e$により，貨幣保有の機会費用$\phi(=r+\pi^e)$は騰貴する。$\phi$の上昇は，実質貨幣需要量を減少させる。実質貨幣需要曲線は，現実物価上昇分$\frac{\Delta P_2}{P_0}$の発生によりL_1からL_2まで左方にシフトする。したがって，名目利子率はi_2となる。実質利子率はr_0となる。更に，価格期待の変化が惹起すると想定すれば，貨幣保有の機会費用ϕは騰貴する。ϕの増大は，実質貨幣需要量を減少させる。実質貨幣需要曲線はL_3に左方にシフトする。

他方，物価水準の上昇により，実質貨幣供給量も減少する。最終的には，実質貨幣供給曲線はM_2/P_3となる。最終的な均衡点は，E_4である。名目利子率はi_3である。ここで留意すべきことは，実質利子率がもとの利子率と同一であるという点である。（今井 1) pp.122-124)。

III 自然失業率仮説と金融政策

フリードマンは，1967年に第80回アメリカ経済学会の会長講演で論文「金融政策の役割」を報告している。この論文の中で，フリードマンは，自然失業率の概念について，以下のように叙述している。「自然失業率とは，ワルラスの一般均衡方程式体系に労働市場および，財貨市場の現実の構造的特徴が

折り込まれる時に, 産み出される水準であるといえる。その特徴の中には, 市場の不完全性, 需給の確率的変動, 求人求職のための情報収集コスト, さらに移動コストなどが含まれている。」。(Friedman 13) p. 15)。

　上の引用文から明らかになるように, 自然失業率とは, ワルラス的一般的均衡体系から造出される一種の均衡概念である。フリードマンは, 失業者数と求人者数が数量的に符合しなくても,「均衡関係」は成立するものであると, 力説する。これは, ケインズの新機軸概念であるとみなされる非自発的失業を排除した「摩擦的失業」と「自発的失業」のみで構成された完全雇用の枠組みが念頭に想定されているといえよう。」。(木村 4) p. 67)。

　国国によって, 鋭く異なる自然失業率は, 主として, 労働組合の組織度, 労働移動性, 質的な意味での労働需給の調整速度, 失業給付などによって決定される。この自然失業率は, 財貨市場および, 労働市場における均衡と両立する状況を表明している。そこにおいては, 2つの市場における超過需要はゼロである。これらの状況のもとでは, 賃金率は安定的である。ただし, 成長経済においては, 実質賃金率は労働の生産性の上昇率にもとづいて騰貴している。

　失業率は, それが不可避的な経済摩擦から造出されるという意味において, "自然的"である。かくして, この自然失業率は, 伝統的な貨幣政策の人工的産物として, みなされるべきものではない。この自然失業率は, 労働市場の構造および, 作用 (これは, 教育プログラム, 労働市場の情報, などをさす) に関する政府介入によって影響される可変的経済因子でもある。自然失業率の概念は, ウィクセルが利子率に関して試みたように, 雇用状況の貨幣的側面と非貨幣的状況とに分割することを狙って考案された概念である。

　インフレ期待を組み入れた物価上昇率と失業率との間のトレード・オフ関係に基礎おく接近法をモデルの形態で示すと, 以下のような関係式で表される。

$\pi = \gamma X + \alpha \pi^e \quad \gamma > 0, \ 0 < \alpha < 1$ ……………………………(1)

$X = U_N - U_F$ ……………………………………………………………(2)

$\gamma X = 0,$ および $U_N = U_F$ ……………………………………………(3)

第5章 金融政策の理論

$$\pi = \pi(X, \pi^e) \quad \cdots\cdots\cdots\cdots\cdots\cdots\cdots\cdots\cdots\cdots\cdots\cdots\cdots\cdots\cdots\cdots\cdots\cdots\cdots\cdots\cdots\cdots\cdots (4)$$

ただし，π＝現実物価上昇率，π^e＝期待物価上昇率，X＝再定式化された超過需要変数，U_N＝自然失業率，U_F＝現実失業率，α＝価格期待調整係数。γ＝複合パラメーター。(Sijben 11) pp.46-59)

(1)式は修正されたフィリップス曲線を示す。(1)式の右辺の第1項目は，財貨市場および，労働市場における不均衡状態の大きさを示す。因子 γ は，本質的に複合パラメーターである。γ は一方で，支出の変化が失業率の変化にどのように影響を及ぼすかを表明する（オーカンの法則）。他方で，γ は貨幣賃金率の失業率に対する反応係数を示すものである。この2つの効果が現実の物価上昇率に影響を及ぼす。γ は修正されたフィリップス曲線の勾配を決定する。(1)式の第2項目は，期待物価上昇率が現実物価上昇率に影響する反応関係を示す項目である。

現実物価上昇率が高ければ高いほど，経済主体の期待物価上昇率は，ますます高いものになり，そして，現実の失業率はますます低いものになる。つまり，財貨市場および，労働市場における超過需要がより大きいものになる。仮に，期待係数 α がゼロであれば，あるいは，仮に α が1よりも小さいものであれば，もとのフィリップス曲線が求められる。この場合，経済主体は完全な，あるいは，部分的に貨幣錯覚（money illusion）に陥っている。

(2)式は，再定式化された超過需要Xが自然失業率 U_N と現実失業率 U_F との差額に等しいことを示す定義式である。

(3)式は，長期的な均衡状態における財貨市場，および労働市場の特性を示す式である。$\alpha=1$ で，$\pi=\pi^e$ である限り，現実の失業率は自然失業率に合致することになる。そこでは，インフレーションと失業率との間における通常のトレード・オフ関係は消滅することになる。このような長期的均衡状態においては，労働市場の需給方程式に関して貨幣錯覚は存在しないということになる。ここでは，期待相対価格と，期待実質所得が重要な意味をもつ。長期的均衡状態のもとでは，自然失業率は，いかなる物価上昇率とも両立することになる。なぜならば，この物価上昇率は，経済主体によって完全に予想されるからである。

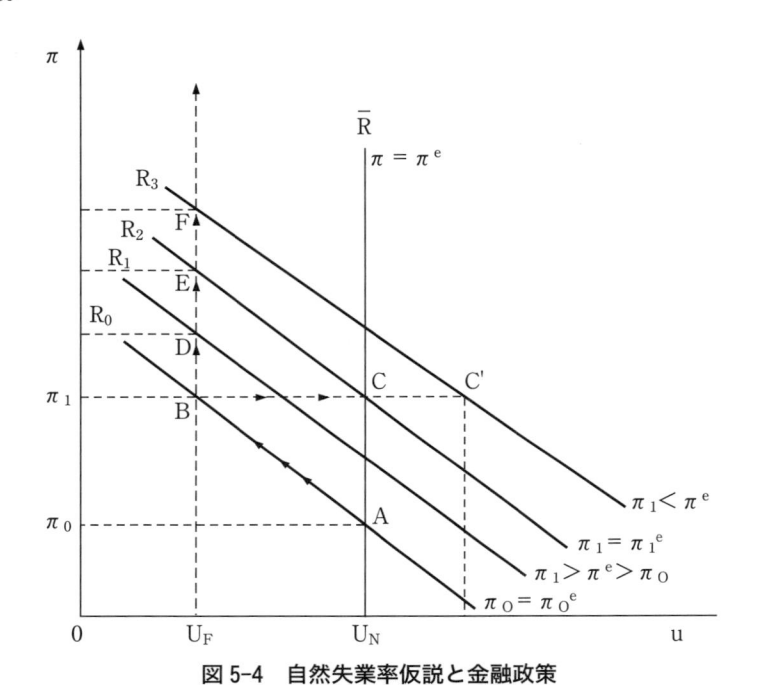

図 5-4　自然失業率仮説と金融政策
(出所) J. J. Sijben 11) p. 50.

　(4)式は，(1)式を一般形態で書き改めた式である。この式の意味するところは，現実物価上昇率は，実際の雇用状況および，経済主体によって形成された期待物価上昇率に依存するということである。

　図 5-4 は，それぞれ異なった期待物価上昇率に対応する一群の短期フィリップス曲線を描いている。フリードマン (M. Friedman) の自然失業率仮説によれば，貨幣錯覚が存在する π^e と π とが乖離するケースが「短期ケース」である。この場合は，インフレーションと失業とのトレード・オフ関係を表明するフィリップス曲線の存在が認められる。このフィリップス曲線は，右下がりの曲線として描かれる。図 5-4 においては，R_0, R_1, R_2, R_3 で示されている。

　(3)式によれば，長期的フィリップス曲線は，自然失業率 U_N のもとで，横軸

に対して，垂直線として描写される。この状況のもとでは，期待物価上昇率は，現実の物価上昇率に等しい（$\pi^e = \pi$）。経済主体は，自分たちの経済決意に変更を加えるという誘因をもたなくなっている。この垂直的なフィリップス曲線は，現実の物価上昇率 π と自然失業率 U_N とのあらゆる組み合わせを表明している。この場合，自然失業率は，経済主体によって完全に予想される物価上昇率と両立することになる。（$\pi^e = \pi$, $\alpha = 1$）。要するに，π^e と π とが完全に合致する「長期的ケース」の場合には，貨幣錯覚が消滅することになる。そこでは，短期の右下がりのフィリップス曲線は存在しないということになる。このもとでは，$\bar{R}$ 曲線が垂直線として成立することになる。

さて，貨幣当局が，図5-4の経済A点において，現実の失業率をもっと減少させるために拡張的金融政策を実施したとしよう。金融緩和政策により，貨幣供給が増大すると，利子率が低下し，民間の投資需要と消費支出が造出される。この名目需要の増加は，価格調整と数量調整を惹起する。第1に，操業度が増大するにつれて，失業率は下落し，現実の物価上昇率は，財貨市場，および労働市場において「誘発された超過需要」により，上昇するであろう。期待物価上昇率は，出発点Aにおいては，$\pi^e = \pi^e_0$ に留まっている。しかし，超過需要の発生により，経済体系は，短期のフィリップス曲線 R_0 上を辿りながら，図に見られるように，A点からB点に移動することになる。この脈絡に関して，フリードマン教授に語ってもらうのが一番であろう。「労働者は，当初，これを実質賃金の上昇であると解釈して，いっそう多くの労働を供給しようとする。なぜならば，労働者は，物価が依然としてコンスタントであると予想しているからである。この場合，労働供給曲線は上方にシフトする。したがって，雇用者は雇用を増大させ，失業者は減少することになる。雇用者は，一般物価水準については労働者と同じ予想をもつことになる。しかし，雇用者は，かれらが生産した生産物の価格について，直接に関心をもつことになる。雇用者は，この生産物の価格についてより多くの旨い情報をもっている。雇用者は，当初，その生産物に対する需要の増加と価格の上昇をその相対価格の上昇であると解釈する。雇用者は，かれらが支払う自分たちの生産物のタームで測った実質賃金の下落が惹起したと考える。それ故

に。雇用者はより多くの労働者を雇用しようとすることになる。労働需要曲線は下方にシフトする。これらの2つの動きが結合される結果，例えば，**図5-4** のB点に向かう動きが惹起する。この点は，超完全雇用（over full employment）に相当する。そこでは，貨幣賃金率の騰貴が発生している。」。(Friedman 12) p.73, 15) p.60)。

　かなり長いフリードマンの叙述を引用したが，これらを改めて読むことにより，われわれは，マネタリストが「貨幣錯覚と貨幣錯覚からの解放」という理論的コンセプトの武器を重要視して分析していることを認識する。貨幣錯覚については，名目的需要の増大により，労働者も雇用者も貨幣錯覚から被害をこうむることになる。労働者は，貨幣賃金率の上昇を実質賃金率の増加と考える。雇用者は，生産物価格の上昇をかれらの生産物に対する需要の増加に基づく相対価格の騰貴と錯覚する。当然に実質賃金率の増大が惹起すると判断すれば，労働者はより多くの労働供給をおこなう。企業者が自分たちの生産物の相対価格が上昇したと判断すれば，かれらはより多くの生産を前向きにおこなう。この結果，労働需給が拡大する。失業率は減少していく。かくして，失業率は，期待物価上昇率 $\pi = \pi_0^e$ に対応する R_0 曲線にそって移動し，U_F 点まで減少する。この過程で，貨幣錯覚が惹起する。

　しかし，R_0 曲線上のB点においては，π_1 の物価上昇率が発生している。プラスの物価上昇率の期待が経済主体の中で広がっていく。これは，労働の生産性が一定であれば，短期のフィリップス曲線が上方にシフトすることになる。換言すれば，期待が調整されるにつれて，短期のフィリップス曲線は，R_0 から R_1, R_2 へと上方にシフトする。この間に，失業率は徐々に増大していくことになる。経済体系は，やがてC点に到達する。R_2 曲線上でみれば，物価上昇率は π_0 から π_1 まで騰貴し，失業率は再び，U_N にまで増大している。

　この過程において，経済は，徐徐に，より高い貨幣供給の成長率のもとに調整されていくことになる。究極的には，C点で π と π^e は共に上昇する。ここでは，$\pi_1 = \pi^e_1$ が成立する。物価上昇率は安定的となる。それは，加速化されることもなく，減速化されることもない。サプライズ・インフレ，つまり，π と π^e との差額は，排除される。しかし，政策担当者は，この状況で貨幣供

第5章　金融政策の理論

給の成長率をさらに引き上げることによって，生産と雇用に正の効果を及ぼすことを決定する。その後の調整過程がスタートする。より高い物価上昇率は，新しい均衡状態において出現する。物価上昇率は加速化される。政策担当者が現実の失業率を自然失業率以下に維持しようとするならば，これは貨幣供給の成長率を加速化することにより，それに伴う物価上昇率の加速化を経由して，実現される。経済体系は，図に見られるように，BDEFの軌道を辿ることになる。(Sijben 11) pp. 50-56)

IV　最近の金融政策

1　量的金融緩和政策

　日本銀行は，平成18年3月に5年間にわたって続けてきた「量的金融緩和政策」を解除した。この量的金融緩和政策とは，3つの過剰『過剰設備，過剰債務，過剰雇用』に陥りデフレ経済から脱却するために，デフレ緩和と金融機関の資金調達を安定化させることを目的として日本銀行（以下，日銀と呼ぶ）が導入した金融政策をさす。通常，中央銀行は，政策運営の操作目標に「金利」を選択する。しかし，量的金融緩和政策のケースにおいては，日銀は，金融機関の手元資金の量を示す「日銀当座預金残高」を操作目標においていた。日銀は，量的緩和を始めた時には（平成13年3月），5兆円程度としていた日銀当座預金残高目標の上限を徐々に引き上げた。平成16年1月のピーク時には，それは35兆円程度まで拡大した。このような追加緩和で当座預金残高を増加しても，企業の資金需要は拡大しなかった。量的金融緩和政策による景気刺激効果は，少ないとみられていた。それでも，日銀は，追加緩和を続けた。

　日銀総裁は，量的金融緩和政策の解除として，以下の3条件を挙げた。第1の条件として，消費者物価指数（CPI）の前年比上昇率が数ヶ月ならして，ゼロ％以上になることである。第2の条件として，CPIの前年比上昇率が先行き再びマイナスになると見込まれないことである。第3の条件として，経済・物価情勢を総合的に判断することである。

2 ゼロ金利政策

　ゼロ金利政策とは，無担保コール翌日物金利（オーバーナイト・レート）をほぼゼロに誘導する政策である。金融機関の間で資金を融通し合う市場は，コール市場と呼ばれる。コール市場で取引される資金は短期の資金をさす。無担保コール翌日物金利は，量的金融緩和政策後，0.001-0.002%であった。日銀は，平成19年2月に無担保コール翌日物金利の誘導目標を年0.25%から0.5%に引き上げた。日銀は，経済が緩やかな拡大基調を維持し，個人消費も先行きプラス傾向を辿る可能性が高まると判断した。わが国の金利体系は，ゼロ金利政策の解除以来金利の正常化に一歩近づいた。

参考文献
1) 今井　譲「マネタリズムの政策と理論」，東洋経済新報社，昭和59年.
2) 千田純一「利子論」東洋経済新報社，1982.
3) 岩田規久男「ゼロ金利の経済学」ダイヤモンド社，2000.
4) 木村二郎「M・フリードマンの貨幣論とインフレーション論（上）」『世界経済評論：9月号』世界経済研究会，1983.
5) 一谷藤一郎「金融政策論」有斐閣，昭和54年.
6) 森田雅憲「マクロ経済学」三和書房，1994.
7) 川口　弘「金融政策」『現代金融論：セミナー経済学教室6』日本評論社，1975.
8) 小泉　明・山下邦男「金融論」青林書院新社，昭和63年.
9) 鬼丸豊隆「経済政策概論」多賀出版，1989.
10) 望月昭一「貨幣経済学（上）」成文堂，1989.
11) J. J. Sijben "Rational expectations and monetary policy" Sijthoff & Noordhoff. 1980.
12) M. Friedman "Monetarist Economics" Basil Blackwell, 1991.
13) M. Friedman "The Role of Monetary Policy", American Economic Review, March 1968. (新飯田　宏訳，「金融政策の役割」「インフレーションと金融政策」日本経済新聞社，昭和56年)
14) 鶴岡義一・堀家文吉郎「金融調整の手段と運用」『現代金融論』世界書院，昭和50年.
15) M. Friedman "Inflation and Unemployment : The New Dimension of Politics", Occasional Paper No. 51 (保坂直達訳，「インフレーションと失業」マグロウヒル好学社，昭和59年.)
16) 館龍一郎・小宮隆太郎「経済政策の理論」勁草書房，1964.
17) 山崎研治「金融論」東洋経済新報社，昭和58年.
18) 小泉　明「金融論講義」青林書院新社，1967.

（石橋　一雄）

第6章

経済成長理論

I ソローの新古典派成長モデル

　今日のあらゆる経済成長の理論的分析がハロッド＝ドーマーの分析モデルにその出発点をおいていることは周知のことである。ソローによれば，ハロッド，ドーマーの成長理論の欠陥は2つの短期的前提に立脚して，長期的問題を取り扱った点にある。一つは，固定的な生産係数である。他の一つは，貯蓄と投資との独立性である。この2つの前提のもとでモデルの構築をおこなったために，ハロッド＝ドーマー・モデルは，極めて不安定な体系であるといわれている。

　ソロー（R. M. Solow）は自己の理論モデルを構築するに際して，上述の2つの前提を修正して，可変的な生産係数と貯蓄・投資の均等という前提を想定した。この前提の修正により，ハロッド＝ドーマー・モデルは，極めて安定的な体系のモデルに様変わりすることになった。つまり，ソローの理論的枠組みにおいては，制限的生産関数を代替的生産関数に置き換えることにより，経済体系は長期的に安定的となる。他方，投資と貯蓄の不均衡から惹起する短期的変動は，投資・貯蓄の均等という前提により消滅することになる。

　ソローは，当面の主題を吟味するためのモデルを以下のように構築する。

$$Y = F(K, L) \quad \cdots\cdots(1)$$
$$k = K/L \quad \cdots\cdots(2)$$
$$S = sY \quad \cdots\cdots(3)$$
$$S = I \quad \cdots\cdots(4)$$
$$\dot{K} = I \quad \cdots\cdots(5)$$

$$r = f'(k) \cdots\cdots\cdots\cdots\cdots\cdots\cdots\cdots\cdots\cdots\cdots\cdots\cdots\cdots\cdots\cdots\cdots\cdots (6)$$

$$w = f(k) - kf'(k) \cdots\cdots\cdots\cdots\cdots\cdots\cdots\cdots\cdots\cdots\cdots\cdots\cdots\cdots (7)$$

$$L = L_0 e^{nt}, \quad あるいは, \quad \dot{L}/L = n \cdots\cdots\cdots\cdots\cdots\cdots\cdots\cdots\cdots (8)$$

各式の意味は以下のとおり。(1)式は巨視的生産関数を表示する。Y＝産出量, K＝資本ストック, L＝労働の投入量。資本と労働力は, 連続的に代替可能である。(1)式の生産関数は, 一次・同次である。このことは, 経済的にいえば, 資本投入量を倍に, 同じく労働投入量を倍にすれば, 産出量も同じく倍になるということを意味する。このような場合を, 簡潔に, 規模に関する収穫不変の状態が成立しているという。収穫不変の法則が成立するものと仮定すると, (1)式の生産関数は, 以下のように書き改めることができる。

$$Y/L = F(K/L, \ 1)$$

$$y = f(k)$$

この場合, y＝労働者一人当たりの産出量（$y=Y/L$）。これは労働の生産性とも呼ばれる。k＝資本集約度（$k=K/L$）。(2)式は, 資本労働比率の定義式を示す。

(3)式はケインズ派の貯蓄関数である。s＝コンスタントな貯蓄係数。S＝貯蓄。(4)式は投資と貯蓄との均等関係が常に成立することを示す式である。(5)式は, 資本ストックの変化分 $\dot{K}$ が純投資 I に等しいことを示す式である。

(6)式と(7)式は, 企業の利潤最大化の条件をそれぞれ, 表示する。新古典派成長モデルにおいては, 以下の2つの仮定が想定されている。(a)生産物市場にも, 生産要素市場にも, 完全競争状態が支配する。(b)総利潤は最大化される。総利潤 π は, $F(K, L) - wL - rK$ に等しい。w＝賃金率, r＝利潤率。$w = \partial F/\partial L, \ r = \partial F/\partial K$。この2つの命題は, $\pi = F(K, L) - rK - wL$ 式を K, および L でそれぞれ, 微分して, そこに求められた結果をゼロとおくことにより, 求められる。

(8)式は, 労働人口が外生的に与えられた n なる百分率の成長率で, 指数関数的に拡大することを表示している。$L_0 = L$ の初期値, e＝自然対数の底。

さて, (2)式を, $K = kL$ と書き換えて, これに(8)式を代入すると, $K = k \cdot L_0 e^{nt}$ となる。この式の両辺を時間 t で微分すると, 以下の式が求められる。

第6章　経済成長理論

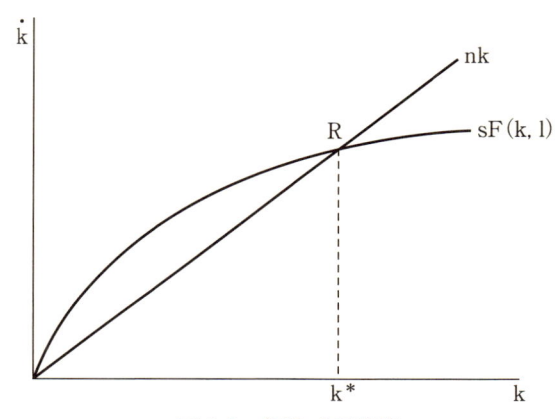

図6-1　恒常成長状態

$$\dot{K} = \dot{k}L_0 e^{nt} + nkL_0 e^{nt} \quad \cdots\cdots(9)$$

ところで，(5)式に，(3)式，(1)式，(4)式を代入すると，以下の式が求められる。

$$\dot{K} = sF(K, L) \quad \cdots\cdots(10)$$

上の2つの式から，(8)式を勘案すると，以下の式が求められる。

$$sF(K, L_0 e^{nt}) = \dot{k}L_0 e^{nt} + nkL_0 e^{nt}$$

一次・同次の仮定によって，関数Fにおける2つの変数の双方を$L=L_0 e^{nt}$なる因子で割ることができる。ただし，この際関数Fにこれと同じ因子を乗じる。この操作を上式に施すことにより，以下の関係式が求めれる。

$$\dot{k} = sF(k, 1) - nk \quad \cdots\cdots(11)$$

上式は，ソローの基本方程式と呼ばれる式である。この式の意味するところは，資本集約度の変化率$\dot{k}$が2つの項目，すなわち，資本の増加を示す項目と，労働の増加を示す項目との差額であるということである。

いま，縦軸にkの変化率を測定し，横軸にkの大きさを測定すると，図6-1に見られるようなnk曲線は原点を出発点として，外生的に与えられたnに等しい勾配をもった放射線として描かれる。一方，関数$sF(\cdot)$は「収穫逓減の法則」に基づいて，原点をとおり，かつ上方に向かって凸状の曲線として描かれる。この曲線によって，KとLが共に，ゼロであれば，Yはゼロに

なる。そして，kが増大するにつれて，資本の限界生産物が逓減していくことが判明する。

かくして，この図から明らかになるように，sF(k, 1) 曲線と nk 曲線とが R 点において，交差すると，この R 点において，長期的恒常成長状態が，ハロッド流にいえば，$g_w = g_n$ の状態が達成されるわけである。sF(k, 1) = nk であるということは，(11)式から，$\dot{k} = dk/dt = 0$ であることを意味している。つまり，恒常成長状態においては，k はコンスタントに留まることになる。それ故に，万が一，k^* なる資本集約度が成立すれば，このkは維持されることになり，従って，それ以後は，資本と労働は同一の相対的成長率で成長することになる。さらに，このことは，生産関数が一次・同次であるという仮定によって，YもまたK とL と同じ相対的成長率で成長することを意味することになる。この場合，労働者一人当たりの産出量 y はやはり，コンスタントに留まる。

では，この R 点で示される恒常成長状態は，安定性をもつのであろうか。答えは，yes である。仮に，R 点の左側に，経済体系があるとすれば，k は均衡資本集約度 k^* を下回ることになる。sF(k, 1) 曲線は nk 曲線を凌駕することになる。ここでは，資本の成長率 $\dot{K}/K$ が労働人口の成長率 $\dot{L}/L$ を上回る。(11)式より，$\dot{k} > 0$ となる。これは，時間の経過とともにkが増大していくことを意味する。k は k^* に収束する。反対に，経済体系が R 点の右側にあるときには，$k^* < k$ となる。この場合，逆のメカニズムが作用する。k は減少して，k^* に収束する。この脈絡に関して，ソローは，論文「経済成長理論の一寄与」において，以下のように叙述している。「k の均衡値 k^* は，安定的である。資本集約度の初期値がどのような値であろうとも，経済体系は，自然成長率でもって成長する均衡成長状態に向かって発展していくことになるわけである。」。(Solow 1) p.70)。

II　トービンの貨幣的成長理論

トービンは，論文「貨幣と経済成長」において，ソローの実物的成長モデ

ルに，貨幣因子を注入したとき，実物的変数がいかなる影響をうけることになるかを吟味した。

産出量を Y，資本の投入量を K，労働の投入量を L で示せば，生産関数は以下の式によって与えられる。

$$Y = F(K, L)$$

労働者一人当たりの産出量 y は，資本集約度 k の関数として表示される。

$$y = f(k) \qquad f'(k) > 0, \ f''(k) < 0$$

この場合，$y = Y/L$，$k = K/L$。この生産関数は，well-behaved であるとする。

トービン・モデルにおいては，幾つかの重要な特徴が見いだされる。トービンは，利子を生まない外部貨幣（outside money）の形態で貨幣因子をソローの実物的成長モデルに注入している。これは，貨幣当局から民間経済主体までの完全な流動金融資産を表明する。経済主体は，この外部貨幣をかれらの純資産に対する増加分とみなす。政府は，外部貨幣の変化額を移転支払いによって経済循環に注入し，租税の賦課によって調達する。移転支払いの項目は，実質貨幣残高の変化額［d(M/p)/dt］の項目で，トービン・モデルの舞台に登場する。

トービンは，可処分所得 Y_d を以下のように定義することから，貨幣的成長モデルの議論を出発する。

$$Y_d = Y + d(M/p)/dt = Y + (M/p)(\mu - \pi) \quad \cdots\cdots(1)$$

この場合，M = 名目貨幣供給（＝外部貨幣），p = 物価水準，M/p = 実質貨幣残高。

上式の両辺を L で割ると，以下の関係式が求められる。

$$y_d = y + m(\mu - \pi) \quad \cdots\cdots(2)$$

上式において，$\mu M/p$ は名目貨幣供給の増加の実質価値を示す。$\pi M/p$ は，物価水準の騰貴の結果として惹起する現存貨幣残高の実質価値の減少を示す。y_d = 労働者一人当たりの可処分所得。$\pi = \dot{p}/p$ = 物価上昇率，$\mu = \dot{M}/M$ = 貨幣供給量の成長率，m = 労働者一人当たりの実質貨幣残高（m = M/pL）。

順次，貨幣市場の分析に眼を向けよう。貨幣市場においては，以下の関係

式が成立すると，仮定される。

$$M/pL = M^d/pL \cdots (3)$$

この場合，M/pL＝労働者一人当たりの実質貨幣残高に対する供給，M^d/pL＝労働者一人当たりの実質貨幣残高に対する需要。この貨幣市場の均衡は，物価水準の適当な調整によって発生する。仮に貨幣の超過供給が発生するならば，この過剰分は財貨市場に提供される。貨幣から資本財への転換が起る。これによって，財貨の価格は騰貴する。貨幣残高の実質価値は下落する。反対に，貨幣の超過需要が発生するならば，この不足分は財貨市場において財貨から貨幣への転換が起る。財貨が売却される。これにより，財貨の価格は下落する。この結果，実質貨幣残高は増大する。

トービン・モデルは，経済主体が保有する総資産 W を２つのカテゴリーに分割している。つまり，物的資本 K と貨幣残高がこれである。W＝pK＋M が成立する。これにより，貯蓄は２つの可能性に分割される。これらの２つの資産の収益率が本質的な役割をはたす。資本財の実質収益率 r は資本の限界生産物 f′(k) に等しい。r＝f′(k)。他方，実質貨幣残高の収益率は，期待物価上昇率 π^e によって決定される。正の物価上昇率が期待されるとき，実質貨幣残高の実質収益率（$-\pi$）は負となる。物価水準がコンスタントに留まるならば，$-\pi$＝ゼロとなる。物価下落率が期待されるならば，$-\pi$ はプラスとなる。議論を単純化するために，人々は物価上昇率を正確に期待するものと仮定する。この仮定は，以下のように表明される。

$$\pi^e = \pi \cdots (4)$$

労働者一人当たりの実質貨幣残高の需要を M^d/pL で示し，この貨幣需要関数を以下のように想定する。

$$M^d/pL = \lambda(r+\pi)y \quad \lambda'(r+\pi) < 0 \cdots (5)$$

経済主体は，国民所得の一定割合を実質貨幣残高の形態で保有する。いま，望ましい実質貨幣残高の所得に対する比率を λ で示し，以下のように定義する。

$$\lambda = (M^d/p)/Y \cdots (6)$$

ここで，トービンは，実質貨幣残高を保有したさいに惹起する機会費用

(opportunity cost) の概念を導入する。この機会費用とは、物的資本財の実質収益率 r と貨幣残高の実質収益率（$-\pi$）との差額に等しい。この結果として、機会費用は、$r - (-\pi) = r + \pi = r + \pi^e$ として示される。この λ は機会費用に関して負の関係ある。つまり、機会費用が増大（減少）すれば、国民所得のうち貨幣の形態で保有される割合が小さく（大きく）なる。

(5)式から明確になるように、貨幣需要は 2 つの要因に依存する。第 1 に、貨幣需要は労働者一人当たりの産出量に依存する。それが増大すれば、貨幣需要も増大する。第 2 に、貨幣需要は貨幣保有の機会費用に依存する。それが上昇すれば、貨幣需要は減少する。

(5)式を(3)式に代入すると、以下の関係式が求めれる。

$$M/pL = M^d/pL = \lambda(r+\pi)y \quad \cdots\cdots(7)$$

(7)式において留意すべきことは、新古典派成長モデルにおいては、貨幣市場が連続的な均等関係にあるという点である。多くのエコノミストによれば、貨幣市場の需給均等は、物価水準の変化が明確に説明されてはいないことを意味する。(7)式で見られるようなポートフォリオ均衡に関する均衡の公準は、急場の解決策として見いだされたものである。

順次、総貯蓄関数に眼を転ずることにしよう。これは、(8)式のように定義される。

$$S = sY_d \quad \cdots\cdots(8)$$

ただし、s＝固定された貯蓄係数。S＝総貯蓄。この総貯蓄は、資本財の拡大に振り向けられる貯蓄 S_K と実質貨幣残高の拡大に振り向けられる貯蓄 S_M とで構成される。すなわち、

$$S = S_K + S_M \quad \cdots\cdots(9)$$

この場合、S_K は資本財の拡大（$\dot{K}$）に等しい。S_M は実質貨幣残高の拡大（$d(M/p)/dt$）に等しい。

(6)式において、λ を固定して、時間 t で微分すると、以下の式が求めれる。

$$d(M^d/p)/dt = \lambda(dY/dt) \quad \cdots\cdots(10)$$

いま、国民所得の成長率を g で示し、以下のように定義する。

$$dY/dt = gY$$

この式を(10)式に代入すると，以下の関係式が求められる。

$$d(M^d/p)/dt = \lambda gY \quad \cdots\cdots(11)$$

可処分所得の定義式に上式を代入すると，以下の式が求めれる。

$$Y_d = Y + \lambda gY = Y(1 + \lambda g) \quad \cdots\cdots(12)$$

上式の両辺をLで除すると，以下の式が得られる。

$$y_d = y(1 + \lambda g) \quad \cdots\cdots(13)$$

順次，トービン・モデルの核心に議論を進めよう。(9)式から，以下の式が求められる。

$$\dot{K} = S - d(M/p)/dt \quad \cdots\cdots(14)$$

上式に，(11)式，(8)式を代入すると，以下の式が求められる。

$$\dot{K} = sY + s\lambda gY - \lambda gY \quad \cdots\cdots(15)$$

上式の両辺をLで割ると，以下の式が求められる。

$$\frac{\dot{K}}{L} = sy[1 - \lambda g(\frac{1}{s} - 1)] \quad \cdots\cdots(16)$$

上式は，トービン・モデルにおける労働者一人当たりの投資（＝資本形成）の決定式を示す。λの数値が大きければ大きいほど，実質貨幣残高に振り向けられる貯蓄が大きくなる。このことは，物的生産に向けられる投資（＝資本形成）の大きさが減少することを意味している。つまり，貨幣の存在は実物経済を貧しくすることになる。

資本集約度 k（＝K/L）を時間 t で微分すると，以下の式が求められる。

$$\dot{k} = \dot{K}/L - nk \quad \cdots\cdots(17)$$

この場合，n は労働人口の成長率を示す。n＝$\dot{L}/L$。

上式に，(16)式を代入すると，以下の関係式が得られる。

$$\dot{k} = sy[1 - \lambda n(\frac{1}{s} - 1)] - nk \quad \cdots\cdots(18)$$

この場合，恒常成長状態においては，n＝g が成立すると想定する。

上式は，トービン・モデルにおける k の変化率の動きを示す微分方程式である。いま，長期的恒常成長状態を $\dot{k}$＝0 であると定義すれば，次式が求められる。

$$nk = sy[1 - \lambda n(\frac{1}{s} - 1)] \quad \cdots\cdots\cdots\cdots\cdots\cdots\cdots\cdots\cdots\cdots\cdots\cdots\cdots\cdots\cdots\cdots (19)$$

⑴式は,長期的恒常成長状態においては,資本集約度の均衡値 k^{**} が確定されることを意味する。貨幣因子を含むトービン・モデルにおいては,この資本集約度の均衡値が実物的成長モデルのそれに比較して,小さくなることになる。なぜならば,貨幣因子の存在により,λの項目がプラスとして注入されてくるために,物的資本財の拡大に利用される貯蓄が減少し,これが資本形成に振り向けられなくなるからである。かくして,トービン・モデルにおいては,資本集約度がソローモデルのそれよりも小さくなるので,「貨幣は資本集約度を貧しくさせる」ということになる

これまでの状況を図示したのが,**図 6-2** である。T 点においては,貨幣を含むトービン・モデルでの資本集約度の均衡値が k^{**} で確定される。S 点においては,貨幣を排除した物物交換経済での資本集約度 k^{*} が決定される。ハジミキャラキス (M. G. Hadjimichalakis) は,論文「貨幣を含む均衡成長と不均衡成長:トービン・モデル」において,貨幣経済における長期的恒常成長状態のもとでの資本集約度が非貨幣経済のそれに比較して低くなるということを,「第1種の貨幣の非中立性」と名付けている。

ところで,貨幣当局が,T 点において,拡張的貨幣政策を実施し,貨幣供給量の成長率 μ が増大したと想定しよう。μ の引き上げは,π の上昇をまねく。これは,貨幣保有の機会費用 $(r+\pi)$ を騰貴させる。これにより,実質貨幣残高は減少する。総貯蓄のうち,貨幣で保有される割合が小さくなり,この結果として,物的生産の拡大に振り向けられる貯蓄が増大する。従って,拡張的貨幣政策により,資本集約度の均衡値は,k^{**} よりも増大することになる。つまり,μ の増大は,**図 6-2** において,$o(sy_d - \lambda gy)$ 曲線を上方にシフトさせることになる。これにより,均衡点は,T 点から右方に移動することになる。均衡点の移動は,S 点でストップする。ハジミキャラキスは,拡張的貨幣政策が実物的変数に対してプラスの効果をもたらすことを,「第2種の貨幣の非中立性」と呼んでいる。

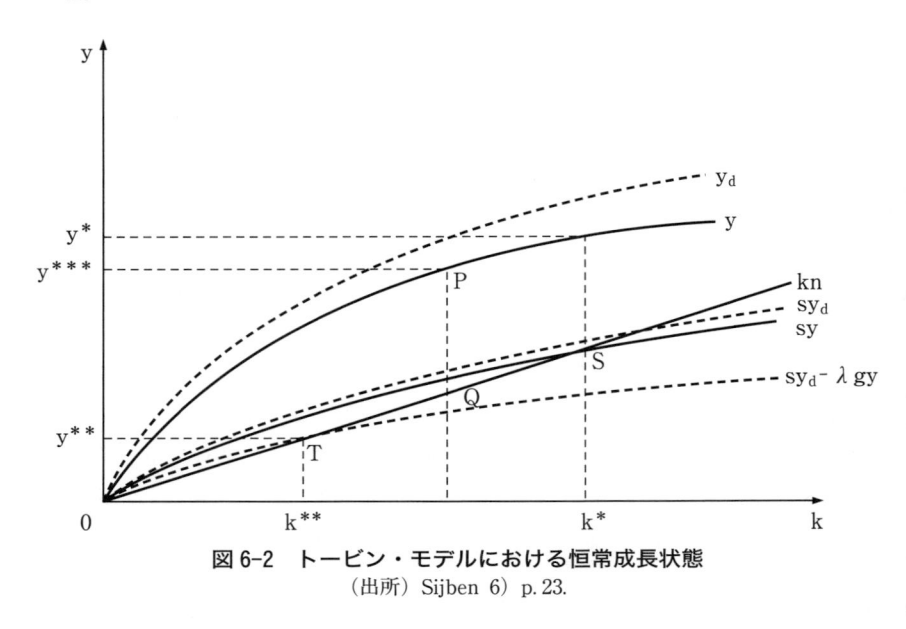

図 6-2 トービン・モデルにおける恒常成長状態
(出所) Sijben 6) p. 23.

III ローマーの内生的成長理論

1 主な流れ

　最近の成長理論文献において力説されている外部性の源泉は，人的資本の蓄積と人的資本が経済の生産性に対して及ぼす効果である。ルーカスによれば，人的資本 (human capital) は明示的な生産を経由して蓄積される資本である。すなわち，個人の労働時間の一部分は技術の蓄積に充当される。形式的に示せば，生産過程に関する関係式は以下のような関係式で与えられる。

$$y = Ak^{\sigma}[uh]^{1-\sigma}, \quad 0 < u < 1$$

　この場合，y＝労働者一人当たりの産出量，k＝労働者一人当たりの物的資本，h＝労働者一人当たりの人的資本。より明確にいえば，h は知識資本を表明する。u＝個人が財の生産に振り向ける時間の割合。他方，物的資本の成長 (＝投資 I) は，ソロー・モデルに見られるように，貯蓄 S(＝sY) に依存している。そこでは，I＝S の均等条件が成立する。人的資本の成長率は，それ

を生産するのに振り向けられる時間の大きさによって決定される。すなわち,

$\dot{h}/h = \alpha(1-u), \quad \alpha>0.$

この経済において,労働者一人当たりの資本の長期的成長率,労働者一人当たりの産出量の長期的成長率はともに $\alpha(1-u)$, つまり,人的資本の成長率に等しい。なお,物的資本の人的資本に対する比率は,一定値に収束する。長期的には,所得水準は経済の初期の人的資本ストックに正比例する。特殊な定式化のもとでは,貯蓄は成長率に対して影響を及ぼすことはない。

成長過程の中で外部効果を重要視したエコノミストは,ローマー (D. Romer) である。ローマーの理論的枠組みにおいては,外部性の源泉は,集計された人的資本というよりはむしろ,知識ストックである。知識は個々人によって造出される。新しく生産された知識は,せいぜい部分的に,一時的に秘密の状態におかれる。他方,財・サービスの生産は,私的な知識ばかりではなく,集計された知識ストックにも依存することになる。企業または,個々人は知識生産に対する報酬を部分的に獲得することになる。したがって,市場均衡は,知識蓄積が過少投資の形でなされるというもとで発生する。知識が技術水準とどのように関係づけられるかについて,ローマーの枠組みは,技術進歩率を内生的 (endogenously) に決定する試金石としてみなされる。その後の研究で,ローマーは,研究部門と経済の残余部門とに区別を設けて,この2部門想定のもとで,技術変化への投資決定を内生的に説明している。この枠組みにおいては,企業は,知識生産の恩恵を悉く専有することができない。このことは,社会的収益率がある形態の資本蓄積の私的収益率を上回ることを意味する。かくして,租税と補助金の図式は,成長率を高めるのに利用される。

順次,単純化されたローマー・モデルを構築することにしよう。2つの生産部門で構成される経済システムを想定しよう。ひとつは,財貨生産部門である。この部門は,生産過程に物的資本,知識,労働力を雇用する。他のひとつは,知識生産部門である。この部門は,知識ストックを拡大させるのに同一の投入を利用する。χ_L は,知識生産部門で雇用される労働力のウェイト

を示す。$(1-\chi_L)$は,財貨部門で雇用される労働力のウェイトである。同様に,χ_Kは,知識部門で雇用される資本ストックのウェイトである。$(1-\chi_K)$は財貨生産部門で利用される資本ストックのウェイトである。知識の総ストックAは,双方の生産活動に同時に利用される。

標準的なコブ・ダグラス型技術を想定すると,財貨部門の産出量は,以下の関係式で与えられる。

$$Y = [(1-\chi_K) K]^{\alpha}[A (1-\chi_L) L]^{1-\alpha}, \quad 0<\alpha<1 \quad \cdots\cdots(1)$$

この場合,Y＝産出量,K＝資本ストック,L＝労働力。資本と労働力(有効的)に関して収穫不変の関係が支配するものと仮定されている。

新しい知識(これはAの変化で示される)の生産は,研究に従事した資本と労働力,技術水準に依存している。Aを技術とすれば,以下の関係式が求められる。

$$\dot{A} = G(\chi_K K, \chi_L L, A) \quad \cdots\cdots(2)$$

一般化されたコブ・ダグラス型生産関数によって,新しい知識の生産が決定されるとすれば,以下の関係式で与えられる。

$$\dot{A} = B(\chi_K K)^{\beta} \cdot (\chi_L L)^{\gamma} A^{\theta}, \quad B>0, \ \beta>0, \ \gamma>0, \ \theta>0. \quad \cdots\cdots(3)$$

知識の生産関数については,資本と労働力に関する収穫不変が仮定されていないことに留意すべきである。収穫不変が成立すると考える標準的な議論では,複製の世界を想定している。明確にいえば,投入を倍増すれば,新しい投入部分が,これまでの投入と全く同じことを繰り返すことにより,産出量を倍増することができる。しかし,知識生産の世界においては,既存の投入がおこなっていることを文字通り,複製すれば,同一の内容の発見を再度にわたって繰り返すことになるだけである。つまり,技術変化の変化額 $\dot{A}$ には変化が惹起しないであろう。したがって,研究開発(R＆D)においては,収穫逓減が発生する可能性がある。一方,研究者同士の相互交流や,固定費となる「立ち上げ費用」などが重要な因子となる。このことから,資本と労働の投入量を倍増したとき,産出量が倍以上に増加することもあるかもしれない。つまり,規模に関する収穫逓増の関係が発生するという可能性も勘案しておく必要がある。(Romer 5) p.112) この脈絡に関して,アジェンナー(P.

R. Agénor) 教授は，著書「マクロ経済学の展開」において以下のように，叙述している。「新しいアイデアの生産においては，パラメーターである β, γ, θ などに依存しながら，収穫逓減か，収穫逓増かのいずれかである。さらに，現存知識ストックの増加が新しい知識生産にどのように影響するかの程度は，(3)式の θ にアプリオリーに制約をおくことができない。仮に $\theta=1$ であるならば，$\dot{A}$ は A に比例的となる。θ が1よりも小さくなるというケースもあり，1よりも大きくなるというケースもある。」(Agénor 4) p.682)。

ソロー・モデルに見られるように，貯蓄と投資との均等を想定すると，以下の式が与えられる。

$$\dot{K} = sY \quad \cdots\cdots (4)$$

この貯蓄関数は，ケインズ的貯蓄関数である。したがって，s は外生的に与えられた貯蓄係数である。労働人口は，外生的に与えられた n なる成長率で指数関数的に成長する。これを表示したものが以下の式である。

$$L = L_0 e^{nt}, \quad \text{あるいは，} \dot{L}/L = n \quad \cdots\cdots (5)$$

2 資本のない知識蓄積の動学

資本のない場合，産出量を生産するための生産関数は，以下の式で示される。

$$Y = A(1-\chi_L)L \quad \cdots\cdots (6)$$

同様に，新しい知識を産出する生産関数は，以下のように設定される。

$$\dot{A} = B[\chi_L L]^\gamma A^\theta \quad \cdots\cdots (7)$$

労働人口は，これまでどおり，(5)式にもとづいて増大していく。

(6)式の両辺を L で除すると，労働者一人当たりの産出量 y（$=Y/L$）が求められる。

$$y = A(1-\chi_L)$$

$(1-\chi_L)$ の項目は定数であるから，y は技術 A に比例的となることが，上式から判明する。上式を時間 t で微分すると，以下の関係式が求められる。

$$\dot{y}/y = \dot{A}/A = g_A$$

上式は，労働者一人当たりの産出量の成長率 $\dot{y}/y$ が技術 A の成長率 g_A に

符合することを意味している。順次，(7)式の両辺を A で除すると，以下の関係式が求められる。

$$g_A = \dot{A}/A = B\chi_L{}^\gamma L^\gamma A^{\theta-1} \cdots\cdots\cdots\cdots\cdots\cdots\cdots\cdots\cdots\cdots\cdots\cdots(8)$$

上式において，B と χ_L は定数であるから，技術の成長率 g_A が増大しているか，低下しているか，コンスタントに留まるか否かは $L^\gamma A^{\theta-1}$ の項目の動きに依存する。(8)式は，g_A の成長率が L の成長率の γ 倍に A の成長率の $(\theta-1)$ 倍を加算したものであることを意味している。ただし，B はシフト・パラメーターである。

(8)式の両辺について，log をとると，以下の式が求められる。

$$\log g_A = \log B + \gamma\log\chi_L + \gamma\log L + (\theta-1)\log A$$

上式を，時間 t で微分すると，以下の式が求められる。

$$\dot{g}_A = \{\gamma n + (\theta-1)g_A\} g_A \cdots\cdots\cdots\cdots\cdots\cdots\cdots\cdots\cdots\cdots\cdots\cdots(9)$$

上式において，A と L の初期値，パラメーターが与えられると，g_A の初期値が決定する。(9)式により，g_A の動きが明らかになる。(7)式は，g_A が常にプラスであることを意味する。したがって，g_A の運動は，(9)式の右辺の $\{\cdot\}$ 内の項目に依存する。つまり，$\{\gamma n + (\theta-1)g_A\}$ が負であれば，g_A の動きは負になる。$\{\gamma n + (\theta-1)g_A\}$ が正であれば，g_A の動きは正である。$\{\gamma n + (\theta-1)g_A\}$ がゼロであれば，g_A の動きはコンスタントに留まる。この場合，以下の関係式が求められる。

$$g_A = (\gamma n)/(1-\theta) = g_A{}^* \cdots\cdots\cdots\cdots\cdots\cdots\cdots\cdots\cdots\cdots\cdots\cdots(10)$$

この場合，γ, n, $(1-\theta)$ はパラメーターであるために，g_A は定数となる。A の成長率の変化について吟味するために，以下に見られるように3つのケースに分けて議論を進める。

ケース1：$\theta<1$

θ が1よりも小さいとき，g_A は，(9)式にもとづいて，その値が $g_A{}^*$ よりも小さいときには増大することになる。逆に，g_A が $g_A{}^*$ よりも大きいときには，それは減少していく。かくして，g_A は初期値とは無関係に $g_A{}^*$ に収束していく。これらの関係を図示したものが，**図6-3** である。ひとたび，g_A が $g_A{}^*$ に到達するとき，技術 A と労働者一人当たりの産出量 y (=Y/L) は，ともにこ

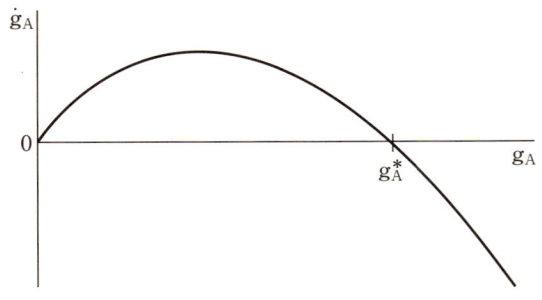

図6-3　g_A曲線の動学（$\theta<1$）

の一定率で成長することになる。つまり，経済システムは恒常成長状態の軌道を辿ることになる。この脈絡に関して，ローマー教授は，著書「上級マクロ経済学」において，以下のように叙述している。「このモデルは，われわれにとって初めての内生的成長（endogenous growth）モデルの例になる。このモデルでは，ソロー成長モデルとは対照的に，労働者一人当たりの産出量の長期的成長率は，モデルで，内生的に決定されており，外生的技術進歩率には依存しない。」。(Romer 5) p.113。)。

　申すまでもなく，ソロー・モデルにおいては，技術進歩が外生的に与えられた比率で進行し，生産諸要素のなんらかの特定の組み合わせから生産される産出量を時間を通じて増加させるのに役立つようなものとしてみなされることになる。その場合に，その効果は，資本蓄積の効果から，たとえ両者が同時に進行している場合でも，概念上，分離することができるのである。これに対して，ローマー・モデルにおいては，労働者一人当たりの産出量の長期的成長率は，モデルで，内生的に決定される。つまり，労働者一人あたりの産出量の長期的成長率 $g_A^*(=\dot{y}/y=\dot{A}/A)$ は，(10)式にみられるように，γn の項目と $(1-\theta)$ の項目に依存する。γn の項目は労働人口の成長率 n と定数 γ との積に等しい。かくして，労働人口の増加率 n が大きければ大きいほど，$g_A^*(=\dot{y}/y=\dot{A}/A)$ は大きくなる。g_A は n の増加関数となる。この点は，ソロー・モデルの取り扱いとは大きく異なる。ローマー・モデルにおいては，

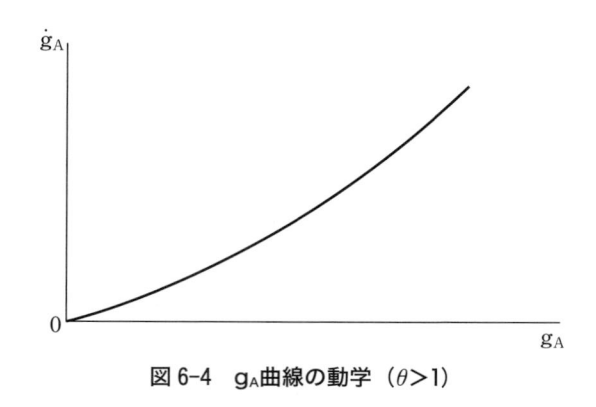

図6-4 g_A曲線の動学 ($\theta>1$)

人口の増加は労働者一人当たりの産出量を拡大させる必要条件となる。

ケース2：$\theta>1$

θが1よりも大きい場合，(9)式より，$\dot{g}_A$はg_Aの増加関数となる。また，g_Aは正の値を示すから，$\dot{g}_A$は必然的に正となる。この状況は，**図6-4**で示される。図から判明するように，経済システムは長期的恒常成長状態に収束することはなく，永久加速的成長を示す。明確にいえば，新しい知識の生産における知識の有用性が高くなる。このために，知識水準の限界的増加はより多くの新しい知識の増加を造出することになる。知識の成長率は右上がりとなる。したがって，ひとたび知識の蓄積が始動すると，経済システムは永久加速的成長の軌道を辿ることになる。

ケース3：$\theta=1$

θが1に等しい場合，(9)式と(8)式から，以下の式が求められる。

$$\dot{g}_A = \gamma n g_A \quad \cdots\cdots\cdots\cdots\cdots\cdots\cdots\cdots\cdots\cdots\cdots\cdots\cdots\cdots\cdots\cdots\cdots (11)$$

$$g_A = B\chi_L{}^\gamma L^\gamma \quad \cdots\cdots\cdots\cdots\cdots\cdots\cdots\cdots\cdots\cdots\cdots\cdots\cdots\cdots\cdots\cdots (12)$$

仮に労働人口の成長率nが正であれば，g_Aは時間の経過とともに拡大していく。これを図示したものが**図6-5**である。

仮にnがゼロであれば，g_Aはコンスタントに留まる。この場合，知識は新しい知識を造出するのに丁度，利用され，技術Aの水準はその成長率には影

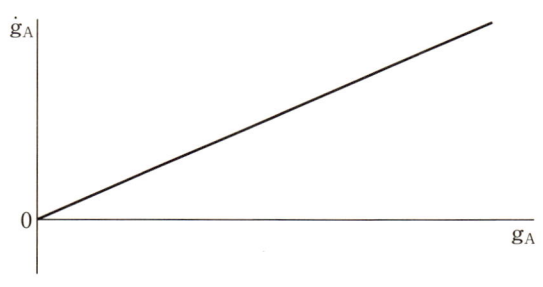

図6-5　g_A曲線の動学（$\theta=1$で$n>0$）

響を及ぼすことはない。したがって，恒常成長状態への調整はなく，経済システムは，どこから出発したとしても，その場で安定成長を表明する。$\theta=1$のケースでは，(12)式から明確になるように，労働者一人当たりの産出量の成長率，知識の成長率は，ともに，$B\chi_L{}^\gamma L^\gamma$に等しくなる。つまり，この場合，$\chi_L$が経済の長期的成長率に影響を及ぼすことになる。

3　KK曲線とAA曲線

投資と貯蓄との均等関係を示す(4)式に生産関数(1)式を代入すると，以下の式が得られる。

$$\dot{K} = \phi_K K^\alpha A^{1-\alpha} L^{1-\alpha} \quad \cdots\cdots (13)$$

$$\phi_K = s(1-\chi_K)^\alpha (1-\chi_L)^{1-\alpha} \quad \cdots\cdots (14)$$

(13)式の両辺を K で除すると，以下の求めれる。

$$g_K = \dot{K}/K = \phi_K [AL/K]^{1-\alpha} \quad \cdots\cdots (15)$$

上式は，資本ストックの成長率を示す。上式から明らかになるように，資本ストックの成長率は，有効的労働集約度（AL/K）に依存する。有効的労働集約度の成長率は，$g_A + n - g_K$である。(15)式の両辺の対数をとり，それを時間 t で微分すると，以下の関係式が求められる。

$$\dot{g}_K = (1-\alpha)\{g_A + n - g_K\} g_K \quad \cdots\cdots (16)$$

ただし，g_A＝技術進歩率，g_K＝資本の成長率，n＝労働人口の成長率。仮に $\{g_A + n - g_K\}$ が正（負）であれば，g_Kの動きは増大（減少）する。仮に $g_A + n =$

図 6-6　KK 曲線

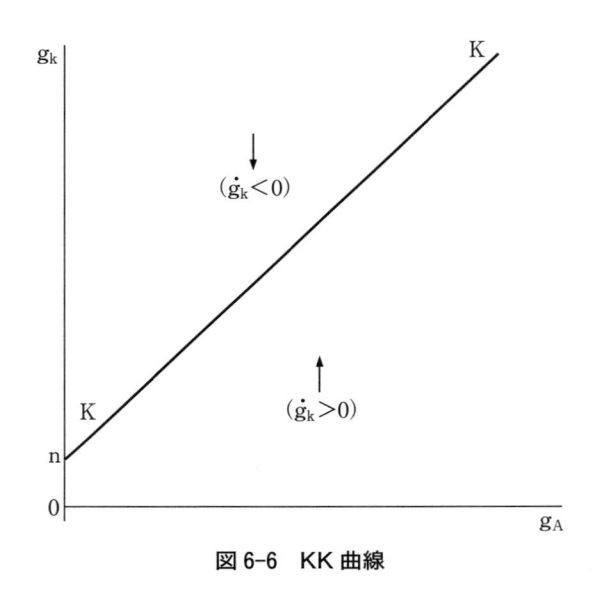

g_K であれば，g_K の動きはコンスタントに留まる。この状況を図示したものが，図 6-6 である。図において，KK 曲線は，g_K の動きが時間の経過とともに一定に留まる g_A と g_K の組み合わせの軌跡を表明する。KK 曲線の勾配は，1 (unity) に等しい。切片は n である。KK 曲線よりも上方においては，g_K は低下している。KK 曲線よりも下方においては，g_K は上昇している。これは，KK 曲線の上方の領域では，$\dot{g}_K < 0$ であり，その下方では，$\dot{g}_K > 0$ となることを意味している。図においては，g_K の動きは南向き，および北向きのカギ型の矢印で示される。

順次，資本を含む成長モデルのもとでの知識の動学に眼をむけよう。(3)式の両辺を A で割ると，技術 A の成長率に関する式が求められる。

$$g_A = \dot{A}/A = \phi_A K^\beta L^\gamma A^{\theta-1} \quad \cdots (17)$$

$$\phi_A = B \chi_K^\beta \chi_L^\gamma \quad \cdots (18)$$

(17)式において，K^β の項目を除けば，(8)式と基本的に同一である。(17)式の両辺の対数をとって，その両辺を時間 t で微分すると，以下の関係式が求めら

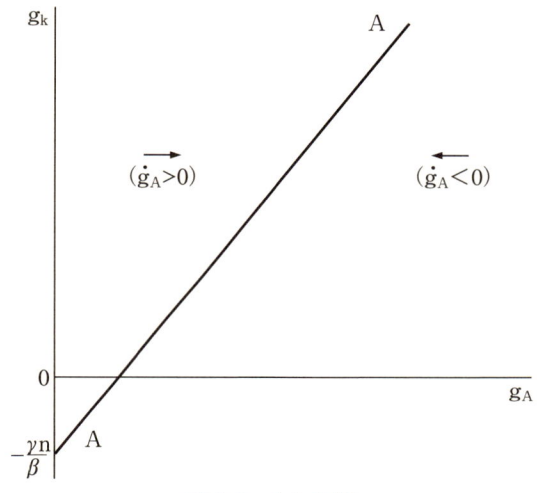

図 6-7　AA 曲線

られる。
$$\dot{g}_A = \{\beta g_K + \gamma n + (\theta - 1)g_A\} g_A \quad \cdots\cdots(19)$$

上式から，g_A の動きが $\{\beta g_K + \gamma n + (\theta - 1)g_A\}$ の符号に依存する。つまり，括弧 $\{\cdot\}$ 内が正（負）であれば，g_A の動きは上昇（低下）する。また，括弧 $\{\cdot\}$ 内がゼロであれば，g_A の動きはコンスタントに留まることになる。これを図示したのが，図 6-7 である。AA 曲線は，g_A の動きが時間の経過とともに一定に留めるような g_A と g_K との組み合わせの軌跡を表明する。AA 曲線は知識蓄積の動きを示す。AA 曲線は，縦軸上の切片部分が $-(\gamma n)/\beta$ であり，その勾配が $(1-\theta)/\beta$ であるような直線によって描かれる。ここで留意すべきことは，AA 曲線の勾配は，一般的に不明瞭なものであるという点についての確認である。この図は，$\theta < 1$ であるというケースを想定している。この結果，AA 曲線の勾配が正となる。AA 曲線よりも上方においては，g_A は上昇している。AA 曲線よりも下方においては，g_A は低下している。これは，AA 曲線の上方の領域では，$\dot{g}_A > 0$ となり，その下方の領域では，$\dot{g}_A < 0$ となる。図において，g_A の動きは，東向きと西向きの矢印で描かれる。

周知のごとく，(1)式で示される産出量の生産関数は，知識と資本の規模に関する収穫不変の状態を想定している。したがって，AとKに関して，正味で収穫逓増，収穫逓減，収穫不変のいずれが生まれるか否かは，知識生産関数 {(3)式} が規模に関して収穫不変を示すか否かに依存することになる。(3)式は，以下のように書き改められる。

$$\dot{A} = K^{\beta} A^{\theta} (qL^{\gamma}) \quad \cdots\cdots\cdots\cdots\cdots\cdots\cdots\cdots\cdots\cdots\cdots\cdots\cdots (20)$$

$$q = B \chi_K^{\beta} \chi_L^{\gamma} \quad \cdots\cdots\cdots\cdots\cdots\cdots\cdots\cdots\cdots\cdots\cdots\cdots\cdots\cdots\cdots (21)$$

上式は，新しい知識生産におけるAとKの規模に関する収穫の程度が$\beta + \theta$によることを意味する。つまり，KとAを同じ割合で変化させた場合，$\dot{A}$もまた同じ割合だけ変化する。KとAとがともにλ倍されると，$\dot{A}$は$\lambda^{\beta+\theta}$倍になる。したがって，経済システムの動きを決定する重要な鍵は，βと1という比較ではなく，$\beta + \theta$と1との比較である。以下の3つのケースを吟味する。

ケース1：$\beta + \theta < 1$

このケースにおいては，$(1-\theta)/\beta$は1よりも大きい。AA曲線の勾配はKK曲線の勾配よりも急勾配となる。これを図示したものが図6-8である。図において，交差する2つの曲線は，図をローマ数字で示した4つの局面に分割する。図において，矢印の方向によって明示されるように，g_Aとg_Kの初期値とは無関係に，g_Aとg_Kは均衡点のE点に収束することになる。このE点においては，$\dot{g}_A = 0$, $\dot{g}_K = 0$が成立する。したがって，E点におけるg_Aとg_Kの均衡値をg_A^*とg_K^*で示せば，それらは，以下の2つの条件を充足しなければならない。

$$\beta g_K^* + \gamma n + (\theta - 1) g_A^* = 0 \quad \cdots\cdots\cdots\cdots\cdots\cdots\cdots\cdots\cdots (22)$$

$$g_A^* + n - g_K^* = 0 \quad \cdots\cdots\cdots\cdots\cdots\cdots\cdots\cdots\cdots\cdots\cdots\cdots\cdots (23)$$

(22)式は，(19)式に$\dot{g}_A = 0$を代入することにより，求められる。(23)式は(16)式に$\dot{g}_K = 0$を代入することにより，求められる。(22)式に(23)式を代入すると，以下の関係式が求められる。

$$g_A^* = (\beta + \gamma) n / [1 - (\theta + \beta)] \quad \cdots\cdots\cdots\cdots\cdots\cdots\cdots\cdots (24)$$

ところで，(1)式の両辺の対数をとって，その両辺を時間tで微分すると，

第6章 経済成長理論　131

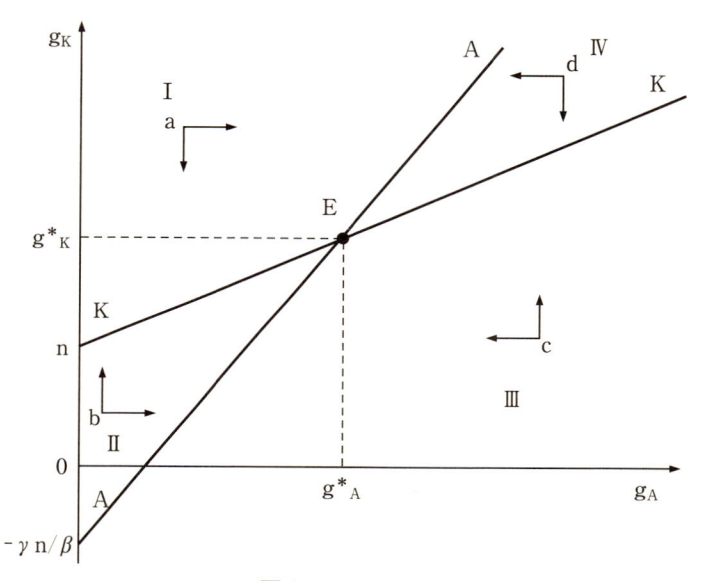

図6-8 $\beta+\theta<1$
（出所）Agémor 4) p.684

以下の関係式が得られる。

$$g_Y^* = \alpha g_K^* + (1-\alpha)(g_A^* + n) \quad \cdots\cdots\cdots (25)$$

上式に(23)式を勘案すると，以下の関係式が求められる。

$$g_Y^* = g_A^* + n = g_K^* \quad \cdots\cdots\cdots (26)$$

上式は，産出量が g_K^* で成長していることを意味する。

順次，(1)式を L で除すると，以下の式が求められる。

$$y = (1-\chi_K)^\alpha K^\alpha A^{1-\alpha} \cdot (1-\chi_L)^{1-\alpha} \cdot L^{-\alpha} \quad \cdots\cdots\cdots (27)$$

この場合，y＝労働者一人当たりの産出量。(27)式の両辺の対数をとり，その両辺を時間 t で微分すると，以下の関係式が求められる。

$$g_y = \alpha g_K + (1-\alpha)g_A - \alpha n \quad \cdots\cdots\cdots (28)$$

上式に(23)式を代入すると，以下の式が求められる。

$$g_y^* = g_K^* - n = g^*_A \quad \cdots\cdots\cdots (29)$$

上式は，労働者一人当たりの産出量 y が g_A^* の成長率で成長することを意

図6-9　β+θ>1

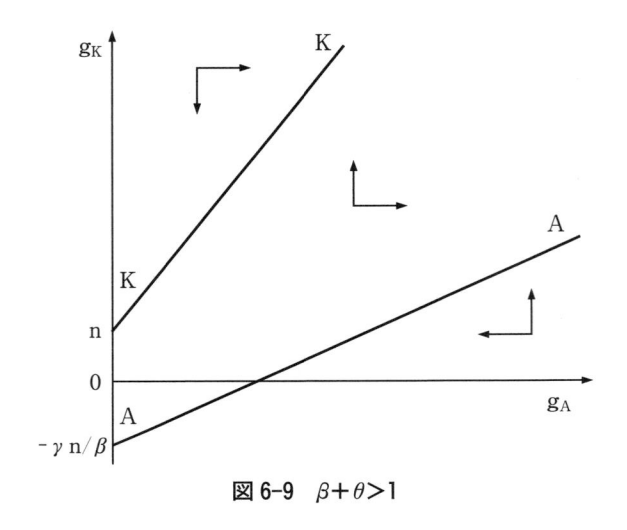

味する。かくして，経済の成長率は内生的（endogenous）となる。経済の成長率は労働人口の成長率の増加関数となる。仮に n がゼロであれば，経済の成長率はゼロとなる。知識生産の部門に雇用される労働のウェイト χ_L と資本ストックのウェイト χ_K は，経済の成長率に対して影響を及ぼすことはない。貯蓄係数 s も経済の成長率に影響を及ぼすことはない。(Agémor・Montiel 4) p. 685)。

ケース2：β+θ>1

仮に β+θ>1 ならば，図6-9 に見られるように，AA 曲線と KK 曲線の軌跡同士は乖離していくことになる。経済の初期値がどこに位置するかとは無関係に，経済システムは究極的に2つの曲線の領域に入っていく。ひとたびこれが惹起すると，AA 曲線と KK 曲線との成長率は，連続的に拡大していく。産出量の成長率もそれに追随する。そこには，長期的恒常成長状態が存在しない。

ケース3：β+θ=1

仮に β+θ=1 ならば，(1-θ)/β=1。この場合，AA 曲線の勾配と KK 曲線の勾配は同一となる。仮に n が正であるならば，KK 曲線は AA 曲線の上方

図 6-10　$\beta+\theta=1$

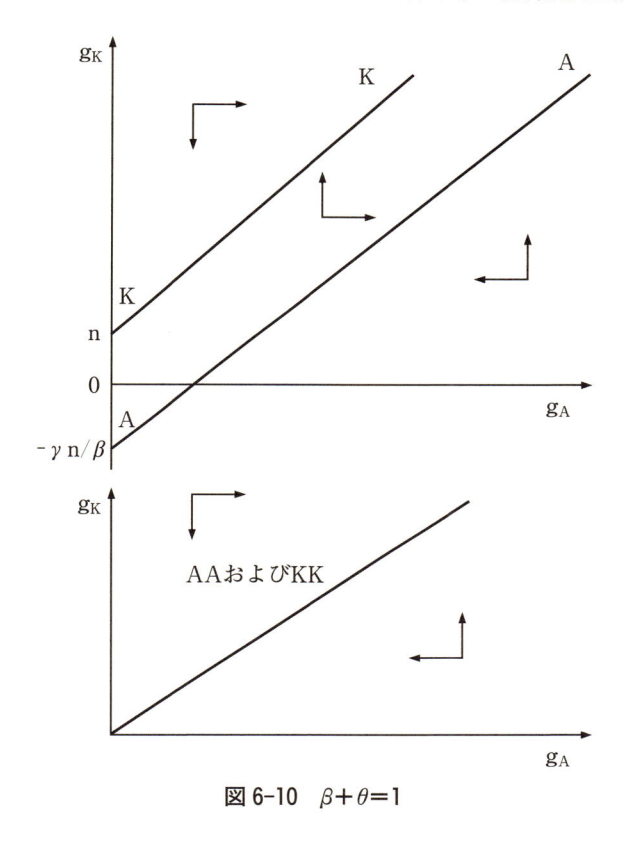

に位置する。これを図示したものが，図 6-10 の上半分である。この場合，経済の動学は，$\beta+\theta>1$ のケースのものと類似的なものになる。そこでは，長期的恒常成長状態が発生しない。仮に，n＝ゼロであれば，AA 曲線と KK 曲線は同一となる。この状況を示したものが，図 6-10 の下半分である。経済の初期値とは無関係に，経済は，究極的には均衡成長軌道を辿ることになる。

参考文献

1) R. M. Solow, "A Contribution to the Theory of Economic Growth", Quarterly Journal of Economics, 70, 1956.

2) T. W. Swan, "Economic Growth and Capital Accumulation," Economic Record, 32, 1956.
3) R. Ramanathan, "Introduction to the Theory of Economic Growth," Springer-Verlag, 1982.
4) P. R. Agénor and P. J. Montiel, "Development Macroeconomics," Princeton University Press. 1999.
5) D. Romer, "Advanced Macroeconomics," The McGraw-Hill Companies, Inc 1996（堀雅博・岩成博夫・南篠隆訳,「上級マクロ経済学」日本評論社, 1998）
6) J. J. Sijben, "Money and economic growth," Leiden 1977.
7) J. Tobin, "Money and economic growth," Econometrica, October, 1965.
8) J. Tobin, "The neutrality of money in growth models : a comment". Economica, Februray 1967.
9) 伊達邦春,「図説：経済原論」学文社, 1980.
10) 伊達邦春,「経済変動論」日本評論社. 昭和42年.
11) 石橋一雄,「貨幣と成長の経済理論」, 成文堂, 1988.
12) M. G. Hadjimichalakis, "Equilibrium and Disequilibrium Growth with Money—the Tobin Models, "The Review of Economic Studies." Vol. XXXVIII (4) No. 116, 1971.
13) 伊達邦春,「経済はなぜ変動するか」, 講談社, 昭和45年.

（石 橋 一 雄）

第7章

国際金融

I 国際金融とは

　近年，急速に経済の国際化・グローバル化がすすみ，モノやサービス，金融資産が，毎日当たり前のように国境を越えて取引されています。国が異なれば，使用されている通貨も異なるので，モノやサービスの取引には，同時に通貨の交換が発生します。このときの通貨の交換比率を為替レートまたは為替相場と呼びます。国際金融とは，この為替レートに関連する諸問題を取扱う学問分野のことを言います。

　本章では，国際金融を理解する上で必要な概念である外国為替市場，為替相場制度，為替相場の決定について説明します。

II 外国為替市場と為替レート

1 外国為替市場

　外国為替市場とは，外国通貨と自国通貨を交換する外国為替取引が行われる市場のことを言います。ただ市場といっても特定の場所を指すのではなく，外国為替取引が行われるところは全て外国為替市場と呼ばれています。外国為替市場の参加者は，（外貨を取り扱う）銀行，通貨当局（財務省や日本銀行），銀行間の仲介業者である為替ブローカー，非銀行顧客と呼ばれる商社，輸出入業者，機関投資家，個人などが挙げられます。

　このような外国為替市場は，対顧客市場とインターバンク（銀行間）市場の2つに大別できます（図7-1参照）。対顧客市場を説明するために，輸出業者を

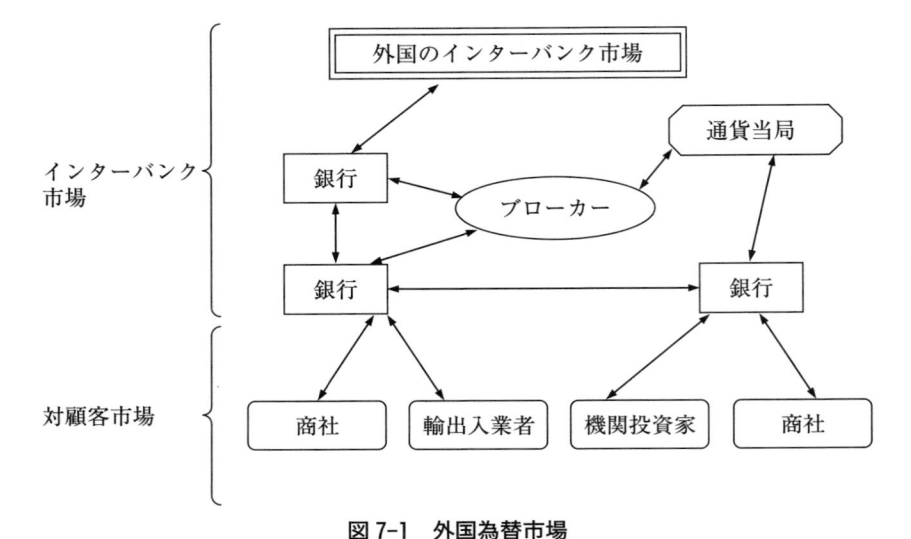

```
インターバンク{    [外国のインターバンク市場]
  市場               ↕
                  [銀行] ↔ [通貨当局]
                    ↕   ↘  ↕
                         (ブローカー)
                    ↕   ↗  ↕
                  [銀行] ←――――――→ [銀行]
対顧客市場{          ↕ ↘       ↙ ↕
                 [商社][輸出入業者][機関投資家][商社]
```

図 7-1　外国為替市場

　例に挙げましょう。ある輸出業者が，モノをアメリカに輸出して，その支払いをドルで受取ったとしましょう。輸出業者は従業員に給料を払うため，ドルを日本円に交換しなければなりません。このとき輸出業者は，銀行でドルと日本円を交換，すなわちドルを売って円を買います。これを対顧客市場と呼びます。つまり対顧客市場とは，銀行と非銀行顧客との間の外国為替取引を指します。

　顧客からドルを買った銀行も，すぐにドルを売る顧客が見つかればよいのですが，そうも簡単に見つからないかもしれません。また逆に，顧客からドルを売って欲しいといわれても，銀行のドルの手持ちがないかもしれません。このように，銀行は短期的に手持ちのドルが多すぎる場合も少なすぎる場合があります。そこで，銀行同士で外貨を融通しあう市場が必要となります。インターバンク市場とは，銀行同士の外国為替取引を行う場のことを言います。具体的にいうと，各銀行の間で，電話やコンピューターなどのネットワーク回線を通じて直接取引を行ったり，あるいは為替ブローカーを通じて相手銀行を探し間接的に取引を行います。また銀行は，海外の銀行ともネット

ワーク回線を通じて取引を行っています。インターバンク市場は，取引規模の大きさから外国為替市場の中心的な存在であり，通常外国為替市場というと，インターバンク市場のことを指します[1]。

通貨当局も，インターバンク市場で外貨の売買を行うことがあります。これを通貨当局による「為替介入」と呼びます。為替介入は，急激な為替レートの変動を避けたり，後節で説明する固定為替レート制度の平価を維持するためであったり，様々な理由から行われます。

2 為替レート

為替レートの表示法には，自国通貨建てと外国通貨建ての2種類があります。自国通貨建てとは，1ドル当たり100円（100円/ドル）という形式で表示される方法のことです。一方，外国通貨建てでは，同じ交換比率であっても，1円当たり0.01ドル（0.01ドル/円）と表示されます。日本では自国通貨建て表示が一般的です。本章でも，自国通貨建て表示を用いています。

外貨と日本円の交換比率を示す為替レートは，別の言い方をすれば「1ドルは何円で買えるか（あるいは売れるか）」を示していることになります。例えば先の例で100円/ドルであるならば，1ドルを100円で購入できるということです。したがって，120円/ドルに値が上昇した場合，1ドルを100円で買えたものが120円も出さないと買えなくなったことを意味するため，ドルの価値が上がり，円の価値が下がったことになります。これを日本円が減価したと言います（いわゆる円安ドル高）。逆のケースとして，100円/ドルが90円/ドルに値が低下したとき，日本円が増価したと言います。

通貨価値の上昇と下落について，減価・増価という用語とともに切り下げ・切り上げという用語もあります。前者は変動レート制の下で自由にレートが決まる場合に用いられ，後者は，固定レート制の下で通貨当局がレートを固定している場合，そのレートを政策として変更する場合に用いられます。

---

[1] したがって，為替レートには対顧客レートとインターバンクレートと2種類存在します。

		単位：100万ドル
直物市場	（スポット）	36,774
先物市場	（フォワード）	16,942
	（為替スワップ）	85,915

注：1日平均取引高，円を対価とする取引
出所：日本銀行（外国為替およびデリバティブ取引に関する中央銀行サーベイ）

図7-2　外国為替市場の取引規模（2004年4月）

3　直物市場と先物市場

　以上で説明した外国為替市場には，直物相場と先物相場が存在します。直物市場とは，外貨の売買契約と同時に通貨の交換を行う市場であり，そこで決まる為替レートは直物レートと呼ばれます。また先物市場とは，契約時点と実際に通貨の交換を行う時点が異なる市場のことを言い，契約時点から交換を行うまでの期間は1週間，1ヶ月，3ヶ月…とまちまちです。先物市場で契約される相場のことは，先物レートと呼ばれます。

　先物相場は，将来の直物レートの変動による為替差損を防ぐために発展してきました。例えば，自動車の輸出業者の例を取り上げると，現在直物レートが100円/ドルで，1万ドルの自動車を輸出する契約を結び，収益として100万円見込んでいるとします。しかし実際には，契約を結んでから輸送や代金回収までに時間がかかるので，代金が回収された時点の直物レートは，（変動レート制の場合）100円/ドルであるとは限りません。もしも120円/ドルとなっていたら，取引相手業者から契約どおり1万ドル受取ったとしても，収益は約83万円となり，17万円の為替差損が発生してしまいます。このような場合に，先物市場を利用すると為替リスクを避けることができます。例えば先の輸出業者は，先物市場を利用し，自動車の輸出契約を結ぶのと同時に，先物市場でも100円/ドルで1万ドルを代金回収時の3ヶ月後に売るという契約を結びます。このようにすると，為替差損は発生しません。

　近年では，デリバティブ取引の発展で，先物市場を投機目的のために利用する場合も増えています。

III 為替レート制度と為替レート

為替レート制度には,大別すると変動為替レート制と固定為替レート制があります。制度を細かく分類すると,その他にも多種多様に存在しますが,本節では,この2つだけに焦点を当てて考えます。

1 変動為替レート制

変動為替レート制とは,民間の外貨の需給だけで為替レートが決まり,通貨当局の為替市場への介入がなく,為替レートが自由に変動する制度のことです。**図7-3**は,外国為替市場で為替レートがどのように決定されるのかを表したものです。縦軸には為替レート(ドル価格),横軸にはドルの需給額をとります。

この図は,リンゴの価格と需給関係を表した図と同じように考えることができます。リンゴの需要曲線と同じようにドルの需要曲線(DD)も,ドルの価格が上がれば需要も下がるので,右下がりの曲線,一方のドルの供給曲線(SS)は,ドル価格が上がれば供給も上がるので,右上がりの曲線として描かれています。そして為替レートは,ドルの需給が一致した均衡点Eで決まることになります。つまり**図7-3**では,均衡為替レートは100円/ドル,均衡取引額は10億ドルです。

今,何らかの理由でドルの需要が増加した場合を考えてみましょう。このときDD曲線は,D'D'曲線へ右にシフトします。均衡はE'点へ移動し,均衡取引額は増加します。また為替レートは150円/ドルとなり,円は減価(ドルは増価)します。これは**図7-4**に示してあります。

同じように,ドル供給が増加した場合を考えましょう。**図7-5**では,SS曲線がS'S'曲線へ右にシフトしています。均衡はE'点に移動するので,為替レートは80円/ドルとなります。

ドルの需要や供給は様々な要因で変化します。例えば,日本の輸出が増加した場合,他の条件を一定とすれば,日本の為替市場でのドル供給が増加す

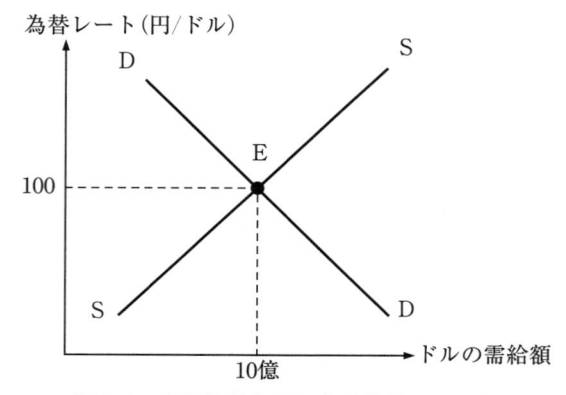

図7-3 外国為替市場：変動為替レート制

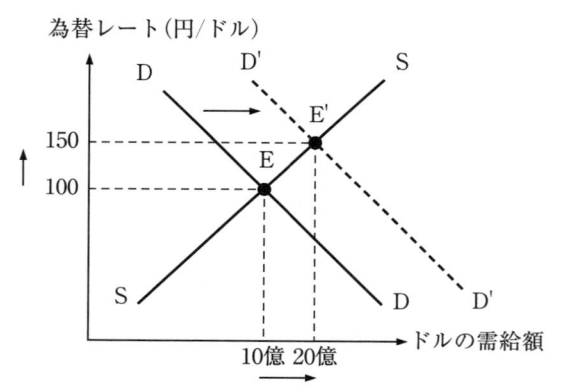

図7-4 変動為替レート制（需要のシフト）

るでしょう。またアメリカの金利が上がれば，アメリカの証券への投資が増加するため，日本の為替市場では，ドルの需要が増加するかもしれません。つまり為替レートは，外国為替市場だけで決定されるのではなく，日本や海外のマクロ経済状況によって変化することに注意する必要があるでしょう。

2　固定為替レート制

　固定為替レート制とは，為替レートが一定の水準で固定（ペッグ）されてい

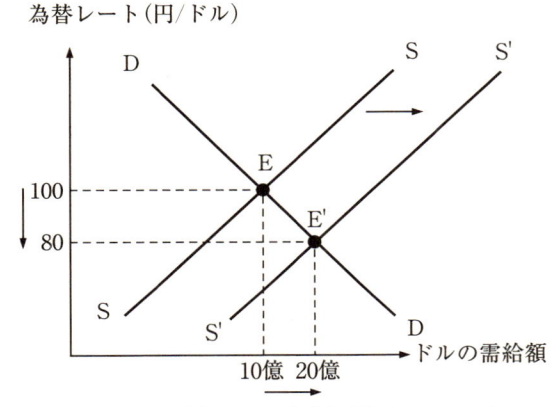

図 7-5　変動為替レート制（供給のシフト）

る制度です。固定される為替レート水準は公定レート（平価）と呼ばれ，通貨当局によって決定されます。この公定レートは，民間部門の外貨の需給によって決まる市場レートと乖離する場合が生じます。乖離が発生した場合，通貨当局は市場レートを公定レートに近づけるように市場レートを誘導する必要があります。現在，最も一般的な誘導方法は，通貨当局による為替市場介入です。

図 7-6 は，当初公定レートと市場レートがともに 100 円/ドルである場合の外国為替市場を表しています。この時何らかの理由で日本の輸入が増加したとしましょう。輸入が増加すると日本の外国為替市場ではドル需要が増えるので，DD 曲線は右シフトし，均衡点は E 点から E' 点へ移動します。市場レートは 110 円/ドルとなり公定レートと乖離してしまいます。このような場合通貨当局は，市場レートを公定レートへ誘導するために為替介入を行います。具体的には，政府保有のドル資産である外貨準備を売ることによりドル供給を増加させる売り介入を行います。これは，図 7-6 のドル供給曲線の右シフトを表します。ちょうど 10 億ドル売られたときに，均衡点が E" 点となり，市場レートと公定レートが一致します。このように，通貨当局が外国為替市場で外貨を売買することを為替介入と呼びます。

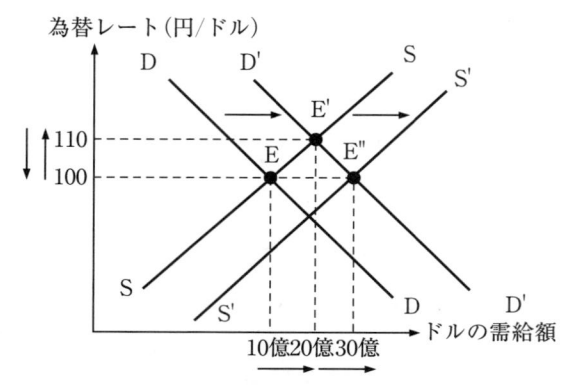

```
           為替レート(円/ドル)
              D    D'     S
                          S'
                    E'
          110    ↗
       ↓↑     E      E''
          100
          
          S
                S'       D   D'
                           ドルの需給額
                10億20億30億
```

図7-6　固定為替レート制（為替介入）

　為替介入は，固定為替レート制の下だけでなく，変動為替レート制の下でも，通貨当局が急激な為替変動を好ましくないと判断した場合や政策上の都合により行われることもあります。

3　不胎化されない介入と不胎化介入

　通貨当局が外国為替市場で為替介入を行うと外貨準備の増減が生じます。外貨準備の増減は，通貨当局のマネタリーベースを変化させます。マネタリーベース（MB）は，現金通貨（C）と日銀当座預金（BD）の和として定義されます。式で表すと

$$MB = C + BD \quad\cdots\cdots\cdots(1)$$

となります。ここで通貨当局のバランスシートを考えてみましょう。左辺が資産額，右辺が負債額となります。

$$R + DC = MB + L \quad\cdots\cdots\cdots(2)$$

　R は円建ての外貨準備を示していて，政府が保有する外国債券や外国にもつ外貨建て預金です。DC は国内信用と呼ばれる市中銀行への貸出や国債の保有額を示しています。また L は，政府預金や自己資本などが含まれます。外貨準備の増減は，為替レートの変動，利子収入，為替介入によって生じます。為替レートの変動や利子収入などは，左辺の R を変化させ，同額で右辺

第7章　国際金融　143

の L も増えることになりますが、為替介入による R の増減は、右辺の MB の増減に等しくなります。これは、通貨当局が5億ドル＝500億円（100円/ドルとして）の買い介入を行った場合を考えてみると良いでしょう。通貨当局は5億ドルを銀行から買うと、その代金として、銀行の日銀当座預金 BD に500億円支払われます。つまり、通貨当局の R が500億円増加するのと同時に、BD も500億円増加します。(1)式から、BD は MB の一部なので、MB も500億円増加します。このように、MB の変化を伴う為替介入を、不胎化されない介入（あるいは胎化介入）と呼びます。

　不胎化されない介入は MB の増減を伴います。MB の増減は信用乗数 mm を通じてマネーサプライ MS を変化させます。式で表すと、

$$MS = mm \times MB \quad \cdots\cdots\cdots\cdots\cdots\cdots\cdots\cdots\cdots\cdots\cdots\cdots\cdots\cdots\cdots\cdots\cdots\cdots(3)$$

となります。マネーサプライが変化すると、国内金利に影響を及ぼし、さらには消費や投資、物価にも影響がでるかもしれません。

　通貨当局は、マネタリーベースを変化させたくない場合、為替介入による外貨準備の増減を相殺するように国内信用を変化させます。これを不胎化介入と呼びます。これは、通貨当局が外国為替市場に介入するのと同時に、国内の貨幣（債券）市場で公開市場操作を行うものです。先ほどと同じ5億ドル＝500億円のドル買い介入を例に取りましょう。これは、左辺 R と右辺 MB を500億円増加させます。不胎化介入の場合は、これと同時に、通貨当局は、政府保有の債券を500億円分貨幣（債券）市場へ売りオペレーションを行います。これによって、国内信用 DC は500億円減少し、市中銀行は日銀当座預金 BD から代金を支払うため、500億円減少します。BD は MB の一部分ですから、マネタリーベースが500億円減少したことになります。したがって最終的に、右辺には変化がなく、左辺の R が500億円増加、DC が500億円減少となり、通貨当局の資産構成が変化しただけという結果になります。

　不胎化介入の効果には様々な議論がありますが、外国為替市場の一時的な需給ギャップを埋めることはあるかもしれませんが、為替レートの基礎的な決定要因（例えば金利やマネーサプライ、物価など）が変化しないので、その効果は小さいかもしれません。

Ⅳ 為替レートの決定理論

為替レートが，外貨の需給関係によって決定されることは先ほど説明しました。しかし，外貨の需給は一体どのようにして決まるのでしょうか？

国際間の経済取引は，モノやサービスなどに関する経常取引と，金融資産に関する資本取引の2つに分けることができます。これらの取引は，外貨の取引を伴うため，外国為替市場での外貨の需給に深く影響を与えます。本節では，経常取引に関連する購買力平価，資本取引に関連する金利平価について説明します。

1 購買力平価説

経常取引は，モノの裁定取引に基づいて行われます。裁定取引とは，簡単にいうと「安く買って，高く売る」ことによって，利鞘を得ることを言います。例えば，アメリカでリンゴが1個1ドルで売られていて，日本では200円で売られていたとしましょう。為替レートは現在100円/ドルです。輸送費や貿易関税などがなければ，アメリカでリンゴを買って日本で売れば，1個当たり100円儲かります。この利鞘に気づいた人達は，アメリカからリンゴを大量に輸入して，日本で大量に売る取引によって利益を得ようとします。これは，アメリカのリンゴ市場での需要増加，日本のリンゴ市場での供給増加を意味します。したがって，アメリカでの需要増加により，アメリカのリンゴ価格は上昇し，日本ではリンゴの供給増加によって，日本のリンゴ価格は下落します。また同時にリンゴの輸入量が増加するので，外国為替市場でドルの需要も増加し，為替レートは（円の）減価します。このような2国のリンゴ価格と為替レートの調整は，利鞘がゼロになるまで続くでしょう。これを式で表すと，アメリカのリンゴ価格を p^* ドル，日本のリンゴ価格を p 円，為替レートを S 円/ドルとすると，

$$p - p^* \times S = 0 \quad \cdots\cdots\cdots\cdots\cdots\cdots\cdots\cdots\cdots\cdots\cdots\cdots\cdots\cdots\cdots\cdots\cdots\cdots\cdots\cdots\cdots\cdots (4)$$

すなわち，左辺第1項目が，日本のリンゴ価格であり，第2項目がアメリ

カのリンゴ価格を円に換算したものです。これを変形して

$$p = p^* \times S \tag{5}$$

と表したものは,「一物一価の法則」と呼ばれ,同じ財は,世界中どこで買っても,(為替レートを考慮すれば)同じ価格になるという意味です。

　一物一価の法則は,1つの財についての法則ですが,全ての財についてこの法則が成立するならば,リンゴ価格は,1国の財の加重平均価格である物価に書き換えることができます。すなわち,自国の物価水準を P, 外国の物価水準を P^* とし,(5)式を為替レートについて解くと,

$$S = \frac{P}{P^*} \tag{6}$$

となります。この式は,為替レートが2国の物価水準,つまり,2つの通貨の購買力によって決定されることを意味し,絶対的購買力平価と呼ばれます。

　絶対的購買力説は,一物一価の法則が全ての財について常に成立しないのと同様に,常に成立するわけではありません。なぜなら,一物一価の法則では,輸送費や貿易関税などがないと仮定していましたが,全ての財についてこの仮定が成立するはずはありません。また財の中には,貿易されない財(非貿易財)も含まれているので,全ての財について国境を越えて裁定が行われるとは限らないでしょう。

　以上の絶対的購買力説が成立しない要因が常に一定であれば,(6)式を変化率に直すことで,これらの不成立要因を回避できます。為替レートの変化率を $\dot{S}$, 自国と外国のインフレ率をそれぞれ,$\dot{P}$, $\dot{P}^*$ とすると,

$$\dot{S} = \dot{P} - \dot{P}^* \tag{7}$$

となります。これは相対的購買力平価と呼ばれ,為替レートの変化率が,自国のインフレ率と外国のインフレ率の差に等しいことを示しています。

　購買力平価説 (Purchasing Power Parity Theory : PPP) は,今まで説明してきたとおり,モノの裁定取引に密接に関連しているため,財市場の均衡条件ともいえるでしょう。また購買力平価説は,物価が長期的に伸縮的であると考えれるので,長期の為替レート決定理論として知られています。

2　金利平価説

　もう一つの国際間の経済取引である資本取引は，金融資産の裁定，つまり「低い金利で資金を調達し，高い金利で運用する」ことに基づきます。国際間の資本取引を前提とすると，2つの国の資金市場の収益率を比較することになります。現在，為替レートが100円/ドル，アメリカの資金市場では年利5％，日本では1％である場合を考えましょう。ここでは単純化のために取引費用はかからず，運用金利と調達金利は等しいと仮定します。仮に，今100万円を持っていたとすると，日本の市場で運用するならば，1年後には，

$$100 \times (1+0.01) = 101 \text{万円} \quad \cdots\cdots\cdots(8)$$

となります。一方，アメリカの資金市場で100万円を運用するためには，まず直物市場で100万円を1万ドルと交換して（ドル買い注文）から投資します。1年後には，金利が5％つくので，

$$\frac{100\text{万円}}{100\text{円／ドル}} \times (1+0.05) = 10{,}500 \text{ ドル} \quad \cdots\cdots\cdots(9)$$

となるはずです。しかし，このままでは通貨の単位が異なるので比較できません。したがって，先物市場で1年後のドル売りの契約を行います。先物市場では1年後の先物為替レートが90円/ドルであったとすると，アメリカの市場で1年後運用した場合の円に換算された収益は，

$$\frac{100\text{万円}}{100\text{円／ドル}} \times (1+0.05) \times 90 \text{円／ドル} = 94.5 \text{万円} \quad \cdots\cdots(10)$$

となります。(8)式と(10)式を比較すると，この例では，アメリカで資金運用するより，日本で運用したほうが利益が多く，またアメリカで資金を借りて日本で投資すれば，6.5万円の利鞘がでます。このような裁定機会があれば，アメリカでの資金需要が増加するためアメリカの金利は上昇し，日本では資金供給が増加するので日本の金利は下落するでしょう。さらに，現在の直物為替市場では，ドルの需要が増加するため直物為替レートは減価（ドル価格の上昇）し，先物為替市場では，ドル供給が増加しますので先物為替レートは増価する（ドル価格の下落）でしょう。このような価格調整は，利鞘がゼロになるまで続きます。つまり最終的には，為替レートを考慮すると，日本で運用し

てもアメリカで運用しても利益は等しくなり，均衡状態に到達します。

このことを一般的にいうために，自国の金利を i，外国の金利を i^*，現在の直物為替レートを S，1年後の先物為替レートを F とすると，次のようになります。

$$(1+i) = (1+i^*)\frac{F}{S} \quad \cdots\cdots(11)$$

この式は，左辺は自国で運用した場合の収益率，右辺は外国で運用した場合の収益率を自国通貨に換算したものを表していて，両者が等しいことを示しています。また，この式を線形近似し，

$$i - i^* = \frac{F-S}{S} \quad \cdots\cdots(12)$$

としたり，右辺だけ対数を使って近似し，

$$i - i^* = \log F - \log S \quad \cdots\cdots(13)$$

と表したりすることもあります。(11)式，(12)式，(13)式は，先物市場を利用して為替の変動リスクをカバーしているという意味で，「カバーありの金利平価 (Covered Interest Rate Parity：CIP)」と呼ばれます。

また，先物為替市場を利用するかわりに1年後の予想直物為替レート S^e を利用した裁定取引では，F を S^e に変えて，

$$(1+i) = (1+i^*)\frac{S^e}{S}$$

$$i - i^* = \frac{S^e - S}{S}$$

$$i - i^* = \log S^e - \log S$$

となります。これらの式は，為替リスクにさらされたままという意味で，「カバーなしの金利平価 (Uncovered Interest Rate Parity：UIP)」と呼ばれます。但しここでは，投資家は為替リスクに対して無関心である（危険中立的）と仮定されています。

金融資産などの資本取引は，モノの移動を伴う経常取引とは異なり，コンピュータネットワーク回線でつながっている資金市場と為替市場の決済だけ

で行われます。そのため取引にかかる所要時間は非常に短いと考えられます。その意味で金利裁定は，短期の為替レート決定理論といわれています。

（佐藤綾野）

第8章

家計行動の理論

　前章までは，国民所得の決定理論など経済を全体的にとらえて分析を行う手法を中心に説明してきたが，経済全体は，その中で活動する個々の消費者や生産者の経済活動の集合として成り立っている。

　そこで，本章からしばらくの間，個々の経済主体に着目する，ミクロ的な視点の経済理論を紹介していく。まず，本章では，経済理論全体の土台と言える需要・供給の法則を概観した後，個々の消費者がどのような経済法則に基づき消費行動を決定するのかを見ていこう。

I　見えざる手

1　はじめに

　熟れたリンゴが「万有引力の法則」に従って落下するように，私たちの社会生活は「需要・供給の法則」に支配されている。リンゴは落下するとき，万有引力の法則は考えないだろう。そして，私たち自身も社会生活を営むうえで，普段，需要・供給の法則を意識することはないだろう。しかし，私たちがスーパーマーケットでなにげなくリンゴを手にするときも，確実に経済法則は働いている。

　なぜ，今年のリンゴは例年に比べて安い（または高い）のか，そして，そもそもりんごの値段はどのようなメカニズムで決定されるのか，また，子供の時は輝いて見えたビー玉に，今は，当時のような輝きを感じられないのはなぜか，これらの疑問に対する答えを，需要・供給の法則は明確に示してくれる。

　経済学は需要供給の法則に始まり，需要供給の法則に終わると言われ，この法則の名前を知っていれば，鳥のオウムでも経済学者になれるという話ま

である。つまり,「日本経済はなぜデフレから脱却できないのか」,「失業問題が解消しないのはなぜか」,「原油価格の高騰はなぜ起こるのか」,これら全ての経済問題に対する答えは,「それは需要・供給の法則が原因である!」とオウム返しをすれば事足りるのである。もちろん,以上は極論であり,理解のない知識からは議論を発展させることはできず,問題の解決に至ることはできない。私たちは,日々の社会生活の身近な疑問から,世界経済全体に関わる問題解決の道筋を考えるために,需要・供給の法則を理解する必要がある。

我々の暮らす現代社会は,発展途上国のみならず先進国にも依然として存在する貧困の問題や,地球規模で深刻化の一途をたどっている環境問題など,様々な問題に直面している。歴史上,私たち人類は様々な困難を知識の蓄積を通して克服してきた。問題解決の第一歩はその原因を探ることから始まる。人類は様々な物理法則の知識を蓄積することを通して,現在では宇宙にまで到達できる時代を迎えている。同様に,様々な経済法則の解明によって,我々はより豊かな社会生活を享受することができるのではなかろうか。以下に,経済法則の中心をなす需要・供給の法則を簡単に紹介しよう。

2 需要・供給の法則

図8-1は,需要・供給の法則を簡潔に示しており,この図を通して,様々な経済現象を分析することができる。この図の背後にある詳細なメカニズムの説明は後の章で行うことにして,ここでは,この図の意味することはなにかについて明らかにしていく。まず,図の縦軸は,ある市場で取引される財やサービスの価格,横軸はその取引数量(需要量,供給量)を示す。そして,その中に2本の曲線(図中では簡略化のため直線で示されているが,以後表記を曲線で統一する)が記されている。右下がりの曲線は消費者(需要者)の行動原理を示す需要曲線であり,右上がりの曲線は生産者(供給者)の行動原理を示す供給曲線である。両者の行動原理とは何だろうか。簡単に言えば,消費者は安いお店に集まり,生産者は高く売れる地域に多く出店するというものである。

図中の両曲線をみると,市場価格が比較的高い水準(P_1)のときは,その財・サービスに対する供給量(Q_2)は,需要量(Q_1)を超過することが読み取れる。

第8章 家計行動の理論　151

図8-1　需要・供給の法則

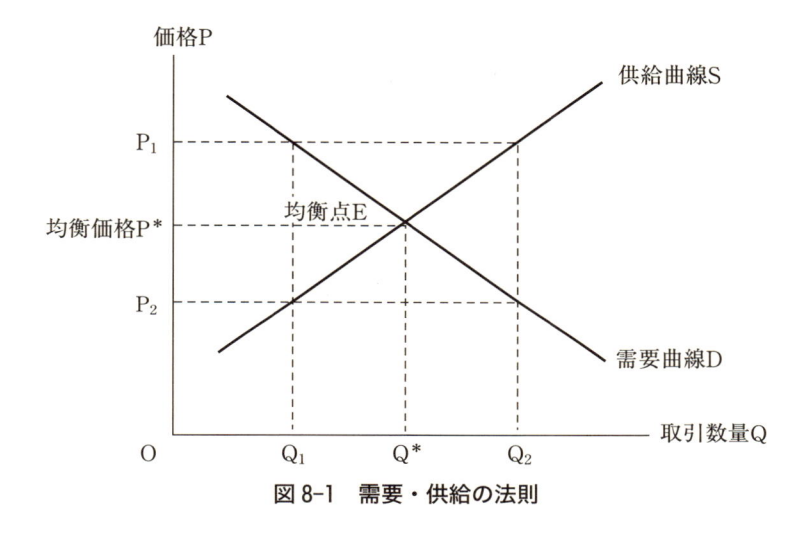

逆に，市場価格が比較的低い水準（P_2）のときは，その財・サービスに対する需要量（Q_2）は，供給量（Q_1）を超過することが読み取れる。以上は，例えばあるスーパーマーケットでのリンゴの販売価格が他店に比べ高い場合（同様に仕入れ価格も高いとする），リンゴ生産者はそのスーパーに多く供給しようとするが，消費者の多くは他の果物を購入するか，他店で購入するかし，結局，そのスーパーでは，リンゴが売れ残ってしまうということをあらわしている。そして，逆のケース（販売価格が比較的低い場合）では，消費者の需要を供給が満たすことができず，品不足が発生することをあらわしている。

さて，長期的に市場価格はどのような水準に落ち着くであろうか。一般的に，ある商品の価格は，その商品が売れ残れば下降し（バーゲンセールなど），品薄になれば上昇する。このように，価格の動きはある方向性を持つ。その価格の向かう先が図中の均衡価格（P^*）である。均衡価格とはある財やサービスに対する需要量と供給量をちょうど均衡させる価格水準を示し，図中では需要曲線と供給曲線の交点（均衡点：E）における価格水準となっている。均衡価格のもとでは売れ残りも品不足もない理想的な状態が達成されている。

以上に示したように市場には，売れ残れば価格が低下し，品不足であれば

価格が上昇し，需要と供給をバランスさせようとする見えない圧力が存在する。これがいわゆるアダム・スミスの見えざる手であり，現代的表現では需要・供給の法則である。この見えざる手の存在を知ると，世の中の何が見えてくるだろうか。次に，有名な「水とダイヤモンドのパラドックス」を通じて，現代社会のおかれた状況を眺めてみよう。

例題 ある財に対する需要曲線および供給曲線の式がそれぞれ $Q_D = 1000 - P$，$Q_S = P$ で与えられるとして，この財の均衡価格：P^*を求めなさい。
（P：価格，Q_D：需要量，Q_S：供給量）

解答 均衡条件（$Q_D = Q_S$）によって均衡価格は以下のように導かれる。
$1000 - P = P \quad \rightarrow \quad P^* = 500$

3　水とダイヤモンドのパラドックス

1）水とダイヤモンドのパラドックス

　私たちは一般に，価格の高い商品は価値が高いと考える。ここで，水とダイヤモンドの価格を比較してみよう。水には「湯水のごとく何かを浪費する」という言葉があるとおり，その価格は非常に低い。一方で，ダイヤモンドは高価なものの代名詞となっている。それでは，水はダイヤモンドに比べ，価値が低いのだろうか。多くの人はそれを否定するだろう。仮に，ダイヤモンドはなくても私たち人間は生きていけるが，水がなければ大抵の人は一週間と生きていられないだろう。人間が生きていく上で本当に大切なものはダイヤモンドではなく水である。それでは，なぜ，大切な水が非常に安値で，生きていく上でそれほど必要性のないダイヤモンドが非常に高値で市場取引されるのだろうか。その答えは需要供給の法則が示してくれる。

　図 8-2 には，2 組の需要曲線と供給曲線が描かれている（ただし，水とダイヤモンドの数量の比較は質量，体積などいずれを用いても議論の本質に影響はないので，ここでは明確にしない）。まず，需要曲線から見ていこう。ダイヤモンドに対する需要曲線は原点に近い左方に位置し，水に対する需要曲線は原点から離れた

第8章　家計行動の理論　153

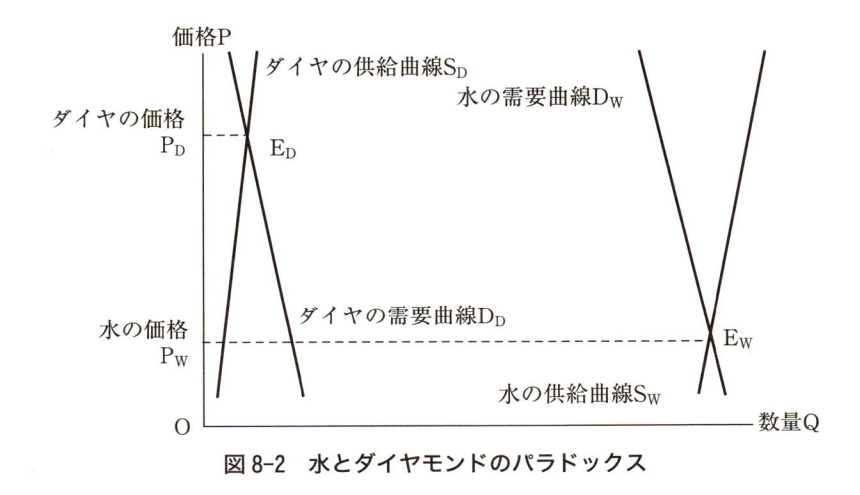

図8-2　水とダイヤモンドのパラドックス

　右方に位置している。前述の通り，需要曲線はある財に対する価格と需要量の関係を示しているので，これは，任意の価格水準のもとで，水に対する需要はダイヤモンドに対する需要を遥かに上回ることを意味する。つまり，私たちは普段の暮らしの中で，水分を口にしない日はないが，逆にダイヤモンドはそう頻繁に必要とされるものではないという事実を示している。

　実は，水とダイヤモンドのパラドックスの問いかけはこの部分を述べているにすぎないのである。私たちはダイヤモンドとは比較にならないほどの水を必要としている。これは厳然たる事実である。しかし同時に，価格を決定するのは需要・供給の法則である。需要曲線に供給曲線を重ね合わせなければ価格を論じることはできない。そこで，次に供給曲線を見てみよう。

　水は，川に行けばたくさん流れているし，雨としても天から降ってくる。まさに湯水のごとく豊富に供給されている。一方，ダイヤモンドは，いくら海岸できれいな石拾いをしても，まず見つからないだろう。ダイヤモンドは地球上の限られた地域からごく微量しか供給されない鉱物である。つまり，水の供給曲線は図中の右方に位置し，ダイヤモンドの供給曲線はゼロに近い左方に位置するといえる。以上により，水とダイヤモンドそれぞれの均衡点

(E_W, E_D) が図中のように示される。そして，水の均衡価格は低水準で，ダイヤモンドの均衡価格は高水準であることが当然のこととして示されている。

2）水とダイヤモンドのパラドックスと現代社会

　水とダイヤモンドのパラドックスは需要・供給の法則を使えば簡単に説明がつくことを以上で示したが，ここには非常に重要な真理が隠されている。それは，価値と価格は必ずしも一致しない，特に，全く性質の異なる財を比較するときには，価格は価値尺度としては役に立たないというものである。水とダイヤモンドのパラドックスは，価格を決定するのは，その財の価値ではなく，供給の需要に対する相対的希少性であるという事実を教えてくれる。

　この事実は簡単な例で確認できる。ある富豪が従者を連れて砂漠を旅しているとき遭難してしまったとしよう。そして，倹約の習慣のない富豪は自分の飲み水を数日で飲みきってしまい，従者はその時点でいくらかの飲み水を残していた場合どのようなことが起こるだろうか。おそらく，富豪はコップ一杯の水に莫大な財産を差し出すだろう。

　水とダイヤモンドのパラドックスは現代社会に対しても重要なことを教えてくれる。現代社会では，地球温暖化による気候変動や，農薬の使用などにより，飲み水がその希少性を急速に高めている。この事実は，図中では水の供給曲線が年々，左方に移動することを意味している。この結果，均衡点は年々，左上に移動していく。均衡点の上方への移動は，均衡価格の上昇を意味する。図からも明らかなように，水の均衡価格は簡単にダイヤモンドの均衡価格を飛び越える。砂漠では金銀財宝は何の意味もなさない。私たちの社会は今まさにそのような状況に急速に向かっている。このような私たちの社会にはどのような未来が待ち受けているのだろうか。私たちの社会にとって本当に必要なものは何かを真剣に問い直すべき時期に来ているのではなかろうか。

　以上で，需要・供給の法則によって，私たちの社会の何が見えてくるのかを紹介したが，これより，本章では，消費者の行動理論を紹介し，需要曲線の背後にあるメカニズムを明らかにしていく。

第8章　家計行動の理論

II　効用と無差別曲線

1　効　用

　私たちは何のために消費行動をとるのであろうか。経済学的にはある財やサービスから効用（utility）を得るためと言える。ここで言う効用とは，単純には消費から得られる喜びと考えることができる。そして，この効用には基数的効用（cardinal utility）と序数的効用（ordinal utility）がある。基数的効用とは，人それぞれの効用の大きさをある数値で表すことができるとするものであり，序数的効用とは効用は値そのものには意味がなく，順序だけが意味を持つとするものである。例を挙げると，ある人がケーキを買おうとするとき，イチゴケーキは10の効用をもたらし，チーズケーキは15の効用をもたらすというように効用を数値化して表現できるという考えが基数的効用である。一方，序数的効用では，その人にとってはイチゴケーキよりもチーズケーキの方がより高い効用をもたらすというような選考の順序の情報を与えるのみである。

　私たちは買い物をするとき，どの商品が一番自分の好みにあうかの順序づけはよく行うが，ある商品からの効用を数値化することはあまりしない。この点から，序数的効用がより現実的であるといえるが，効用理論の基本的な考え方を理解する上で便利な基数的効用から説明し，その後，序数的効用を使って消費者行動理論を展開していく。

2　基数的効用理論：総効用と限界効用

　私たちの消費行動と効用の変化を考えよう。私たちがケーキを消費するとき，私たちの効用にはどのような変化が見られるだろうか。ただし，ここではケーキの消費への費用負担はゼロとする。つまり，出費を気にせず，心ゆくまでケーキを堪能できる状況を想定する。

　ケーキを一つ食べるとある水準の効用を得る。この効用水準は人によってまちまちであり，ケーキが大嫌いな人ではマイナスの値もとり得るが，ここ

では比較的ケーキの好きな人の場合を考える。この人は一つ目のケーキをおいしくいただき，ある水準の効用を得たとする。続いて，二つ目のケーキを食べた場合の効用はどうなるだろうか。おそらく，一つ目のケーキに比べ，得られる効用は少し低下しているだろう。なぜなら，一つ目を食べるときよりも空腹感は薄れているからである。三つ目から得られる効用はさらに減少するだろう。次の一個から得られる効用の減少はケーキの消費を拡大する限り続き，いつかはケーキの消費から得られる効用がマイナスになってしまうだろう。つまり，タダでもケーキはもう食べたくないという状態である。

以上で説明した，次の一個から得られる効用のことを経済学では限界効用 (marginal utility) と呼ぶ。ケーキの消費による限界効用の推移を示したのが図8-3 の(a)である。図中には，1つ目のケーキからは比較的高い効用を得るが，消費の拡大につれて限界効用は低下し，ついにはマイナスになる様子が示されている。このように，ある財の消費を拡大する際，限界効用がだんだんと低下していく性質を限界効用逓減の法則と言う。

そして，一つ一つのケーキから得られる限界効用を足し合わせていったものが総効用であり図8-3 の(b)に示されている。図からも明らかなように，総効用は限界効用がプラスのうちは増加し，限界効用がマイナスになった時点で，減少方向に転じる。ただし，総効用がマイナスになるためには，それまでに蓄積された効用を打ち消すだけの不効用が発生しなければならない。

3　序数的効用理論：無差別曲線

追加的一個のイチゴケーキは追加的一杯の紅茶の2倍の効用をもたらすとは，いったい何を意味するのだろうか。またイチゴケーキの効用が3であるなどと表記することに現実性はあるのだろうか。これら概念上の諸問題のため，経済学者は幸福の尺度としての効用の測定の代わりに，消費者選好（消費者の好みの順序）の観点から，消費者行動理論を構築してきた。イチゴケーキとチーズケーキのどちらが好ましいか，または団子と比べたらどうかなどは私たちが日常接する問題であり，これが，序数的効用理論の基本的な考え方である。

(a) 限界効用

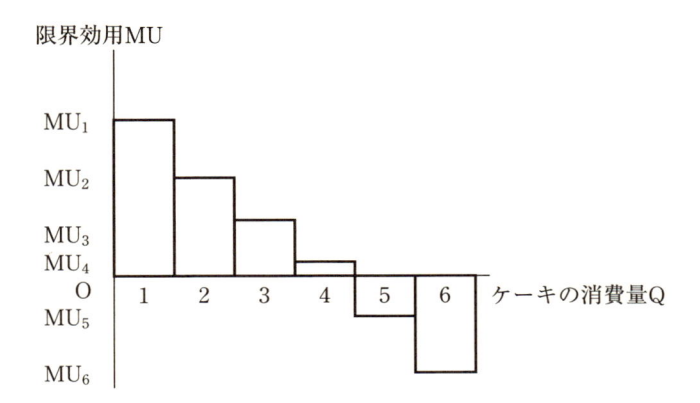

限界効用MU

MU_1
MU_2
MU_3
MU_4
O 1 2 3 4 5 6 ケーキの消費量Q
MU_5
MU_6

(b) 総効用

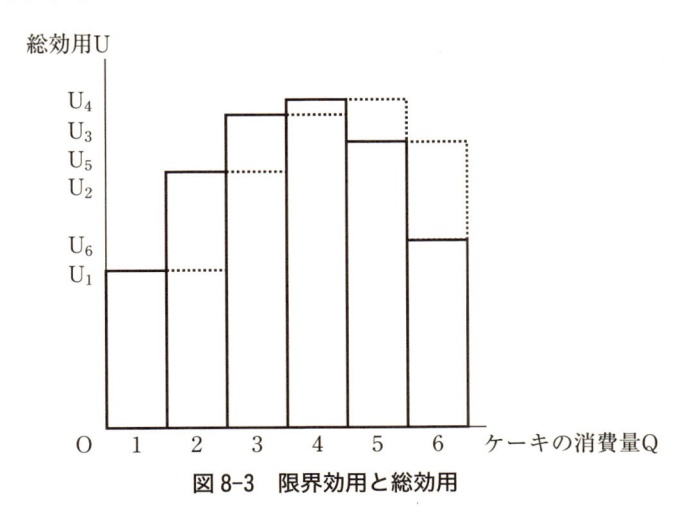

総効用U

U_4
U_3
U_5
U_2

U_6
U_1

O 1 2 3 4 5 6 ケーキの消費量Q

図 8-3　限界効用と総効用

　今,ある人がケーキバイキングに行き,そこでは,ケーキと紅茶を好きなだけおかわりできるとしよう。このとき,ケーキと紅茶の消費水準と,この人の効用水準の関係を示したものが図 8-4 に示されている。

　図 8-4 の(a)は,ケーキと紅茶の消費水準とこの人の効用水準の関係を,地

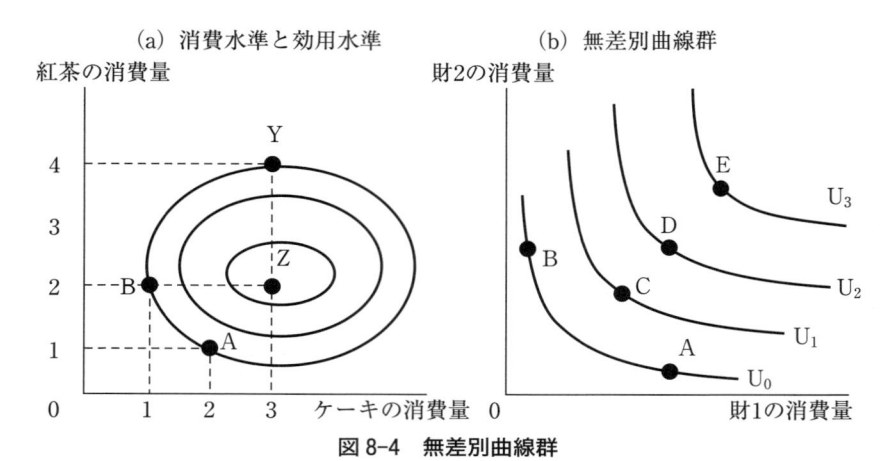

(a) 消費水準と効用水準　　　　(b) 無差別曲線群

図8-4　無差別曲線群

図で山を表記するときに用いられる等高線のようなものを使って示した図である。つまりそれぞれの線分は山の標高を表すようにこの消費者の効用水準を示している。すると、この消費者の効用が最大になる消費水準はケーキを3個、紅茶を2杯消費した時（図中Z点）であることがわかる。

また、この図より、この消費者にとって、ケーキを2個、紅茶を1杯消費したとき（図中A点）と、ケーキを1個、紅茶を2杯消費（図中B点）したときの効用水準は無差別、つまり、どちらも同じ満足度になることがわかる。さらには、ケーキを3個、紅茶を2杯消費（効用最大消費水準）した後、調子に乗ってさらに紅茶を2杯おかわりすると（図中Y点）、その時の満足感は、前述のA点、B点で示される消費水準の時と同程度まで減退してしまう。つまり、紅茶を飲み過ぎて少し気持ち悪くなった分、満足感が減少してしまったのである。

以上、ある消費者の消費選好の様子を示す図を紹介したが、一般に経済学では制約なしの効用最大水準を議論することはない。なぜなら、欲求が無制限に満たされる世の中には経済問題は存在せず、現実社会でもそのような状況はほとんどない。そして、むしろ希少な財をいかに社会に分配するかが経済学の主題だからである。そこで、経済学では一般に、消費者の消費選好を

グラフ化する際は先ほどの**図 8-4**(a)図の効用飽和点（Z 点）より左下の領域のみを抜き出した**図 8-4**(b)のような図を用いる。この図中のそれぞれの曲線は，無差別曲線と呼ばれ，それぞれの無差別曲線上で示される消費水準は全て同一効用水準になる。例えば，同一無差別曲線 U_0 上にある消費水準 A（財 1 は大量に消費し，財 2 は少量しか消費しない状態）と消費水準 B（財 1 少量，財 2 大量）は，ともに全く同じ水準の効用を消費者に与える。そして，**図 8-4**(a)図との対応から明らかなように，消費水準が A → C → D → E と，右上の無差別曲線に位置するほど，その時の消費者の効用水準は高くなる。

以上で紹介した無差別曲線には通常，以下の 5 つの性質がある。

(1) どの消費水準においても，その点を通る無差別曲線が存在する。つまり，無差別曲線は無数に存在する。（ただし，この性質は各財が無限に分割できることを前提としている。）
(2) 無差別曲線は右上に行くほど（原点から遠ざかるほど），高い効用水準に対応する。
(3) 無差別曲線は右下がりである。なぜなら，効用を保つためには，片方の財の消費の減少は他方の財の消費の増加が不可欠だからである。
(4) 無差別曲線は互いに交わらない。
(5) 無差別曲線は原点に対して凸型である。（この性質を理解するためには，限界代替率逓減の法則を理解する必要がある。）

III 限界代替率と種々の無差別曲線

1 限界代替率（MRS）

無差別曲線の傾きは消費者が進んで，ある財を他の財と交換するような交換比率を表している。そして，この無差別曲線の傾きの絶対値（数値から符号を除いた値）を限界代替率（marginal rate of substitution）という。経済分析において，グラフの傾きの概念は非常に重要であり，今後も様々な場面で登場する。そこで，限界代替率の説明の前に，傾きとは何かをここで簡単に整理しておこう。

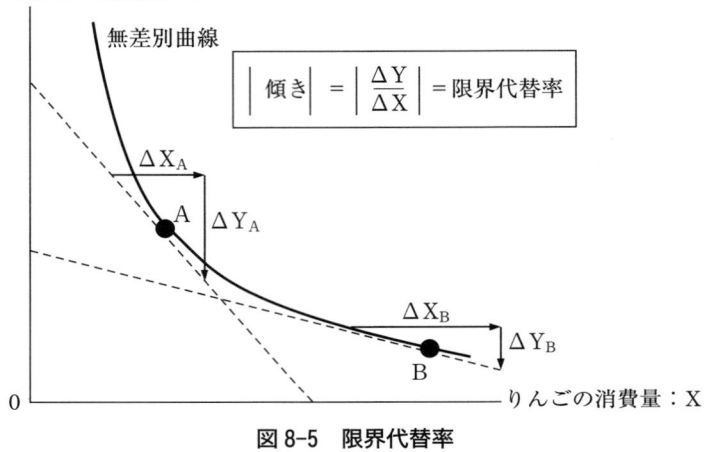

みかんの消費量：Y

無差別曲線

$$\left|傾き\right| = \left|\frac{\Delta Y}{\Delta X}\right| = 限界代替率$$

ΔX_A
A
ΔY_A

ΔX_B
ΔY_B
B

0 　　　　　　　　　　　　　　りんごの消費量：X

図 8-5 　限界代替率

　傾きとは，直感的には，その名の通り，坂が急だとか緩やかだとか言うときに使う傾斜と同じものであるが，数学的な傾きは数値で表される。ある線分の傾きは，その線分が右上がりならプラス，右下がりならマイナスの符号を持ち，傾斜が急になればなるほど，その傾きの数値の絶対値は大きくなる。具体的な傾きの定義としては，XY平面では以下のようになる。

$$傾き = \frac{\Delta Y}{\Delta X}$$

　ここで，ΔX は X の変化量を示し，ΔY は Y の変化量を示す。つまり，傾きの値は，X軸（グラフの横軸）方向に1単位進んだときに，Y軸（グラフの縦軸）方向に何単位移動するかで計る。例えば，傾きの値が1なら，横に1単位進んだとき，縦に1単位上昇する傾斜（右上がり45度）であり，傾きがの値が−10の場合は，横に1単位進んだとき，縦に10単位下降する傾斜となる。早速，無差別曲線で確認してみよう。

　図 8-5 では，例として，財1にりんご，財2にみかんをとって，ある人の無差別曲線を示している。図中の A で示される消費水準から見てみよう。点 A での傾きはどうなるだろうか。実は曲線の傾きは，直線と違い一定で

はない。この無差別曲線を見ても明らかなように，左上から右下に無差別曲線上を移動するにつれ傾きは緩やかになっている。曲線上の各点における傾きの値はその点での接線の傾きとして求められる。つまり，この無差別曲線の点 A における傾きは，その接線の傾きであり，$\Delta Y_A / \Delta X_A$ となる。これは，点 A の消費水準のもとで，効用水準を一定に保つための（同一無差別曲線上に留まるための）交換比率を意味する。つまり，この個人は，点 A の消費水準では，りんごを ΔX_A 個得られれば，みかんを ΔY_A 個手放しても，効用水準を一定に保つことができる。例えば，$\Delta X_A = 1$，$\Delta Y_A = -1$ であったとすると，この消費水準での限界代替率は 1（$\Delta Y_A / \Delta X_A$ の絶対値）となり，効用を一定に保つ交換比率は 1 対 1 であることになる。

一方，点 B の消費水準ではどうだろうか。点 B では点 A に比べて，りんごを多く消費し，みかんの消費は少なくなっている。そして，そのときの限界代替率は $\Delta Y_B / \Delta X_B$ の絶対値である。この値は明らかに，点 A における限界代替率よりも小さい。仮にこの値を 1/2 として話を進める。限界代替率が，消費者の効用を保つ財 1（りんご）と財 2（みかん）の交換比率を表すことは先ほど説明したが，これは，財 1 の財 2 に対する相対的評価と解釈することができる。この解釈を使って，点 A と点 B の状態を比べてみよう。点 A ではみかん 1 個の価値とりんご 1 個の価値はこの消費者にとってほぼ同等である（1 対 1 の交換比率）。しかし，点 B の状況では，みかん 1 個の価値はりんご 2 個分に相当する。つまり，点 B では，みかんの価値はりんごの 2 倍になっている。

以上から，限界代替率（無差別曲線の傾きの絶対値）と 2 財の相対的評価の関係をまとめると以下のようになる。財 1（りんご）の消費が財 2（みかん）に比べ多くなるほど，限界代替率は小さくなる。つまり，財 1（りんご）の財 2（みかん）と比べた価値は低下する。これは，毎日りんごばかり食べていると，りんごには飽き飽きしてきて，みかんが欲しくなってくる状態を示している。以上のような消費者の性質を限界代替率逓減の法則と言う。無差別曲線の原点に対する凸性は，この限界代替率逓減の法則をあらわしたものである。

　　　　(a) 完全代替財　　　　　　　(b) 完全補完財
　1万円札　　　　　　　　　　　左足の靴

　　　　　　　　　　千円札　　　　　　　　　　　　右足の靴

　　　　(c) X財の効用がゼロ　　　　(d) X財の効用が負
　お金　　　　　　　　　　　　心地よい音楽

　　　　　　　　　お金以外の財　　　　　　　　　　　騒音

図 8-6　種々の無差別曲線

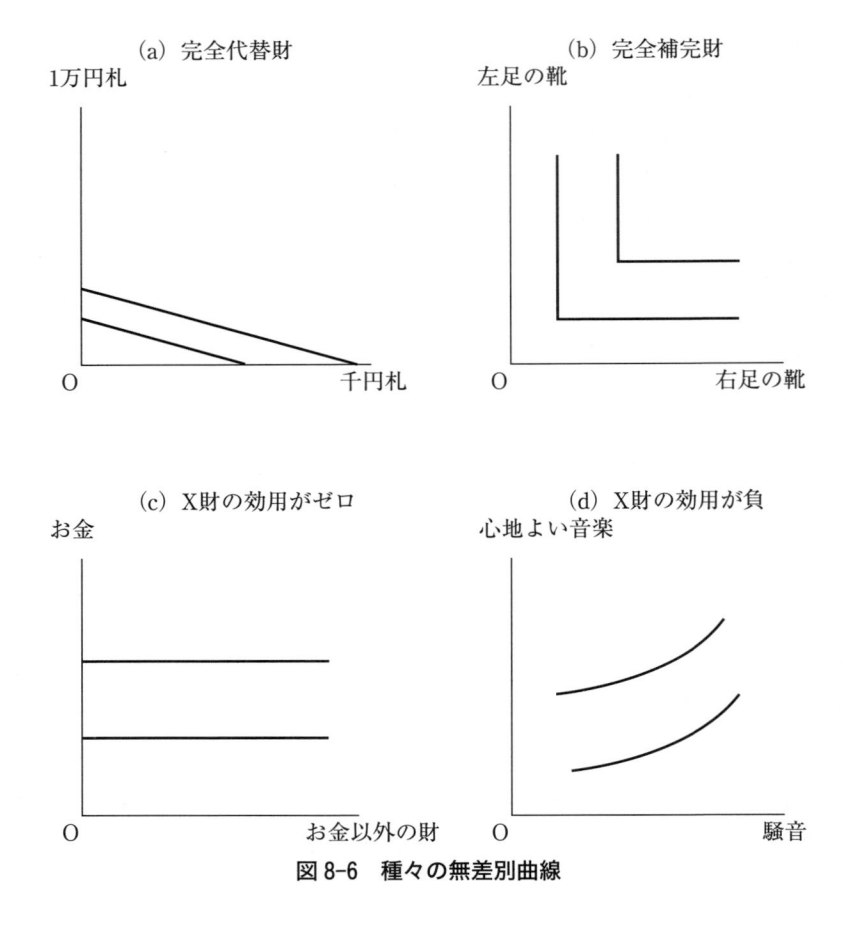

2　種々の無差別曲線

　無差別曲線はある消費者の選好をグラフ化したものであり，その傾きの大きさ（限界代替率）によって，この消費者のある消費財に対する相対的評価を知ることがでることは既に説明した通りである。好みは人それぞれというように，この無差別曲線も一人一人固有の形状があり，さらには，特定の個人においても時間とともに変化していくのが通常である。

　無差別曲線からは，財の相対的評価以外に何を読み取ることができるだろ

うか。ここでは，無差別曲線と消費者の選好の関係をより深く理解してもらうために，極端なケースの無差別曲線をいくつか紹介する（図 8-6）。

(a)図は，財 1 に千円札，財 2 に 1 万円札をとった場合の無差別曲線の形状を示している。紙幣は，様々な財の価値尺度として使用される場合が多いが，紙幣それ自体も間接的に効用を与える財の 1 種と考えることができる。千円札 10 枚と 1 万円札 1 枚はどちらの与える効用が高いだろうか。財布の中でかさばる，またはかさばってほしいなどの好みを無視すれば，その交換価値は等価である。つまり，千円札と 1 万円札の効用を一定に保つ交換比率は常に一定であり（限界代替率一定），無差別曲線は直線となる。このような財の関係を完全代替財（perfect substitutes）の関係にあるという。

(b)図は，(a)図の逆のケースであり，完全補完財（perfect complements）の関係を示す無差別曲線である。靴は 1 足そろってその機能を果たす。右足だけの靴では，その消費から効用を得ることはできない。また，右足の靴が 10 個あっても左足の靴が 7 個しかなければ，それらから得られる効用は靴 7 足分となる。以上の説明と L 字型の無差別曲線の形状の関係をしっかりと確かめてほしい。

(c)図は，お金以外のものには全く興味のない，いわゆる守銭奴の無差別曲線を示している。お金が増えれば効用水準は上昇していくが，お金以外の財が手に入っても，この人の効用を上昇させることはできない。このように効用水準に全く影響を与えない財を中立財（neutral good）という。

(d)図は，一方の財が負の効用をもたらす場合の無差別曲線を示す。心地よい音楽の消費は個人の効用を上昇させるが，騒音は増加すればするほど効用水準は低下する。このような消費が効用の低下をもたらす財をバッズ（bads）という。

IV 予算制約と最適消費行動

1 予算制約

私たちは欲望のままに財やサービスを消費できる訳ではない。誰でも欲し

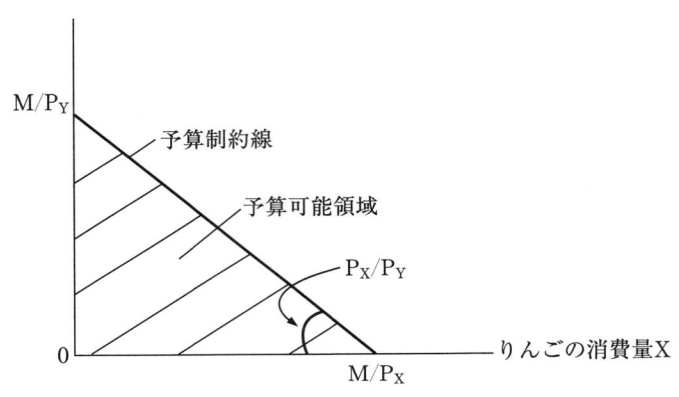

図 8-7　予算制約線と予算可能領域

いものはたくさんあるだろうが，そのすべてを手に入れることはできない。私たちは限られた予算の中で，一番満足できる財を選択する問題に日々直面している。この予算制約の問題を以下に見ていこう。

　ある消費者のひと月あたりのデザートに対する予算額を M とし，単純化のため，この消費者はデザートとしてはりんごとみかんしか消費しないものとして話しを進める。りんごとみかんの価格と消費量をそれぞれ P_X, P_Y と X，Y とする。この消費者はひと月あたりいくつのりんごとみかんを消費できるであろうか。予算を限界一杯まで使い切った時の2財の消費水準の組み合わせを示した線が予算制約線である（図 8-7）。予算制約線を示す式は以下のようになる。

$$M = P_X X + P_Y Y \qquad \left(Y = -\frac{P_X}{P_Y}X + \frac{M}{P_Y}\right)$$

そして，図中斜線で示した，原点からこの予算制約線までの領域を消費可能領域という。消費者は，この消費可能領域内であれば，自由に財の消費水準を決定することができる。

　予算制約線の性質を簡単にまとめておこう。

(1) 予算制約線の傾きは2財の価格比（$-P_X/P_Y$）であたえられる。

(2) 予算制約線のY切片はM/P_Y, X切片はM/P_Xであたえられる。

以上の性質より，予算と価格の変化が予算制約線に与える影響は次のようにまとめられる。

(1) 財Xの価格低下（上昇）→予算制約線のX切片の右方（左方）移動
(2) 財Yの価格低下（上昇）→予算制約線のY切片の上方（下方）移動
(3) 予算の増加（減少）→予算制約線の右上方（左下方）への平行移動
(4) 財の価格低下（上昇）と予算の増加（減少）は消費可能領域を拡大（縮小）させる。

例題 Aさんが1週間分の食後のデザートをスーパーに買いにいったとする。Aさんはデザートにはりんごかみかんと決めていて，りんごは1個100円，みかんは1個50円で販売されているとする。Aさんの予算が1,000円のときの，Aさんの予算制約式を求めなさい。ただし，りんごの消費量をX，みかんの消費量をYとする。

解答 $1,000 = 100X + 50Y$

2 最適消費行動

ある消費者が限られた予算の中で，一番満足できる財を選択する問題は，予算制約線と無差別曲線を使って分析できる。前節の例に倣って，ある消費者のりんごとみかんの最適消費問題を考えよう。図8-8には，今までに紹介した予算制約線と無差別曲線が一緒に示されている。

先に説明した通り，この消費者は予算制約線の線上も含む内側（消費可能領域）では自由に消費点を選択できる。つまり，りんごとみかんを一つも消費しないという選択（原点O）から，予算を全て使い切った消費水準（予算制約線上）までを自由に選択することが可能である。

この予算制約の中で，この消費者の満足度（効用）を最大にする消費水準はどこだろうか。消費者の満足度は，この図中では無差別曲線によって示され，既に説明した通り，図中右上に位置する無差別曲線ほどより高い効用水準を

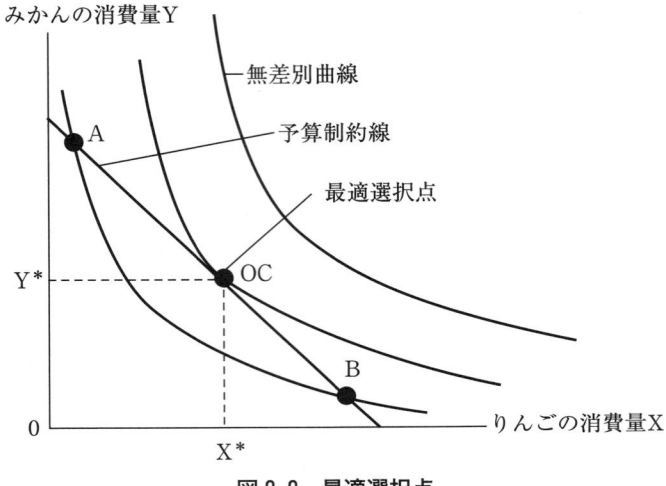

図 8-8 最適選択点

表している。つまり、図中の OC で示される点において、この消費者が予算内で効用を最大にする消費水準、つまりこの消費者にとっての最適選択（optimal choice）が示される。（りんごの消費量：X^*, みかんの消費量：Y^*）。ちなみに、消費点 A および B では予算は全て使い切っているが、明らかに消費点 OC よりも効用水準は低い。

次に、最適選択点の性質を見てみよう。図から明らかなように、最適選択点では予算制約線と無差別曲線が接している。つまり、両曲線の最適選択点における傾きは等しい。そして、予算制約線の傾きの絶対値は2財の価格比（P_X/P_Y）に等しく、無差別曲線の傾きの絶対値は限界代替率（$\Delta Y/\Delta X$）と等しいので、最適選択点では以下の関係が成り立つ。

$$限界代替率 = \left|\frac{\Delta Y}{\Delta X}\right| = \frac{P_X}{P_Y}$$

例題 A さんのりんごとみかんへの選好をあらわす効用関数が U = XY（U：効用, X：りんごの消費量, Y：みかんの消費量）であらわされ、りんごは1個

100円,みかんは1個50円,そして,予算が1000円の場合,Aさんのりんごとみかんに対する最適消費量を求めなさい。

解答 予算制約式は $1000 = 100X + 50Y$ となる。この式を Y について解き($Y = -2X + 20$),効用関数に代入すると,効用 U はりんごの消費量 X のみの関数になる($U = -2X^2 + 20X$)。効用を最大化させる X を求めるにはこの効用関数を微分してゼロとすればよい。$dU/dX = -4X + 20 = 0$ → $X^* = 5$

そして,予算制約式より,$X = 5$ の時,$Y = 10$ となる。つまり,A さんの効用を最大化させる消費水準は $X^* = 5$,$Y^* = 10$ となる。

V 消費者行動理論の応用

1 所得の変化と消費

ある所得(予算)水準のもとでの最適消費水準決定のメカニズムは前節で説明したが,ここでは,予算の変化が消費水準に与える影響を考えてみよう。一般に所得が増えれば,財の消費量は増えるが,逆に,所得の増加によって,消費が抑制される財もある。これらの現象は消費者行動理論においてはどのように説明されるのだろうか。**図 8-9** に所得の変化に伴う消費水準の変化を表す図が示されている。

いままでに説明したように,予算の増加(減少)は予算制約線を右上(左下)に平行移動させる。つまり,予算の増加は予算可能領域を広げ,予算の減少は予算可能領域を縮小させる。この予算の変化に対応した予算制約線が図中の M_0,M_1,M_2 である。そして,図からも明らかなように,$M_0 → M_1 → M_2$ と予算が増加するにつれて,財 1,財 2 の消費量も増加していく($X_0 → X_1 → X_2$,$Y_0 → Y_1 → Y_2$)。そして,消費の増加に伴い,この消費者の効用水準を示す無差別曲線は,より右上にシフトしていく。この,各予算水準のもとでの,最適消費水準を結んでいった線分を所得・消費曲線(income consumption curve)という。

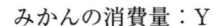

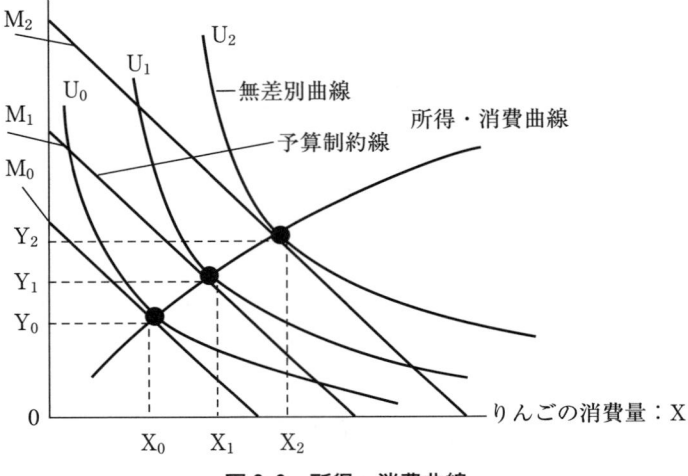

図 8-9 所得・消費曲線

消費財は，所得と消費量の関係から，大きく分けて2つに分類できる。所得の増加とともに消費も増加する正常財 (normal good) と，所得の増加によって消費が減少してしまう劣等財 (inferior good) である。通常，所得が増えれば，消費は増加すると考えられるが，個々の財に着目すると，消費が増加する財と，減少する財に分けることができる。例として，味はそれなりだが，安さが自慢の食堂の定食を考えよう。ある人は，定食の味に満足している訳ではないが，安さにひかれて，その食堂に通っているとしよう。ここで，この人の所得が増えたとき，極端な例として，所得が2倍になったとしよう。この人はその定食屋に通い続けるだろうか。多分，多少値段は高くても，より満足感の高い食堂を選択するようになるだろう。

このように，予算が少ない時は我慢して消費しているが，予算の増加とともに顧みられることがなくなってしまう財が劣等財である。正常財と劣等財の関係は相対的なものであり，普段，予算の関係で我慢して消費しているものが劣等財であり，それに対して，予算があったら，より購入したいと考え

第8章　家計行動の理論　169

図中のラベル: みかんの消費量：Y、U_0、U_1、U_2、無差別曲線、価格・消費曲線、予算制約線、Y_0、Y_2、Y_1、M_0、M_1、M_2、X_0、X_1、X_2、りんごの消費量：X

図 8-10　価格・消費曲線

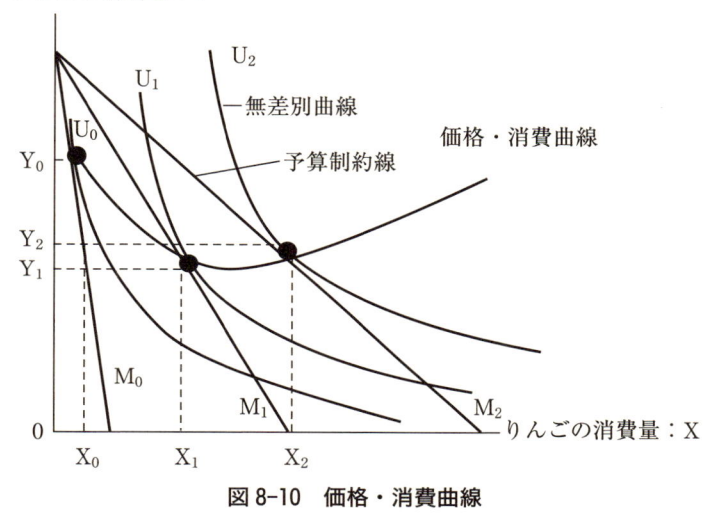

られるものが正常財である。

2　価格の変化と消費

つぎに，ある財の価格が消費者の選択に与える影響を見てみよう。所得変化の場合と同じように，価格の変化（ここでは財1の価格を変化させる）に対応した最適消費水準の変化を線分として示したのが図 8-10 である。財1にりんご，財2にみかんをとっており，予算一定のもと，りんごの価格が変化した場合を示している。まず，予算制約線の変化から見てみよう。りんごの価格がみかんに比べて非常に高価な場合を示すのが M_0 である。予算可能領域はみかんの側では広く，りんごの側では非常に狭くなっている。そして，りんごの価格が低下するにつれて，予算制約線は y 切片を中心に反時計回りに回転し，りんごの側の予算可能領域も広がっていく。この動きは図中では予算制約線が $M_0 \rightarrow M_1 \rightarrow M_2$ へと変化する動きに対応している。価格の変化とともに予算制約線が移動していくと，最適消費点もそれにつられて移動してい

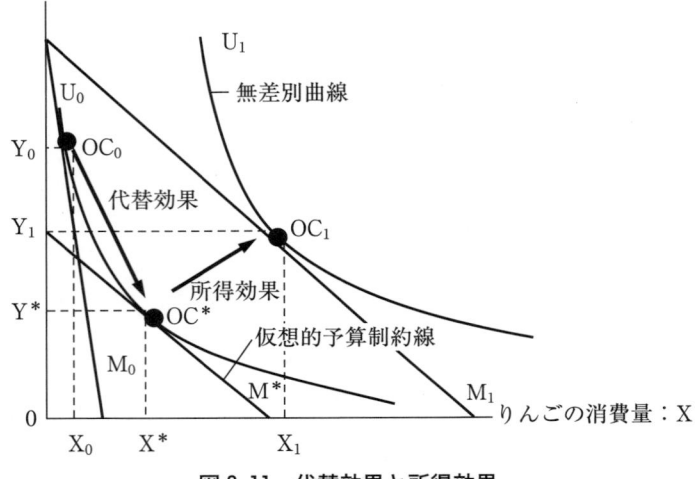

図8-11 代替効果と所得効果

く。この軌跡を示したものが価格・消費曲線である。

りんごとみかんはライバル的関係にある財といえる。このような場合，一方の財の価格低下は，その財の需要を増やし，ライバル関係にあるもう一方の財の需要を減らす。しかし，図中の価格・消費曲線にも見られるように，りんごの価格低下が続くと，そのうちみかんの消費まで増加していくことになる。

ここでは何が起こっているのだろうか。この動きを理解するためには，価格低下の2財に与える影響を，代替効果（substitution effect）と所得効果（income effect）に分ける必要がある。りんごとみかんの例で説明すると，りんごの価格が低下したことによって，みかんと比べた時のりんごの価格が以前より低くなり，みかんからりんごへと需要の一部が移動する。この効果を代替効果と言う。一方，りんごの価格低下は消費者の実質的な所得上昇という効果ももたらす。仮に，りんごの価格が半分に低下したとしたら，りんごを以前と同じ数だけ消費した場合，出費も以前の半分ですむ。ここで余った予算

が実質的な所得上昇と考えられる。これが，所得効果である。以上２つの効果は，**図 8-11** に示されている。

図中の M_0 は，初期状態での予算制約線を示し，M_1 は，りんごの価格低下後の予算制約線を示す。すると，りんごの価格低下は消費水準の移動としては，OC_0 から OC_1 への移動で読み取ることができる。つまり，結果としては，りんごの消費は増加し，みかんの消費は減少する。しかし，先ほど説明したように，この経済現象が起こる過程には代替効果と所得効果が働いている。その２つの効果をみるために仮想的な予算制約線 M^* が使われる。この M^* はりんごの価格低下後の予算制約線 M_1 を値下げ前の効用水準 U_0 まで平行移動した線分として描かれている。

予算制約線の平行移動は所得水準の変化を表す。予算制約線の M_1 から M^* への移動は，価格低下で上昇した効用水準から，もとの効用水準に戻るまで所得の効果を差し引いたものと考えられる。その時の仮想的な消費水準は OC^* となる。つまり，消費水準 OC_1 から OC^* の変化はりんごの価格低下の影響のなかから所得効果を差し引いた動きを示している。全体の効果から所得効果を差し引いて残った効果は代替効果と考えることができる。以上より，りんごの価格低下によって起こった消費点の OC_0 から OC_1 への移動は，まず，OC_0 から OC^* への移動（代替効果），そして，OC^* から OC_1 への移動（所得効果）に分けて分析することができる。

図 8-11 からはもう一つ，価格の変化に対応する消費水準の変化を読み取ることができる。りんごの価格低下はりんごの消費を増加させる。この動きを縦軸に価格をとり，横軸に消費量をとって図示したものが需要曲線に他ならない。つまり，需要曲線の背後には価格変化に対応して連続的に効用最大化を行う消費者の姿が隠れているのである。

例題 A さんのりんごとみかんの選好をあらわす効用関数が $U = XY$（U：効用，X：りんごの消費量，Y：みかんの消費量）であらわされ，りんごは 1 個 P 円，みかんは 1 個 50 円，そして，予算が 1000 円の場合，A さんのりんごの価格とりんごの消費量の関係を示す式を求めなさい。

解答 予算制約式は $1000 = PX + 50Y$ となる。この式を Y について解き（$Y = -(P/50)X + 20$），効用関数に代入すると，効用 U はりんごの消費量 X と P の関数になる（$U = -(P/50)X^2 + 20X$）。りんごの価格 P はこの消費者にとって所与として，効用を最大化させる X を求めるには，この効用関数を微分してゼロとすればよい。$dU/dX = -(P/25)X + 20 = 0$
→　$X = 500/P$

つまり，この消費者のりんごに対する需要曲線は $X = 500/P$ という双曲線の第1象限部分（数量の非負条件より）として求めることができる。

参考文献
1) 石橋春男「経済学へのアプローチ　第2版」成文堂，2002.
2) 伊藤元重「ミクロ経済学　第2版」日本評論社，2003.
3) ヴァリアン「入門ミクロ経済学」佐藤隆三監訳，勁草書房，2000.

（阿部雅明）

第9章

企業行動の理論

　市場経済の中で活動する個々の企業はどのような原理に従って，供給行動を行うのだろうか。本章では，まず，経済学でとらえた企業像，そして，生産における費用構造の説明をした後，企業活動の基本原理となる利潤最大化行動から，企業の供給曲線が導出される様子を説明していく。

I　企業とは

1　生産関数

　前章では，消費者の効用最大化行動によって需要曲線が導出されることを示した。それでは，供給曲線の背後にはどのような行動原理が隠れているのであろうか。本章では，供給曲線の背後にある企業の利潤最大化行動を展開していく。

　企業の活動目的とは何であろうか。企業は生産活動（市場への供給行動）を通して，利潤（profits）を得ることを目的としている。もちろん，現実には企業活動とはさまざまな側面がある。まず，労働や資本などを投入して生産物を生み出す生産体としての側面，そして，生産した商品に価格をつけ，流通市場に流す供給主体としての側面もある。さらに，企業活動の中身をみると，人事システム，賃金システム，意思決定メカニズムなども，企業活動を理解するために重要な意味を持っている。

　しかし，経済全体について分析を行う場合には，企業活動をできるだけ単純な形でとらえる必要がある。企業を単純にとらえると，①資本や労働などの投入物を用いて生産を行い，②生産した商品に価格をつけて販売し，③利潤の最大化を目指す経済主体と考えることができる。この企業の生産活動を

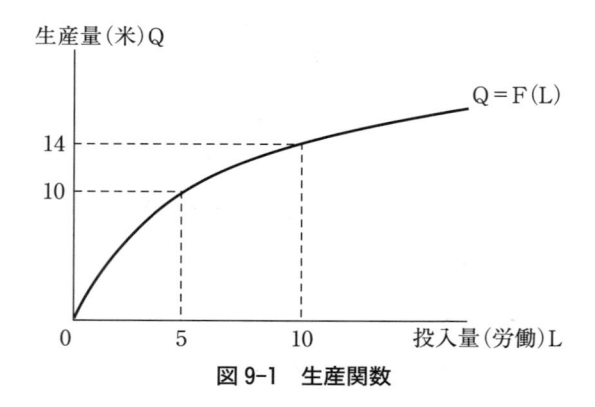

```
                生産量(米)Q
                                                    Q = F(L)
                14 ┄┄┄┄┄┄┄┄┄┄┄┄
                10 ┄┄┄┄┄┄

                0        5       10        投入量(労働)L
                        図 9-1  生産関数
```

数式化したものが生産関数 (production function) である。

$$Q = F(L)$$

これは，最も単純な生産関数を表しており，Lは労働投入量，Qは生産量，そして，Fは関数 (function) を意味し，変数Qは変数Lと何らかの関係があることを示している。それでは，生産量Qと労働投入量Lの間にはどのような関係があるだろうか。一般に，労働を多く投入すれば生産量は増加する。この関係の一例を図示したものが**図9-1**である。

この図では例として米の生産をあげている。単純に労働投入量を人数で計り，生産量を米俵の俵数で計るとすると，田んぼで働く人が5人であれば10俵の収穫が得られ，10人では14俵の収穫が得られると読み取ることができる。このように，投入と産出の関係を示したものが生産関数である。

例題 米の俵数をQ，田で働く人の数をLで表すとして，この田の生産関数が $Q = \sqrt{L}$ で与えられるとする。このとき，9人で米作りをした場合，何俵の米を収穫できるだろうか。

解答 $Q = \sqrt{9}$ → $Q = 3$ つまり，3俵の米を収穫できる。

一般に，投入量を増やせば，産出量も増加するが，上記の稲作の例では，

労働投入量の増加ほどには、米の収穫は増加していない。これは限られた田んぼの広さに対して、労働だけを増やしても、労働の増加ほどには収穫が伸びない事実を示している。このような、生産要素の投入量を増やしていったとき、生産の増え方が次第に小さくなっていく産業を規模に関して収穫逓減 (decreasing returns to scale) の産業という。生産関数を使って数学的に表すと、全てのt>1について、以下の関係が成り立つ。

$$F(tL) < tF(L)$$

一方、産業分野によっては、労働などの投入量を増やしていくと、それ以上のペースで生産量が拡大していくものもある。鉄鋼業などの分野では、大規模工場であってはじめて利用可能な巨大設備がある。このような場合、少ない労働投入では、工場の生産能力の大半を無駄にしており、労働投入が増加するほど生産が効率的になり、加速度的に産出量が増加していく。このような産業を規模に関して収穫逓増 (increasing returns to scale) の産業という。生産関数を使って数学的に表すと、全てのt>1について、以下の関係が成り立つ。

$$F(tL) > tF(L)$$

そして、投入量を2倍にすると、産出量もちょうど2倍になるような比例の関係にある場合を規模に関して収穫一定 (constant returns to scale) といい、生産関数を使って数学的に表すと、全てのt>1について、以下の関係が成り立つ。

$$F(tL) = tF(L)$$

以上の3つのケースの生産技術を図示したものが、**図9-2**である。

例題 生産関数がそれぞれ、①$Q = 3L$、②$Q = 3\sqrt{L}$で示される産業の技術は規模に関してどのような生産技術と言えるか答えなさい。

解答 ①$F(tL) = 3tL$、$tF(L) = 3tL$ → $F(tL) = tF(L)$、ゆえに規模に関して収穫一定

②$F(tL) = 3\sqrt{tL}$、$tF(L) = 3t\sqrt{L}$ → $F(tL) < tF(L)$、ゆえに規模に関して

```
        生産量        規模に関して収穫逓増
                      規模に関して収穫一定
                      規模に関して収穫逓減


         0                          投入量
              図 9-2  生産関数と技術
```

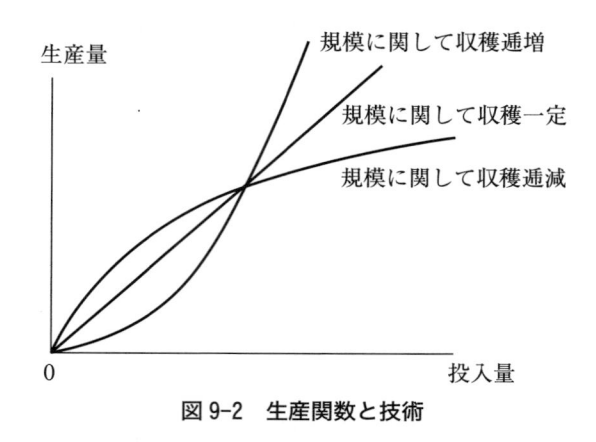

収穫逓減

2　等量曲線

　前節では，生産要素が労働のみで生産活動が行われるケースを説明したが，実際の生産活動では，生産要素は複数からなるのが一般的である。ここでは，労働 L と資本 K の 2 生産要素から 1 種類の生産物 Q が生産される状況を考える。この場合，生産関数は以下のように示される。

　　$Q = F(K, L)$

　生産関数の性質は基本的には 1 生産要素の場合と同じであるが，2 生産要素の場合は生産要素間の代替が問題になる。洋服を作る工場を考えてみよう。そこでは，熟練の職人を多く雇うか，または，非常に高度化された縫製機械を導入するか，その間での選択の問題が発生する。ある生産目標を達成するには，多くの職人を雇えば高度な機械はそれほど必要ではなく，逆に，高度にオートメーション化された機械を導入すれば職人はあまり必要なくなる。このある水準の生産を達成するために必要な資本（ここでは縫製機械）と労働の組み合わせを示したものが等量 (isoquant) 曲線（図 9-3）である。

　図中の等量曲線上の点 A と点 B は全く同じ生産量を達成するが，用いる生産技術に違いがある。点 A で示される生産技術は相対的に資本を集中的

図 9-3　等量曲線

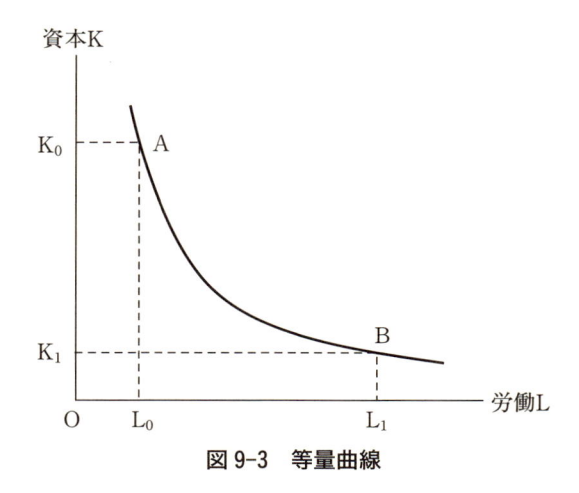

に投入している。このような生産技術を資本集約的な生産技術と呼ぶ。そして，点Bで示される生産技術は労働を集約して生産を行うので，労働集約的な生産技術と呼ぶ。

以上のように，同一の生産水準を達成するための生産技術の集合を示したものが等量曲線であるが，この等量曲線には以下の性質がある。

(1) 等量曲線は右下がりである。これは，一方の生産要素の減少は，もう一方の生産要素の増加で補わないと一定の生産を保つことができないからである。
(2) 等量曲線は無数に存在する。
(3) 等量曲線は原点から遠ざかるにつれて，より多くの生産水準をあらわす。
(4) 等量曲線は互いに交わらない。
(5) 消費の無差別曲線が序数的な大きさをあらわしたのに対し，等量曲線は基数的大きさを表す。これは，産出量は効用と異なり，数値で求められるためである。
(6) 等量曲線は原点に対して凸型である。

最後の原点に対して凸性の性質を理解するためには，技術的代替率（tech-

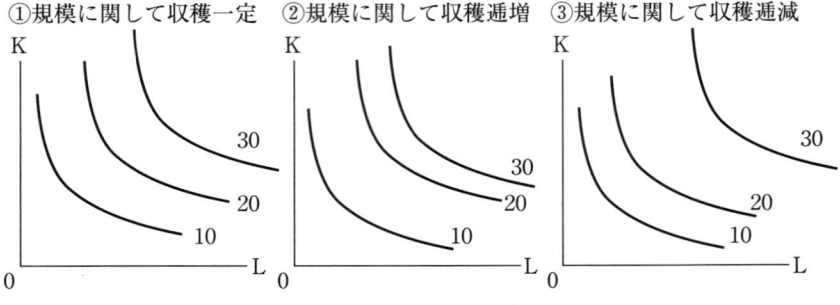

図 9-4　規模の経済性と等量曲線群

nical rate of substitution) を理解する必要がある。この技術的代替率とは，消費者行動の理論の章で紹介した限界代替率の概念に類似しており，産出量一定のもとでの，労働投入量の増加分に対する資本投入量の減少分の割合を示す。労働の増加分を ΔL，資本の増加分を ΔK とすると，技術的代替率 TRS は以下の式で示される。

$$TRS = \left| \frac{\Delta K}{\Delta L} \right|$$

　企業が，一定の生産量を維持するために，資本投入量に比べて，労働投入量を極端に多くしたとする。すると，一般に，資本の減少分に対する労働投入量の増加の割合は大きくなる。つまり，労働の集約化が進むほど，技術的代替率は低下する。これが等量曲線の原点に対する凸性の理由である。

　等量曲線の紹介の最後に，規模の経済性と等量曲線群の関係を**図 9-4** に示す。規模に関して収穫一定の場合，等量曲線は投入要素を 2 倍 3 倍にしていくと，生産量も 2 倍 3 倍となるので，等量曲線は等間隔で増加していく。規模に関して収穫逓増の場合は，投入の増加以上に早いペースで生産が増加するため，等量曲線の間隔は規模の拡大とともに狭まっていく。そして，規模に関して収穫逓減の場合は，規模の拡大とともに等量曲線の間隔は広がっていく。

例題　生産関数が $Q = 3L^{0.5}K^{0.5}$ で示される産業の技術は規模に関してどのよ

うな生産技術と言えるか答えなさい。

解答 $F(tL, tK) = 3(tL)^{0.5}(tK)^{0.5} = 3tL^{0.5}K^{0.5} = tQ$, $tF(L, K) = 3tL^{0.5}K^{0.5} = tQ$ → $F(tL) = tF(L)$, ゆえに規模に関して収穫一定

II 費用最小化行動

1 等費用曲線

　企業が利潤を最大化することを目指して行動するならば，その必要条件の一つは費用を最小化することである。これは，効率的生産の追求と解釈することができる。企業の生産活動における費用とはどのようなものであろうか。今までに生産要素として労働と資本を紹介してきたので，それらの費用について簡単に説明しよう。

　まず，労働を利用するための費用は賃金である。ここでの賃金とは，1単位の労働（例えば一人の労働者を1ヶ月間雇用することを1単位の労働と考えることができる）を利用するための費用である。

　これに対して，資本設備を1単位使う費用のことを資本レンタル費と考えることができる。もしここで，資本設備がコピー機やコンピュータのようにレンタル料を払って借りることができるものであるとすると，資本レンタル費の意味は明らかである。機械1台を1ヶ月利用することを1単位の資本投入と呼ぶならば，資本レンタル費とは，1ヶ月のレンタル料金と考えられる。

　現実には，資本設備の多くは，企業の自己資金や，融資などの形で外部から調達してきた資金で購入するケースが多い。その場合には，資本レンタル費とは，購入した機会の価格，機会の耐用年数，市場の利子率などから決まる調達資金に対する利払いとなる。しかし，ここでは深くこの計算には踏み込まず，資本に対する費用を資本レンタル費として話しを進める。

　費用最小化行動は，等費用 (isocost) 線という概念を用いて分析することができる。労働の価格である賃金率を w，資本の価格である資本レンタル費を r とすると，企業の生産のための費用 C は以下の式で表される。

図9-5 等費用線

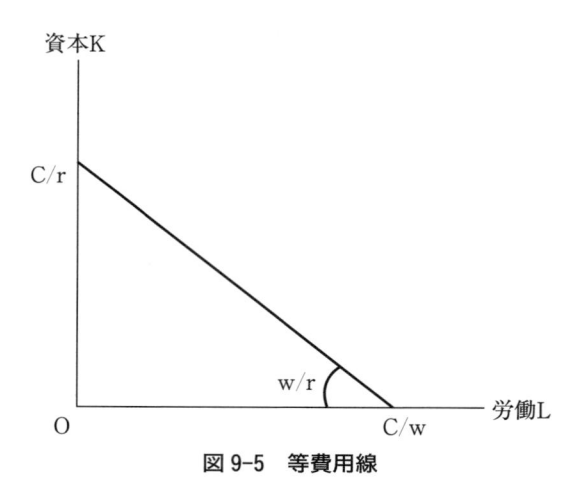

$$C = wL + rK$$

この式をグラフで表したものが図9-5である。

この直線の縦軸の切片は，費用をすべて資本にあてたときに投入可能な資本量の大きさ（C/r）を表し，横軸の切片は，すべての費用を労働にあてたときに，投入可能な労働量（C/w）を表す。そしてこの線分は，ある費用水準で，投入可能な投入要素の組み合わせを示している。そして，この直線の傾きの絶対値は資本と労働の価格比（w/r）に等しくなっている。

2　費用最小化と総費用曲線

ある等量曲線のもとでの，企業の費用最小化行動を考えてみよう。すでに説明したように，等費用曲線はそれぞれの生産要素投入の点における費用の水準を表している。ある等量曲線のもとで，費用を最小化するためには，等量曲線上でできるだけ左下の等費用曲線にのっている点を選べばよい。明らかに，これは等費用曲線と等量曲線が接する点になっている。この企業の費用最小化行動を示したものが図9-6である。

この企業はいま，生産目標を Q_0 という水準に設定したとする。この生産目標を達成できる生産要素（労働と資本）の組み合わせを示したものが図中の

図9-6 費用最小化

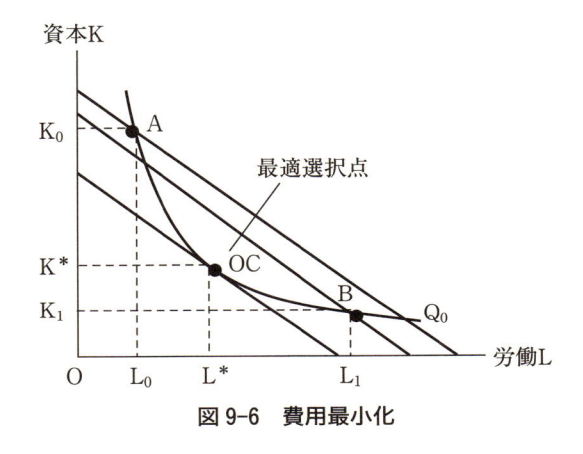

等量曲線 Q_0 である。この等量曲線上の任意の点には、それに対応する等費用線を書くことができる。この等費用線は、原点に近づくほど、費用水準は低いことを示している。すなわち、図中の点A、点B、点OCはともに、目標の生産水準は達成できるが、その中で費用が最小となる生産技術（労働と資本の組み合わせ）はOC（労働の投入量はL^*、資本の投入量はK^*）となる。費用最小点OCでは、等量曲線と等費用曲線が接しているため、技術的な意味での資本と労働の代替率である技術的代替率（$|\Delta K/\Delta L|$）が、市場における資本と労働の代替率である要素価格比（w/r）に等しくなっている。

例題 ある企業の生産関数が $Q=LK$ で示され、この企業は生産目標を50と設定したとする。賃金率 w が20、資本レンタル費 r が10のとき、この生産目標を最小の費用で達成できる、労働および資本の投入量を求めなさい。

解答 労働および資本の投入量をそれぞれL、Kとすると、総費用は $C=20L+10K$ となる。そして、生産関数より、生産水準が50の時に必要な労働と資本の組み合わせは $50=LK \to K=50/L$ となり、これを総

図 9-7　生産拡張経路

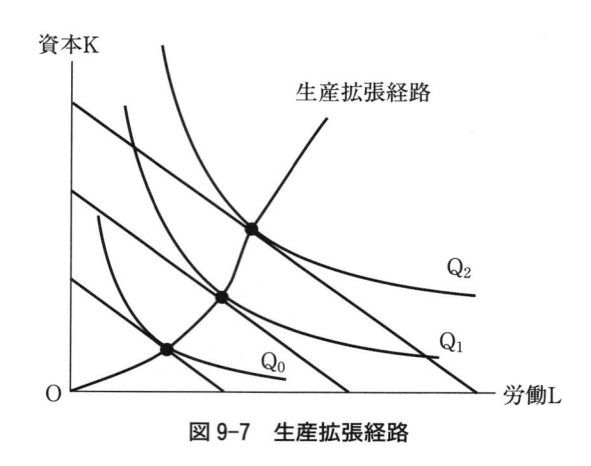

費用の式に代入すると
C = 20L + 500/L
となる。この費用を最小化するための一階の条件は
C' = 20 − 500/L² = 0
である。これをLについて解くとL=5となり，そのときの資本必要量はK=10となる。

　以上で説明した，特定の生産水準のもとでの費用最小点の分析は，どのような生産量のもとでも成り立つ。図 9-7 には，いろいろな生産水準における費用最小点をとってその経路を示している。この経路は生産拡張経路と呼ばれ，各生産水準において最も効率的な技術を選択した場合の資本と労働の組み合わせの経路を示している。

　このように，費用最小点をつなげていくと，それぞれの生産量に対応する費用水準を読み取ることができる。つまり，それぞれの等量曲線に接する等費用曲線の費用水準を読めばよいのである。ここから，総費用曲線が導出される。総費用曲線とは，横軸に生産量，縦軸に総費用をとり，両者の間の関係を見たものである。生産量が大きくなるほど，費用も増加するため，総費

第9章 企業行動の理論

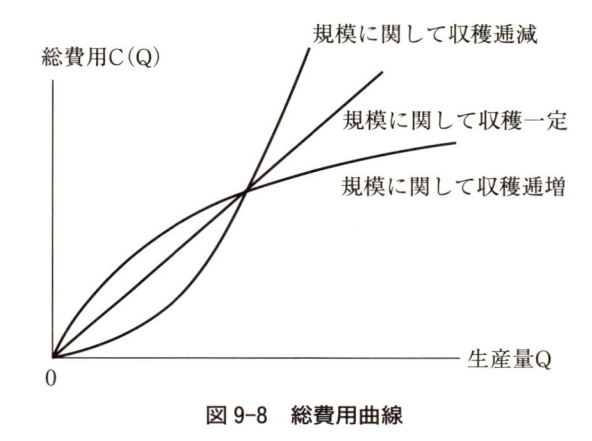

図9-8 総費用曲線

グラフ中の曲線ラベル:
- 規模に関して収穫逓減
- 規模に関して収穫一定
- 規模に関して収穫逓増
- 縦軸: 総費用C(Q)
- 横軸: 生産量Q

用曲線は通常右上がりとなる。図9-8には，規模に関して収穫一定，規模に関して収穫逓増，規模に関して収穫逓減の3つの場合の総費用曲線が描かれている。ただし，実際の費用関数の分析には固定費用の存在などさらに詳しく見ていく必要がある。より詳しい費用の構造の分析は次節で説明する。

例題 ある企業の生産関数が $Q=L^{0.5}K^{0.5}$ で示され，賃金率 w と資本レンタル費 r はどちらも 10 であるとして，この企業は費用最小化行動をとるとする。このとき，任意の生産水準に対応する総費用（総費用関数）を求めなさい。

解答 生産関数より，任意の生産水準を達成する労働と資本の関係は $K=Q^2/L$ となる。ここから，任意の生産水準 Q に対する総費用 C を労働 L の関数として求めると，$C=10L+10Q^2/L$ となる。費用最小化の一階の条件は $C'=10-10Q^2/L^2=0 \to L=Q$ となる。これを総費用の式に代入すると，$C=10Q+10Q=20Q \to C=20Q$ という総費用関数が求められる。

III 生産のための費用構造

1 総費用曲線

　前節では，企業の費用最小化行動により，総費用曲線が導出される様子を見てきたが，本節では，費用の構造についてさらに詳しく見ていこう。前節で示された総費用関数とは，要素価格が (w, r) であるときに，産出水準 Q を生産する最小の費用を示す関数 C(w, r, Q) である。以下，本節では要素価格は固定されているものと考える。したがって，総費用 C は生産量 Q だけの関数 C(Q) として書くことができる。

　ここで，そもそも企業の生産活動における総費用とはどのようなものか考えてみよう。もし，祭りで，たこ焼き屋を開業しようとしたら，どのような費用が必要だろうか。まず，屋台や，たこ焼き作りのための調理用具一式は初期投資として必要になるだろう。これらにかかる費用は，まだ，一つもたこ焼きを作っていない段階から必要になるが，一度開業してしまえばその後は，追加的な費用はこの部分には基本的にかからない。このように，企業の生産水準に関係なく必要となる費用のことを固定費用 (fixed cost) という。そして，その他の生産水準にともなって変化する費用を可変費用 (variable cost) という。これはたこ焼き屋の例では，たこ焼き作りに必要な分のたこ焼きの材料（たこ，小麦粉，油）や燃料代などがある。すなわち，企業の総費用とは，可変費用 VC と固定費用 FC の和である。（可変費用と総費用は生産水準の関数であるが，固定費用は生産水準とは独立であることに注意すること）

$$C(Q) = VC(Q) + FC$$

2 平均費用と限界費用

　費用の概念は企業行動の分析にとって非常に重要であるので，さらに詳しく費用を分類していこう。まず，平均費用 (average cost) から見ていこう。平均費用は産出量の単位当たり費用を表す。さらに，平均可変費用 (average variable cost) は産出量の単位当たり可変費用を表し，平均固定費用 (average fixed cost) は産出量の単位当たり固定費用を表す。平均費用 AC は平均可変費用 AVC と平均固定費用 AFC を使って，以下の式で表される。

$$AC(Q) = \frac{C(Q)}{Q} = \frac{VC(Q)}{Q} + \frac{FC}{Q} = AVC(Q) + AFC(Q)$$

平均費用について，たこ焼き屋の例で考えてみよう。平均固定費用はたこ焼きを多く作れば作るほど低下していく。固定費用とは屋台などの生産量に依存しない固定量なので，生産が増加すればそれだけ一つあたりのたこ焼きに占めるその費用負担は低下していくことは容易に想像できる。一方，平均可変費用は，たこ焼きの生産増加につれて変化するので，増加するか，減少するかを一概に断定することはできない。平均可変費用と平均固定費用の和で与えられる平均費用も同様に，現時点で断定することはできない。

平均費用の動きを分析するためには限界費用（marginal cost）を理解する必要がある。限界費用とは，生産量を増加させたとき，費用がどの程度増えるかを表したものである。すなわち，限界費用は，任意に与えられた産出水準 Q において，産出量をある量 ΔQ だけ変化させるとき，費用がどれだけ変化するかを示してくれる。式の形では以下のように表される。

$$MC(Q) = \frac{\Delta C(Q)}{\Delta Q}$$

上記の式の意味は，ΔQ を 1 単位の産出量とすると分かりやすい。その場合，限界費用は，ある生産水準から，もう 1 単位の生産を行う時の費用の増加幅と考えることができる。たこ焼きの例では，今までに 100 個作った時点での限界費用とは，次の一個（101 個目）のたこ焼き生産にかかる費用となる。

ここで，限界費用の性質として重要な点がある。それは，限界費用は総費用曲線の傾きに対応しているという点である。総費用曲線の傾きは，1 単位の生産の増加に対して費用はどれだけ増加するかを表しており，これは，そのまま，限界費用の概念に一致する。つまり，限界費用は総費用を微分することによって求めることができる（微分によって線分の傾きの値が求められるため）。総費用曲線の形状と限界費用曲線の対応を図 9-9 に示しておこう。

収穫一定の場合の総費用曲線はどの生産水準 Q でも傾きは一定であるの

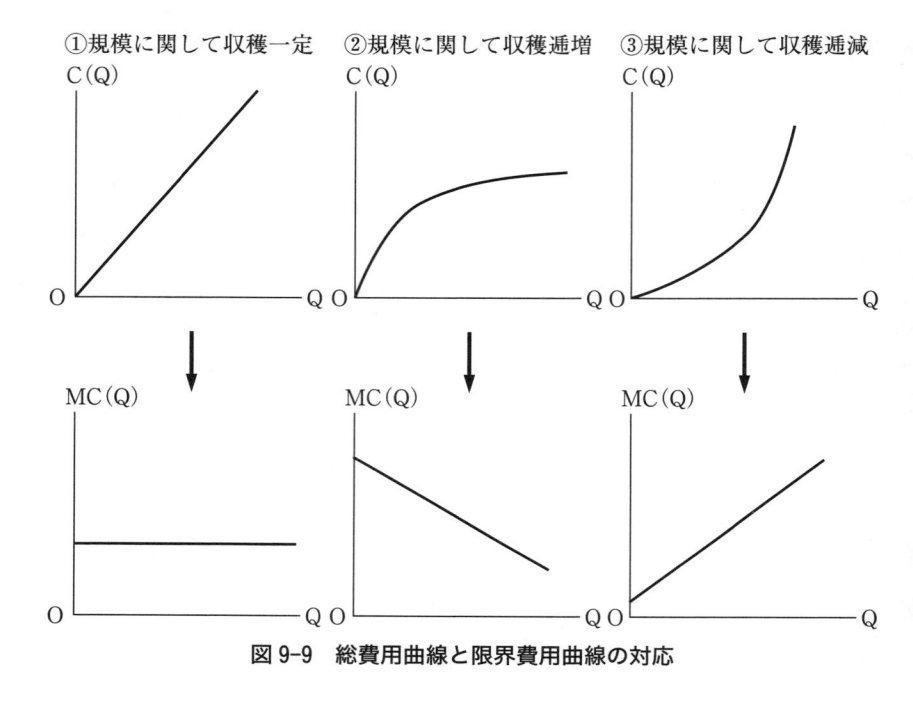

図 9-9　総費用曲線と限界費用曲線の対応

で，その限界費用も一定水準になる。収穫逓増の場合は生産水準 Q の増加とともに総費用曲線の傾きは緩やかになっていくので，限界費用も低下していく。そして，同じ理由で，収穫逓減の場合，限界費用曲線は右上がりとなる。

ここまでに紹介した生産のための諸費用の概念を簡単にまとめておこう。
(1) 総費用：費用全体（＝固定費用＋可変費用）
(2) 可変費用：総費用のうち，生産量に応じて増大する部分
(3) 固定費用：生産量とは独立にかかる費用
(4) 平均費用：単位当たりの費用（＝総費用/生産量）
(5) 限界費用：生産量を 1 単位増加することに伴う費用の増大幅

次に，限界費用と平均費用の関係も確認しておこう。限界費用が平均費用より低い場合は生産の拡大とともに平均費用は低下していき，限界費用が平

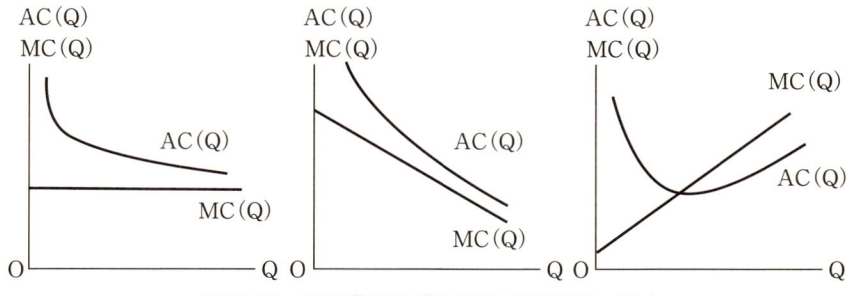

図 9-10 限界費用曲線と平均費用曲線の対応

均費用より高い場合は生産の拡大とともに平均費用は増加していく関係がある。この性質を理解するために，費用をいったんあるクラスの身長に置き換えて説明してみよう。平均費用は身長に置き換えれば平均身長となる。それでは限界身長とは何であろうか。限界費用は次の一個の費用と解釈できたので，限界身長は次の追加的一人の身長といえる。つまり，クラスに転校してきた生徒の身長と考えられる。転校生の身長がクラス平均より低いうちは，クラス平均は下がり続ける。逆に，転校生の身長がクラス平均より高ければ，クラス平均は上昇していく。以上の説明より，図 9-10 に示す限界費用曲線と平均費用曲線の対応関係を確認してほしい。ただし，一般に固定費の存在のため平均費用は限界費用より高い水準からスタートし，最初のうちは生産量の増加に伴って，平均費用は低下していくことに注意すること。また，限界費用が逓増する場合，平均費用曲線の最低点で限界費用曲線が平均費用曲線と交差する点も重要な性質である。

たこ焼き屋の例で平均費用の動きを確認してみよう。固定費（屋台や調理用具一式）が 10 万円だったとし，たこ焼き 1 パックあたりの可変費用（材料費やパック代）は 100 円で一定であったとする。つまり，限界費用は 100 円で一定のケースと言える。ちなみにこの場合の総費用を示す式は $C(Q) = 100000 + 100Q$ となる。このときの平均費用 ($AC(Q) = C(Q)/Q$) の変化は次のようになる。固定費用が平均費用に与える影響を確認してほしい。

生産水準	平均費用
1	100100 円
2	50100 円
3	33… 円
4	25100 円
5	20100 円

例題 費用関数が $C(Q) = Q^2 + 1$ で与えられるとき，可変費用 VC，固定費用 FC，平均費用 AC，限界費用 MC を示す式を求めなさい。

解答 $VC = Q^2$, $FC = 1$, $AC = (Q^2+1)/Q$, $MC = 2Q$

IV 利潤最大化行動と供給曲線

1 完全競争

前節までに説明してきたような費用構造をもった企業が，どのような原理で供給行動を行うかを本節では見ていこう。企業の行動原理を分析するためには，まず，企業がどのような状況のもとで活動を行っているかを明らかにする必要がある。ここでは企業が，経済学的に1つの理想状態といえる「完全競争（perfect competition）」のもとで活動するとして分析を進める。なぜこの完全競争の状態が望ましいかの理由は，後に不完全競争の状態（独占市場や寡占市場）との比較の中で明らかにしていく。

ある産業が完全競争的な状態にあるということは，次のような状態を意味する。ある企業が供給する財と全く同じ財を供給する企業が非常に多数存在し，この企業の供給量の変化が全くその財の価格を変化させない。そして，この企業が他の企業よりも高い価格をつけると，お客は他の企業にとられてしまい，全く売ることができない。

このような状況にある供給者をプライス・テイカー（price taker）と呼ぶ。つまり，市場で決まっている価格をそのまま受け入れて供給する存在で，価格支配力が全くない存在と言える。ここで，市場が完全競争の状態にあるた

めの条件を挙げておこう。
(1) 市場に,売り手と買い手が無数に存在すること。
(2) 各経済主体に価格支配力はなく,市場において価格が決定されること。
(3) 生産物の差別化が存在していないこと。
(4) 情報が完全で無償で手に入ること。
(5) 市場への参入と退出が自由であること。
(6) 市場に政府の介入が存在しないこと。
(7) 生産要素が完全に移動可能であること。

2 利潤最大化

　企業は利潤を最大化するように生産活動を行う。「いかに儲けるか」で頭を悩ませるのは,商売を営むものの宿命である。利潤 (profit) とは,企業が生産・販売活動から得た総収入 (total revenue) からそのために使った総費用 (total cost) を引いたものである。利潤を π, 総収入を R, 総費用を C で表すと,利潤 π は以下の式で与えられる。

$$\pi = R - C$$

　非常に単純な式であるが,この式から,現代日本の抱える,過労死と失業の増加という一見矛盾する問題が同時に発生する背景を理解することができる。企業はその存続のためには利潤をあげ続けなければならない。しかし,デフレ経済の中では,収入を増加させるのは至難の業である。そのような状況のもとで利潤を計上する方策は上の式からも明らかなようにコストの削減である。企業活動のための費用の多くを占めるのが人件費であるので,企業にとって,最も容易なコスト削減策はいわゆるリストラ (人員の削減) となる。しかし,人員を減らした分,生産も減らしてしまうと収入も減少してしまい,利潤を増やすことはできない。つまり,利潤を計上するためには,人員が減った後もできるだけ収入は維持しなければならない。リストラを免れた労働者はリストラされた人の分まで仕事をしなければならない。これが,過労死と失業者の増加の同時発生のメカニズムである。

　また,リストラの増加は社会的な購買力の低下を招き,デフレはさらに深

図 9-11　総収入曲線

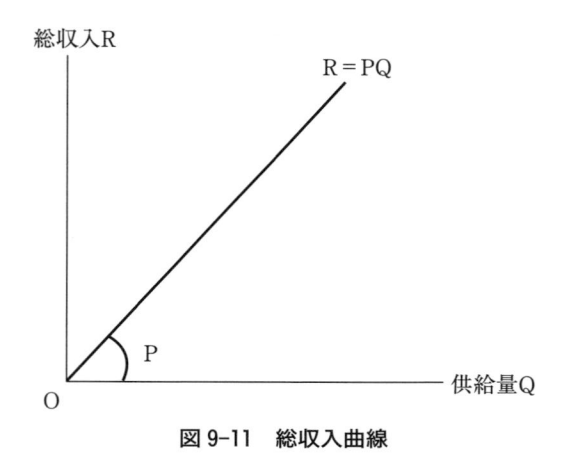

刻になり，収入は減少する。ここで利潤をあげるためには更なるリストラが必要となる。そして，さらにデフレは深刻になっていく。これがデフレ・スパイラルのメカニズムである。以上の分析から，日本のデフレ脱却に必要な方策として「ワーク・シェアリング」をあげることができるのではなかろうか。

　それでは，先に紹介した利潤関数から企業の利潤最大化行動を考えていこう。利潤関数の構成要素の一つである総費用とは，財の供給のための原材料の購入や生産要素（資本や労働など）の利用のために企業が支出した金額の総額である。総費用曲線とは，この総費用と供給量の関係を示したものであり，その性質は前節で紹介した通りである。そして，もう一つの構成要素である総収入とは，企業が商品を販売することによって獲得した収入をさし，収入をR，販売価格をP，販売量をQとすると，以下の形で示される。

$$R = PQ$$

　先に説明した通り，完全競争市場で活動するそれぞれの企業はプライス・テイカーである。つまり，個々の企業にとって価格は財の供給量とは独立した定数と考えられる。この総収入と供給量の関係を図示したものが総収入曲線（図9-11）である。この総収入曲線は傾きが価格Pで与えられる直線とな

第9章 企業行動の理論　　191

図中ラベル：
- 総費用C, 総収入R
- 総費用曲線
- 総収入曲線
- 傾きは限界費用（＝P）
- 線分の長さは利潤の値を示す
- FC
- P
- O
- Q*
- 供給量Q

図9-12　利潤最大化行動

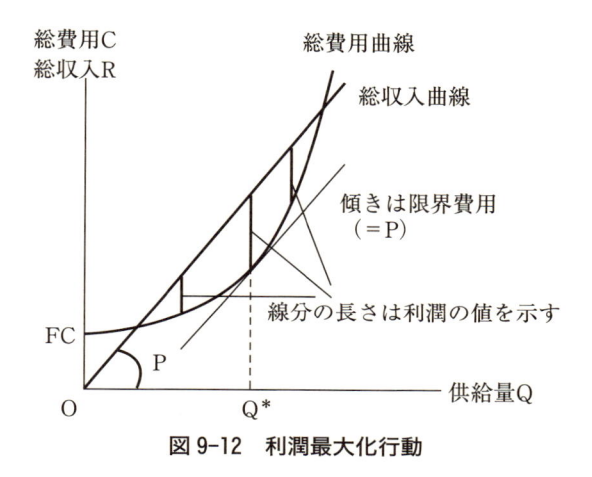

る。つまり，この直線は供給を1単位増やせばP円だけ収入が増える事実を示し，このPは限界収入に対応している。

さて，以上に紹介した，総収入曲線と総費用曲線を使って，企業の利潤最大化行動を分析してみよう。収入曲線の式からも明らかなように，価格一定のもとでは，生産量を増やすほど収入は増加する。一方，生産量の増加は，費用の増加も同時にもたらす。利潤（＝収入−費用）が最大となるのはどのような生産水準であろうか。この生産水準は総収入曲線と総費用曲線を同一グラフに示すことによって明らかにすることができる（図9-12）。

図中には，1例として規模に関して費用逓減産業の総費用曲線を示している。この総費用曲線がFCの水準からスタートしているのは，固定費用（FC）の存在のためである。そして，生産の増加とともに傾きが急になっていくのは，限界費用（次の一個生産にかかる費用）が逓増していく事実を示している。

利潤は収入から費用を引いて求められるので，図中では総収入曲線と総費用曲線の間に示される棒（線分）の長さによって示すことができる。つまり，企業の利潤最大化行動とは，この棒の長さ（利潤）が最大になる生産水準を達成することといえる。この図中で利潤が最大になるのは生産水準がQ*のときであり，そこでは，総費用曲線の傾き（限界費用）と総収入曲線の傾き（限界

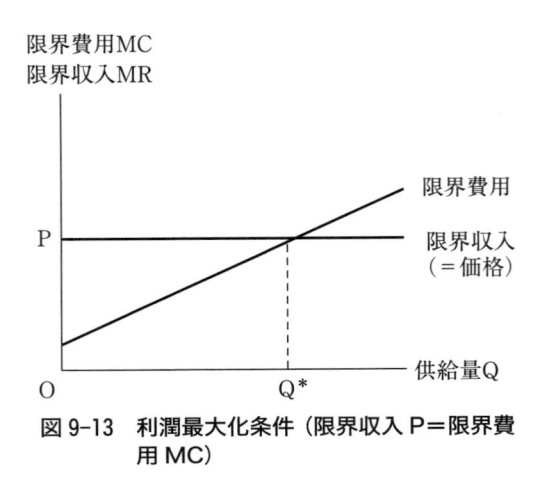

図9-13 利潤最大化条件（限界収入 P＝限界費用 MC）

収入＝価格）が等しくなっている。

ここで，なぜ，利潤を最大にする生産水準のもとでは総費用曲線と総収入曲線の傾きが等しくなるのかは，各生産水準でのそれぞれの曲線の傾きを示す限界費用曲線と限界収入曲線を使って説明できる（図9-13）。

先に説明した通り，限界収入曲線は，次の1単位生産から得られる収入の大きさを示しており，完全競争市場（プライス・テイカーの仮定）では価格水準に対応している。一方，限界費用は次の1個を供給するためにかかる費用を示しており，ここでは，生産水準の増加とともに逓増する場合を示している。

生産水準が Q^* より少ない領域では限界収入が限界費用を上回っている。言い換えれば，次の一個生産からの収入は，次の一個生産にかかる費用を上回っている。つまり，生産の増加が利潤の増加につながる事実を示しており，利潤の増加は生産水準が Q^* になるまで続く。しかし，Q^* を超えた生産水準では限界費用が限界収入を上回るので，増産は利潤の減少につながってしまう。以上より，企業の利潤を最大にする生産水準のもとでは限界費用と限界収入が等しくなるという条件を確認することができる。

企業は，利潤を最大化するために，価格と限界費用が等しくなるよう生産水準を決定することを説明してきたが，この事実は，企業がその限界費用に

沿って供給を決定していることを表している。つまり，完全競争市場における企業の供給曲線とは即ち，限界費用曲線であるということが以上から分かる。

例題 ある財を生産するための費用関数が $C(Q) = Q^2 + 1$ で与えられ，この財の市場価格は P で与えられるとして，この企業の利潤を最大化する生産水準を求めなさい。

解答 利潤最大化条件は限界費用 MC = 限界収入 MR である。$MC = 2Q$，$MR = P$ なので，$Q = P/2$ が，価格 P のもとでの利潤を最大にする生産水準となる。これは，この企業の供給関数（供給曲線）と考えることができる。

V 短期費用曲線と長期費用曲線

1 長期費用曲線

　企業の供給行動がその利潤最大化のために，限界費用をもとに決定されている事実を前節までに見てきた。しかし，企業の供給行動や社会的変化への対応は，短期と長期で異なったものになる。単純には，長期は短期よりも柔軟に対応できるといえる。

　たこ焼き屋の例で考えよう。ある人が屋台でたこ焼き屋を始めたとしよう。このたこ焼き屋さんは人気が出て，毎日大忙しになったとする。しかし，設備は小さな屋台だけなので，たこ焼きの生産を増やすにも限界があり，一定の生産水準以上のたこ焼きを作るには急速に費用がかさむことになる。もし，長期的にこの需要の増加に対応すれば，設備を屋台から，どこかのビルに店舗を借りて，より多くの生産が効率的にできるようになる。そして，そこでもお客さんの需要に対応しきれなくなれば，大規模たこ焼き店を出店して対応することができる。

　このように，短期と長期の大きな違いは，長期では生産量に合わせて，生

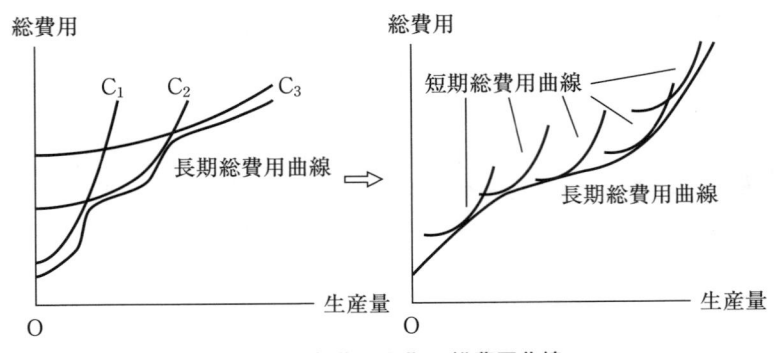

図9-14 短期と長期の総費用曲線

産設備を選択できるということがあげられる。この様子を，総費用曲線を使って表してみよう。**図9-14**の総費用曲線 C_1, C_2, C_3 は，それぞれ先の例では屋台，ビルの一室を借りたたこ焼き店，大規模たこ焼き店での（短期）総費用曲線に対応している。小規模な生産水準では屋台での生産が効率的（費用最小）であるが，この設備では，大規模な生産に対応することはできない。また，大規模な設備で小規模な生産を行うには設備費（固定費）が大きすぎて非効率といえる。

短期的には設備の変更はできないが，長期では可能である。この事実から，長期総費用曲線は，最小費用を実現する短期総費用曲線を結んでいったもの，つまり，短期総費用曲線の包絡線となる。

2 企業の参入・退出と資源配分

産業や経済の活力は，つぎつぎと新しい企業が市場に参入してくることによって生まれる。完全競争市場の特徴の一つに，潜在的に多くの企業が市場に参入する可能性があることがあげられる。本節では，この企業の参入行動が，資源配分や競争構造にどのような影響を及ぼすか見ていこう。

まず，短期（企業の参入が起こる前）の市場均衡の状態を確認しよう。**図9-15**には，限界費用曲線 MC と平均費用曲線 AC を使って，この市場で活動する企業の供給行動を示している。

第9章 企業行動の理論 195

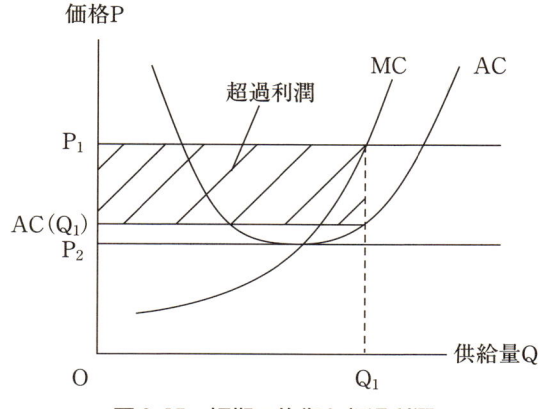

図9-15 短期の均衡と超過利潤

この企業の供給する財の市場価格がP_1の場合，この企業は利潤を最大化するため，限界費用がP_1と等しくなるQ_1まで供給をおこなう（利潤最大化条件：$P=MC$）。この限界費用曲線が供給曲線の正体であることは，前節までに説明してきたとおりである。この時の企業の収入の大きさは$P_1 Q_1$となり，費用の大きさは$AC(Q_1) Q_1$となる。つまり，この企業の利潤は図中の斜線の部分で示される。

この利潤が大きいと，長期的には新規企業の参入を引き起こす。この企業の参入は市場全体の供給を増加させ，市場価格の低下を招く。この価格の低下はどこまで続くだろうか。企業が最低限獲得したいと考える利潤の水準になるまで，参入は続き，価格は低下していく。この企業が最低限必要とする利潤を正常利潤と呼び，便宜上，正常利潤は費用の一部と考えるとすると，新規企業の参入は図中の斜線の部分（超過利潤）がなくなるまで続く。そして，長期的にはこの産業での均衡価格は平均費用曲線の最低水準（P_2）に落ち着くことになる。

参考文献
1) 石橋春男「経済学へのアプローチ 第2版」成文堂，2002.

2) 伊藤元重「ミクロ経済学　第2版」日本評論社，2003.
3) ヴァリアン「入門ミクロ経済学」佐藤隆三監訳，勁草書房，2000.

第10章

市場均衡の理論

　第8章と第9章において，市場経済で活動する，個々の消費者，個々の生産者が，それぞれ効用最大化，利潤最大化を目指して行動し，その結果として需要曲線，供給曲線が導出される様子を紹介してきた。

　本章では，いよいよ，個々の経済主体の活動がどのように市場全体の経済活動として統合されていくのかを紹介した後，個々の経済主体の自由な利潤の追求が，社会的に最適な資源配分を達成する事実を確認していく。

I　需要・供給の法則

1　市場全体の需要と供給

　経済学では，市場は需要者（消費者）と供給者（生産者）の集合によって構成されていると考える。ただし，両者に明確な区分はなく，ある人が，ある時は生産者となり，ある時は消費者となる。例えば，いわゆる社会人は，自分の労働を市場に供給し賃金を獲得する。そして，その賃金をもとに市場で消費活動も行うので，供給者であると同時に需要者でもあるといえる。

　しかし，同一人物でも需要者であるときには需要者としての行動原理に従い，供給者であるときには供給者としての行動原理に従う。需要者は効用最大化の原理に従い需要行動を決定し，供給者は利潤最大化の原理に従い供給行動を決定することは前章までに見てきた通りである。本章では，まず，個々の需要行動，供給行動がどのように集まって市場を構成していくのかを見ていこう。

　ある人とある人の需要行動はどのように重ね合わせることができるのだろうか。AさんとBさんのりんごに対する需要行動を重ね合わせてみよう。

図 10-1　需要曲線の合成

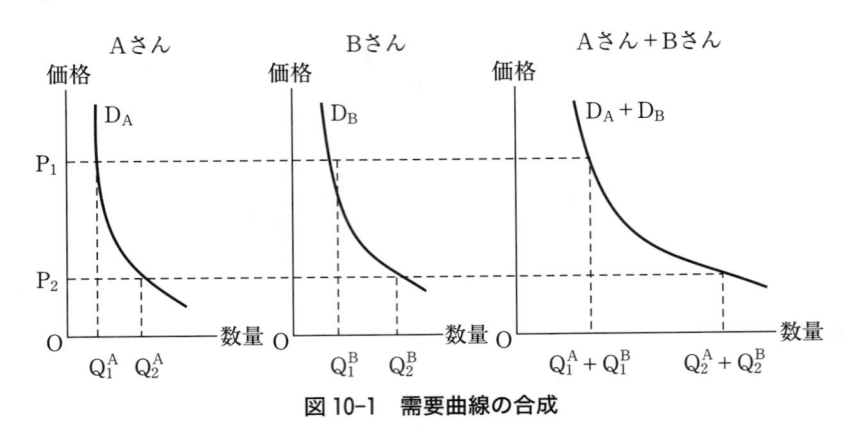

実はこれは単純な作業で，二人の需要量を合計するだけである。1個100円のりんごをAさんは3つ，Bさんは2つ需要したとすれば，2人合計の需要量は5つである。以上を需要曲線全体で行ったものが**図10-1**に示されている。

図中には，各価格水準における2人の需要量が合計され，二人合計の需要曲線が構成される様子が示されている。つまり，個々の需要曲線を数量の軸（横軸）方向に足し合わせていく作業である。この需要曲線の合成の作業を市場全体の需要者について行うことによって，市場需要曲線が得られる。

市場全体の供給曲線も同様に求めることができる。前章において，個々の企業の供給行動は，利潤最大化原理のため限界費用で決定されることを見てきた。つまり，市場全体の供給曲線は個々の企業の限界費用曲線を足し合わせていくことで求めることができる。この様子が**図10-2**に示されている。

この図では，2つの企業から構成される市場を考えているが，供給する企業がいくつであっても，同じ作業を繰り返すことによって市場全体の供給曲線になる。

市場全体の需要及び供給が，市場で活動する個々の需要者及び供給者の集計によって構成される様子はここまでに説明してきた通りであるが，ここで求められた市場需要曲線および，市場供給曲線は，時間を通じて不変の物で

第10章 市場均衡の理論　199

図10-2　市場全体の供給

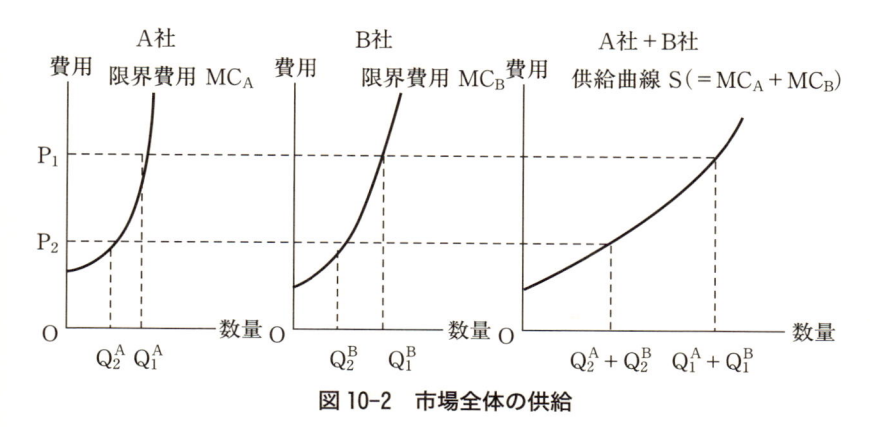

はない。個人消費者の選考は，その個人を取り巻く状況の変化に応じて，刻々と変化していく。例えば，暑い夏にはアイスクリームへの需要は高まるが，冷夏では，それほどの需要は見込まれない。個人需要の集計として求められる市場需要曲線も，同じように，状況の変化に応じて移り変わっていく。そこで，この需要曲線，供給曲線の変化について，次に見ていこう。

まず，需要に影響を与える要因としてはどのようなものが考えられるだろうか。アイスクリームを例に考えよう。先ほども言及したように，まず，天候がアイスの需要には大きな影響を与えそうである。また，自分の財布にどれだけのお金が残っているか，つまり，予算の状況も大事である。そして，それら以上に需要に影響を与えそうなものに，アイスそのものの価格が考えられる。

その他にも，アイスクリームの需要に影響を与える要因は考えられるが，これらの要因とアイスの需要の関係を関数として表したものが以下で示される需要関数である。

$$Q = D(P, P^*, M, T, \cdots)$$

ただし，Q は需要量，P はこの財（アイスクリーム）の価格，P^* はこの財と競合する財（かき氷やジュース）の価格，M は予算，T は気温を表す変数であるとする。この様々な需要に影響を与える要因のうち，最も重要と思われる，そ

価格P

需要曲線の移動
（例：猛暑による需要増大）

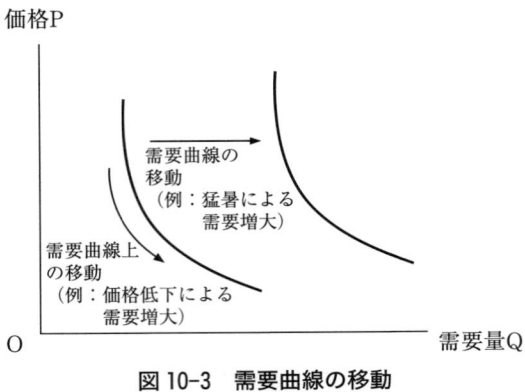

需要曲線上の移動
（例：価格低下による需要増大）

O　　　　　　　　　　　　　　　需要量Q

図10-3　需要曲線の移動

の財の価格と需要量の関係を図示したものが供給曲線である。この価格と需要量以外の要因を，図の外側で決定される変数という意味で外生変数という。

つまり，需要曲線とは，外生変数をすべて与件（一定の値）とおいて，内生変数である価格と需要量の関係を示した図であるといえる。「価格が下がれば，需要が増える」という変化は需要曲線上の動きとして表される。しかし，それ以外の要因の影響はその曲線から直接読み取ることはできず，需要曲線そのものの移動という形で表される。外生変数である気温が高くなったり，予算が増えたりなどして，アイスクリームの需要が増加すると，需要曲線は右側（需要を増やす方向）に移動する。これに対して，需要が減少するような外生変数の変化は需要曲線を左側に移動させる。以上の動きをまとめたものが図10-3に示されている。

以上の議論は供給曲線においてもそのまま適用できる。供給曲線の場合，内生変数は生産する財の価格と供給量となり，外生変数は，生産要素の価格や生産技術の進歩などが考えられる。

2　市場取引と資源配分

1) 価格と効用最大化

経済学の重要な命題として，「市場での自由な取引にまかせておけば，資源

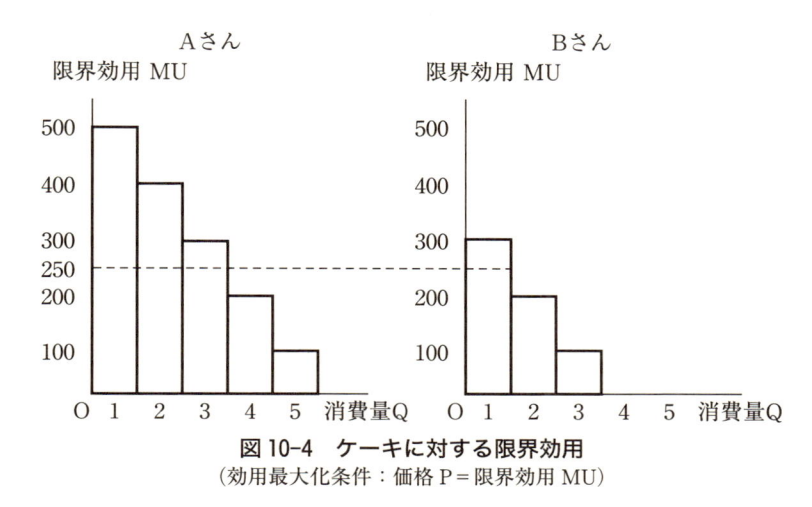

図 10-4　ケーキに対する限界効用
（効用最大化条件：価格 P = 限界効用 MU）

配分の最適性が自動的に保証される」というものをあげることができる。これは，自由な市場では価格の調整メカニズムを通して，市場は売れ残りも品不足もない，効率的な資源配分が達成されることを意味している。この点において，経済学ではできるだけ規制のない，自由な経済取引を支持している。

ただし，この市場の資源配分機能も完全なものででではなく，いくつかの理由によって，いわゆる「市場の失敗」がおこる。この市場の失敗のもとでは，効率的な資源配分は達成されず，このような市場に対しては政府などによる何らかの規制が必要となる。この問題は後の章で扱うことにして，本章では，効率的な資源配分達成のために，個々の消費者や生産者がどのように市場に関わっているのかを見ていこう。

市場が需要と供給の均衡状態（均衡価格）にあるとき，個々の消費者はどのような行動をとっているのだろうか。私たちは既に，消費者は需要関数にしたがって需要行動をとることを学んだが，議論の単純化のために，基数的効用理論，つまり，消費者の効用水準が何らかの基準（特に金銭単位）で計測可能であるとして話しを進めよう。AさんとBさんの，ケーキに対する限界効用が**図 10-4** のように示されるとする。

この図によると，AさんはBさんよりもケーキが大好き，または大食いであることが分かる。なぜなら，限界効用とは簡単に言えば，次の1個のケーキから得られる満足感のことであり，Aさんはすべての消費水準においてBさんよりも得られる満足感が高いことが見て取れるからである。

　さて，このケーキの価格が250円の場合，この2人はどのような消費行動をとるだろうか。ケーキの消費から得られる満足感がケーキの価格より高いうちは消費を続けるとすると（消費者の効用最大化原理に従うとこの行動は保証される），Aさんは3つ，Bさんは1つ，ケーキを消費する。以上から，基数的効用理論では，この限界効用曲線こそが需要曲線になることが分かる。つまり，消費者は，自分の限界効用が価格に等しくなるよう消費を決定するのである。

　しかし，より現実的には，消費者が，ある予算制約のもとで序数的に商品を比較しながら消費行動を決定していることは，第8章の家計行動の理論の中で説明した通りである。つまり，より現実的には，消費者はある予算制約のもと，種々の財の価格比と限界代替率が等しくなるように消費を決定しているといえる。

　2）価格の資源配分機能

　以上の議論で重要な点は，世の中にはケーキの大好きな人，まあまあ好きな人，大嫌いな人，と様々な選好をもつ消費者が存在するが，市場均衡のもとではすべての消費者は同じ価格に直面し，その価格に限界効用（価格比と限界代替率）が等しくなっているということである。つまり，市場均衡のもとでは，すべての消費者のその財に対する限界的な評価は等しくなっているのである。先の例では，Aさんはケーキを3つ，Bさんは1つ消費した時の限界効用は250円と一致している。

　このように，われわれの商品に対する評価は日々の消費行動を通して，市場価格に一致させられているのである。この事実をダイヤモンドとビー玉で考えてみよう。市場取引を経験したことのない（市場価格を知らない）幼児に，大きなビー玉と，小さなダイヤモンドを見せて，どちらかを選択させたとすると，おそらくその幼児はビー玉を選択するであろう。しかし，大人は迷わず，ダイヤモンドを選ぶのではなかろうか。このように，われわれは，本来

の人それぞれの好みとは別のところで財を評価しているのである。そして，この均衡状態（人々の限界評価が市場価格に一致）において，社会的に最適な資源配分が達成される。

　均衡点における資源配分の最適性について先の例で確認してみよう。ケーキ価格が250円の場合，Aさんは3つ，Bさんは1つ消費することは先ほど説明したが，この2人合計4個のケーキを，2人に2つずつ配分したとすると，これらのケーキから得られる効用の合計は，Aさんが500＋400＝900，Bさんが300＋200＝500で，1400となる。しかし，先ほどの2人の限界効用が均衡した状態（Aさん3つ，Bさん1つ）では，Aさんの効用の合計は500＋400＋300で，Bさんの効用の合計は300となり，2人合計の総効用は1500となる。4つのケーキを2人で分配するときに2人合計の効用を最大にするのは，2人の限界効用が均衡している状態であることを各自確かめてほしい。つまり，われわれの自由勝手な効用最大化行動が，市場メカニズムを通して，社会的に最適な資源配分に貢献しているのである。

　以上と全く同じ議論は，生産者側でも成り立ち，各生産者の限界費用は，利潤最大化行動を通じて，価格水準にまで調整され，社会的に最適な資源配分が達成されることになる。つまり，消費者も生産者も，自らの利益のみを追求しているのに，見えざる手に導かれるように，最も効率的な資源配分が社会的に実現する。これが，需要・供給の法則の中心をなす価格の資源配分機能である。

II　市場の調整メカニズム

1　価格による調整と数量による調整

　市場が均衡点に向かっていく様子を少し詳しく見ていこう。今までの説明では，市場を均衡に向かわせる力として価格調整メカニズムを説明してきた。例えば，売れ残り（超過供給）が市場で発生している場合は，バーゲンセールなど価格を低めることでこの売れ残りは解消されていき，逆に，品不足（超過需要）が市場で発生している場合は，値上げによって，品不足が解消されてい

図10-5 市場の調整メカニズム

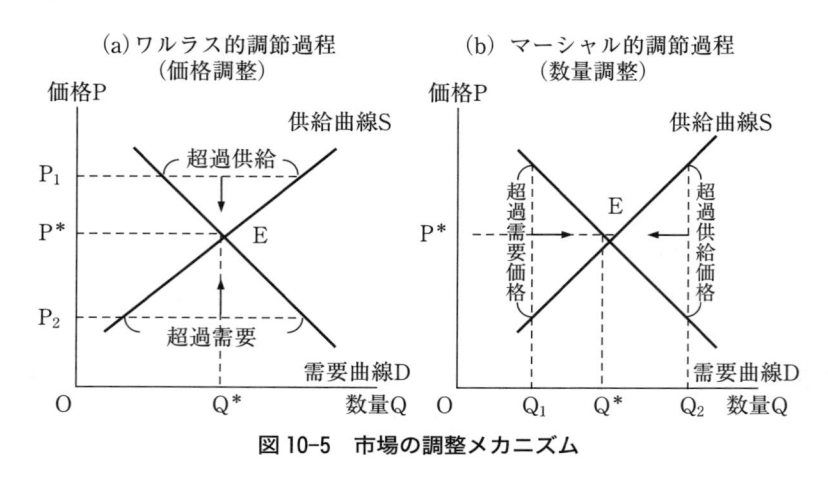

(a) ワルラス的調節過程（価格調整）

(b) マーシャル的調節過程（数量調整）

くというものである。以上のように，市場が不均衡の状態にある場合，価格の調整を通じて市場は需給の調節を行うとするものをワルラス的調整過程といい，この調整過程は図10-5(a)に示されている。

市場全体での需給調整の過程を考えるとき，ワルラス的調整過程は妥当と言えるだろうか。今我々は，完全競争市場の仮定の下に，市場分析を行っている。この完全競争市場の重要な特徴の一つにプライ・ステイカー（価格受容者）の仮定がある。この意味するところは，各経済主体は価格を変更する力を持たないということであり，価格による，市場全体の需給調整は理論的整合性に難があると考えられる。そこで，マーシャルは，市場での数量調節に目を付けて安定分析を行った。すなわち，市場で不均衡が生じた場合，供給量および需要量を調整して市場均衡を達成しようとする考え方である。

図10-5(b)において，取引数量が均衡から外れている場合を考えよう。まず，取引数量が均衡水準（Q^*）よりも少ない場合（Q_1），需要者が支払ってもよいと考える価格と生産者が供給しようとする価格にずれが生じる。この価格差を超過需要価格という。この潜在的な需要をねらって，供給者は財の供給を増加させていく。逆に，取引数量が均衡水準よりも多いい場合（Q_2），需要者が支払ってもよいと考える価格と生産者が供給しようとする価格に，先ほ

図 10-6　クモの巣モデル

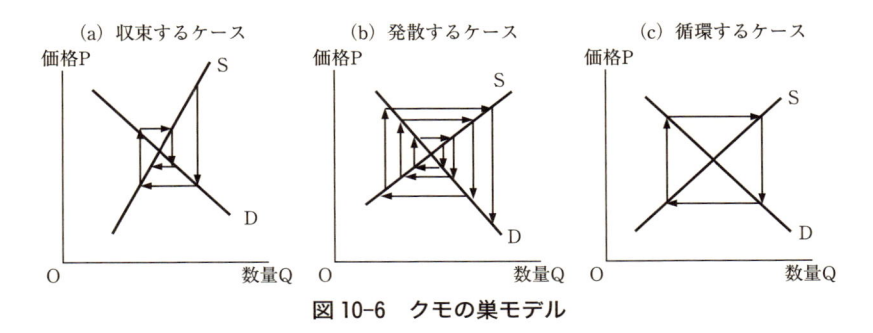

どとは逆のずれが生じる。この価格差を超過供給価格という。その場合，供給者は潜在的な供給過剰に対して，供給の減少で対応する。このように，数量の調整を通して，市場の調整を行うことをマーシャル的調整過程という。

2　クモの巣モデル

ワルラスやマーシャル的調整は，瞬間的に均衡への収束がなされるということを想定した静学的分析といえる。しかし，実際の調整過程には，ある程度の時間が必要になる。この時間の経過を導入した均衡分析に，クモの巣モデルという動学理論がある。

図 10-6 は，価格と数量が時間とともにたどる過程を示している。まず，供給者は，製品を一定数量もって，市場にやってくる。この段階では消費者の需要が価格を決定することになる。供給者は実現した価格が翌期にも実現すると予想し，その価格と供給曲線をもとに翌期の生産量を決める。以上の過程は繰り返され，消費者需要が新しい価格を決め，その価格に基づいて，さらに翌期の生産量が決まる。

以上のような時間の経過を伴う調整過程の行き着く結果には，図 10-6 に示す3通りの可能性がある。図中(a)では，市場は不均衡の状態からスタートしても，ぐるぐると均衡点の周りを回りながら均衡点に収束していく。この軌跡がクモの巣に似ているので，この需給調整のモデルはクモの巣モデルと呼ばれている。この調整過程は需要曲線の勾配が供給曲線のそれよりも相対的に緩やかな場合に実現する。

しかし，市場はいつも収束するとは限らない。図中(b)では，需要曲線の傾きが急で，供給曲線の傾きが比較的緩やかである。この場合，市場は不安定でクモの巣は発散する。そして，特殊なケースとして，需要曲線と供給曲線の形が完璧に調和すると，市場は永遠に循環し続ける（図中(c)）。

III 価格弾力性

1 価格弾力性

市場での消費者と生産者の行動を分析するときに，価格が行動に与える影響の重要性は今までに示した通りであるが，ここでは，議論を一歩進め，消費者と生産者がどれだけ敏感に価格へ反応するかが，経済の行方を大きく左右する事実を確認していこう。

まず，消費者の価格への反応の敏感さについて考えよう。すぐに思い浮かぶのは，価格の変化量に対する需要の変化量の比率を利用することだろう。例えば，100円の値下げに対してAさんの需要量は5つ増加し，Bさんの需要量は1つしか増加しなかった場合，AさんはBさんにくらべて5倍敏感に反応したと考えることができるだろう。この定義は非常に簡便であり，ちょうど，価格変化への敏感さを需要曲線の傾きの逆数で表すことができる。なぜなら，需要曲線の傾きの逆数は需要の変化量（ΔQ）を価格の変化量（ΔP）で割った値で定義されるためである（これは単に需要関数（$Q=Q(P)$）の微分値である）。

$$需要曲線の傾きの逆数 = \frac{\Delta Q}{\Delta P}$$

しかし，このような，変化量を使った敏感さの計測法には大きな欠点がある。変化量は現実の変化を正確には我々に知らせてくれないという問題である。

ここで，この問題を明らかにするために，体重100キロの力士と体重10キロの少年の体重増加の例を考えてみよう。この2人が，久しぶりに，体重を計ったときに，力士は110キロになっており，子供は20キロになっていたと

する。この時の2人の体重の変化量は共に10キロである。しかし，現実的変化で考えると，力士は少しがっちりした程度の変化と考えられるが，少年の変化は劇的なものとなるだろう。変化量ではこの現実に起こった変化をうまくとらえることはできない。そこで，この現実的変化をとらえるために便利なものに「変化率」がある。変化率は以下のように定義できる。

変化率＝変化量/元の水準

つまり，力士の体重の変化率は，変化量10キロを元の体重100キロで割って，0.1（10%）となり，少年の体重の変化率は，変化量10キロを元の体重10キロで割って，1（100%）となる。つまり，先ほどの体重増加は力士にとっては10%程度の変化であり，少年にとっては100%（2倍）もの増加であることが分かる。以上の変化率を使うと，需要が価格にどれだけ敏感に反応するかの尺度として，以下の需要の価格弾力性（price elasticity of demand）：ε を定義できる。

$$\varepsilon = \left| \frac{\Delta Q/Q}{\Delta P/P} \right|$$

つまり，需要の価格弾力性は需要の変化率を価格の変化率で割ったものとして定義される。これは，価格の1%変化が需要の何%変化を引き起こすかで，その敏感さを計測していると解釈することができる。ここで，絶対値記号が使われているのは，一般に価格と需要の変化は反対方向に作用し，その比率の値はマイナスとして求まるが，これを分かりやすくマイナスをとって定義するためである。

さらに，弾力性の定義を整理し直すと，次のような，より一般的な式を得ることができる。

$$\varepsilon = \left| \frac{P}{Q} \cdot \frac{\Delta Q}{\Delta P} \right|$$

つまり，弾力性は需要曲線の傾きに価格と数量の比を掛けたものとして求めることができる。

以上の定義から，弾力性と需要曲線の形状の関係を**図 10-7** で確認しておこう。

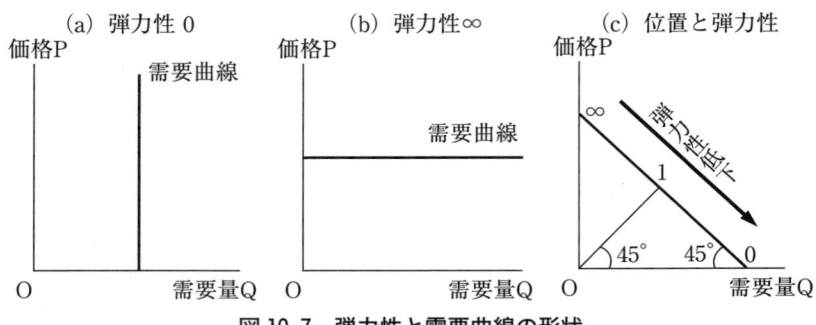

(a) 弾力性 0 (b) 弾力性∞ (c) 位置と弾力性

図 10-7　弾力性と需要曲線の形状

　図中(a)には極限まで傾きを急にした需要曲線が示されている。この場合，価格の変化に需要が全く反応しない様子が読み取れる。即ち，このような需要曲線の弾力性はゼロとなる。(b)には極限まで傾きを緩やかにした需要曲線が示されている。これは(a)のケースと正反対となり，弾力性は無限大となる。この 2 つのグラフより，一般に傾きの緩やかな需要曲線ほど弾力性が大きくなる傾向が読み取れる。しかし，弾力性の定義でも明らかにしたように，傾きだけで弾力性を決定することはできない。弾力性と位置の関係は図中(c)に示されている。ここでは，傾きが -1 （右下がり 45 度）で一定の需要曲線上でも，その位置によって，弾力性が無限大からゼロの値までとりうることを示している。

例題　需要曲線：$Q = 100 - P$ において，価格 P が 20 のときの需要の価格弾力性の値を求めなさい。

解答　価格 $P = 20$ のとき需要量 $Q = 80$ となる。そして，需要関数の微分値 $\Delta Q / \Delta P = -1$ によって，弾力性は $\varepsilon = |(20/80) \times (-1)| = 0.25$ と求まる。

2　弾力性と収入

　経済分析を行う際，ある均衡状態から次の均衡状態への変化を比較することは非常に有益な情報を与えてくれる。このような経済分析を比較静学分析

図 10-8　価格戦略と弾力性

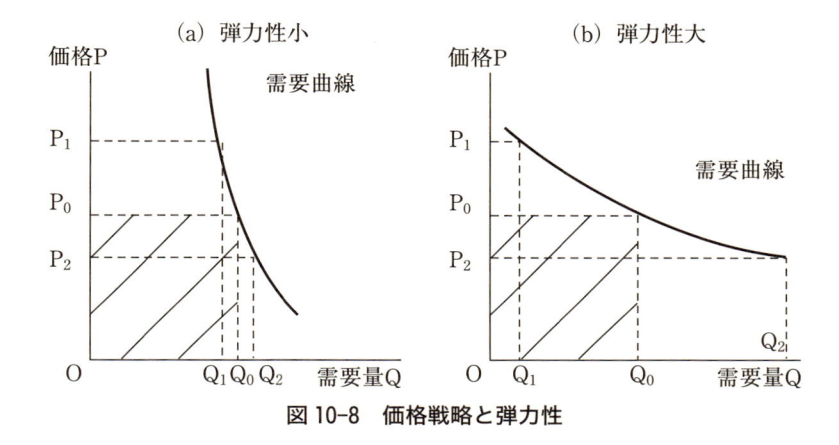

というが，あるラーメン屋さんの経営戦略について，この比較静学分析を用いて議論していこう。

収入をどうすれば増やせるかを考えているラーメン屋さんがいたとしよう。このラーメン屋さんはラーメン価格の変更によって売り上げ（収入）を増加させようと考えたとする。収入は販売価格に販売数量を乗じたものであるので，大きく分けて，以下の2つの価格戦略が考えられる。

(1) 値上げ→お客さん一人一人の支払い増→収入増
(2) 値下げ→お客さんそのものの人数の増加→収入増

どちらの戦略が成功するかは需要の価格弾力性によるのである。**図 10-8** で，確認してみよう。

図中(a)には，お客さんが値段に無頓着なケース（弾力性小），(b)には，お客さんが値段に非常に敏感に反応するケース（弾力性大）が示されている。当初のラーメンの価格が P_0 であったとすると，このラーメン屋さんの収入は $P_0 \times Q_0$ で求められ，図中では斜線で示された四角形の面積として確認することができる。すなわち，需要曲線が与えられると，任意の価格設定に対する収入を即座に見積もることができるのである。

価格 P_0 の状態からの収入増を目指した価格戦略は弾力性によって全く正反対の結果となる。お客さんが値段に無頓着なケース(a)では，値上げによっ

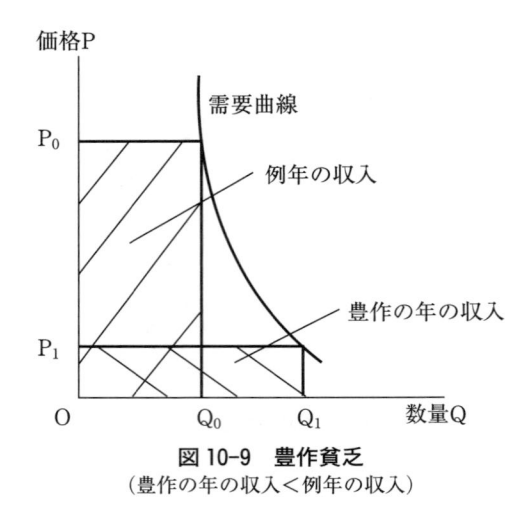

図 10-9　豊作貧乏
（豊作の年の収入＜例年の収入）

て大幅な収入増加につながり，お客さんが値段に非常に敏感に反応するケース(b)では，値下げによって大幅な収入増加につながることを確認してほしい。以上のように，弾力性が小さい需要者には値上げ戦略，弾力性が大きい需要者には値下げ戦略が有効であることが確認できる。商売成功の秘訣は顧客の観察にあるといえるだろう。

　もう一つ，弾力性と収入の関係から分析できる重要な経済問題として，「豊作貧乏」の例を紹介しよう。豊作貧乏とは読んで字のごとく豊作であったために貧乏になってしまうという現象である。このような現象は現実にも起こりえる。ニュースなどで，白菜が豊作だったため，収穫直前に廃棄処分にしてしまうという状況が伝えられることがある。これはこの豊作貧乏を回避するための対策なのである。図10-9 でこの状況を確認しよう。

　白菜市場の需要曲線はどのような形状になるだろうか。白菜は日本の食卓に欠かせない必需品である。必需品とはそもそも，価格の高低に関わらず，需要しないわけにはいかない財をさす。つまり，需要の価格弾力性が非常に小さいことが必需品の特徴なのである。

　例年の白菜農家の収入は，例年の収穫量を Q_0 とすると，この Q_0 と P_0 の水

準で示される四角形の面積で確認できる。一方，豊作の年の収穫量が Q_1 だったとすると，その年の収入は Q_1 と P_1 の水準で示される四角形の面積で確認できる。この二つの四角形の面積（収入）を見比べると，豊作の年の収入が低くなることが分かる。図から明らかなように，この原因は価格の暴落にある。つまり，豊作の年の白菜の廃棄処分はこの価格の暴落を避けるためだったのである。しかし，世界には飢餓で苦しむ人々が多くいる中でのこのような対策に対しては，今後何らかの配慮をする必要があるのではなかろうか。また，必需品の値段は供給量によって暴落もするが，逆に暴騰もするという事実に注意してもらいたい。消費者側としては，今後の地球環境問題による食料供給の不安定性からくる食料価格の暴騰こそ注意する必要があるだろう。

IV　余剰分析

1　消費者余剰と生産者余剰

1）消費者余剰

　消費者は消費から得られる効用を最大化するよう消費を決定している。この行動を少し詳しく見ていこう。私たちは図 10-4 によって，消費者の効用最大化条件（P＝MU）について既に議論している。ここでは，そこで最大化された効用の大きさを確認する。図 10-4 において，ケーキ 1 個の価格が 250 円の場合，A さんは 3 つのケーキを消費し，その 3 つのケーキから合計 1200 円分の効用を得ている。しかし，A さんが消費から最終的に得た満足感を考えるには，支払いによる不効用を差し引く必要がある。つまり，いくらおいしいものでも，値段が高ければそれだけ満足感は減じられるということである。

　A さんの 1 つ 1 つのケーキ消費から得られる効用は，最初の 1 個は高く，以下だんだん低下していくが（限界効用逓減の法則），支払う価格は A さんの効用水準とは関係なく一定である。今の例では 1 個 250 円であり，A さんは 3 個消費したので，合計の支払額は 750 円となる。そこで，最終的に A さんがケーキを消費することで得られた総効用は，ケーキ消費から得られた効用か

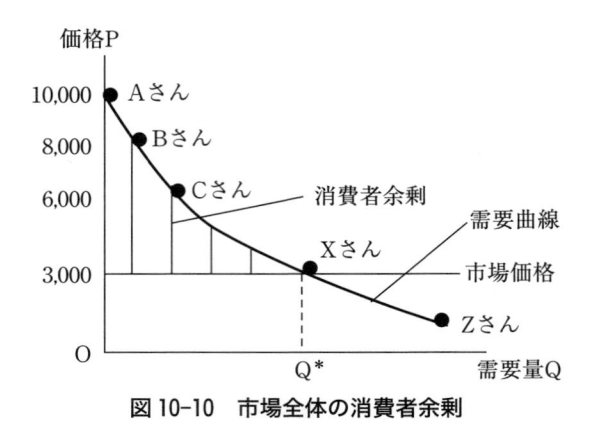

```
           価格P
      10,000 ●  Aさん
       8,000   ● Bさん
       6,000     ● Cさん    消費者余剰
                                            需要曲線
                            Xさん
       3,000              ●           市場価格
                                              ● Zさん
          O              Q*         需要量Q
```

図10-10　市場全体の消費者余剰

ら支払額を引いた値で450円（1200−750）と求められる。これが消費者余剰（consumer's surplus）と呼ばれるものである。先ほどまで，効用最大化条件として紹介していたものは，厳密には，消費者余剰最大化条件となっていることを確認してほしい。

　つまり，消費者余剰とは「支払う意思はあるが，支払わずにすんだという意味での，需要行動を通じた消費者の利得」と考えることができる。市場全体の消費者余剰についても考えておこう。あるヒット映画のDVDに対する市場需要が図10-10のように示されたとする。DVDは基本的に一人が1枚を購入するとしよう。すると，市場需要曲線とは，市場に存在する需要者の中からその財を高く評価している人順に整列させたものと考えられる。Aさんはその映画が大好きで，たとえ1万円であっても買いたいと思っていたとする。Bさんは8千円，Cさんは6千円，そして，Zさんは1000円だったら買ってもよいと考える人である。

　ここで，このDVDの価格が3000円だったとすると，Aさん，Bさん，Cさん，そして，そのDVDへの評価が3千円以上の人（Xさんまで）は，そのDVDを購入し，Zさんは購入を見送る。ここで，Aさんは1万円払っても惜しくないくらいのDVDを3000円で購入したので，7000円分得した気分が得られる。これがAさんの消費者余剰であり，市場全体の消費者余剰は図

第10章　市場均衡の理論　　213

価格P

市場価格P*

限界費用曲線

生産者余剰

O　　　　　　　　　Q*　生産量Q

図10-11　生産者余剰

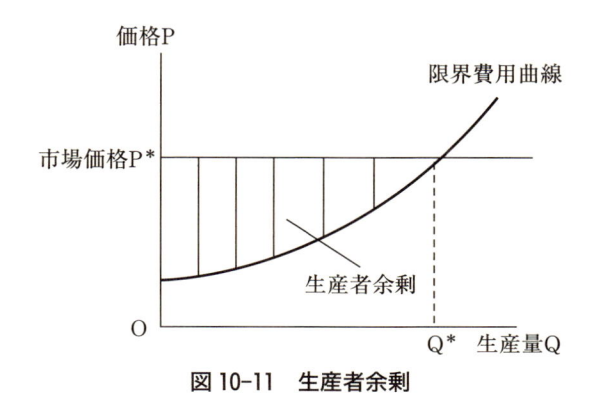

中の縦しまの領域で示される。

2）生産者余剰

　生産者の利潤最大化行動についても我々は既に第9章の**図9-13**で確認しており，利潤最大化条件は市場価格と限界費用の均衡（P=MC）であることを知っている。この点を余剰の概念を使って確認してみよう。**図10-11**には，ある生産者の財の供給に際しての限界費用とその財の市場価格が示されている。

　各生産水準においての限界的な生産（次の1単位生産）にかかる費用が限界費用である。そして，企業は財を1単位市場に供給するごとに，市場価格P*の収入を得る。つまり，各生産水準における価格と限界費用の差額が次の1単位生産から得られる利潤（限界利潤）となる。供給者はこの限界利潤が発生する限り生産を拡大していくので，最終的な生産量はQ*となる（ちなみに，この水準を越えた増産は利潤の低下を招く）。そして，ここまでに得られた利潤の合計が図中の縦しまの部分であり，この部分を生産者余剰（producer's surplus）という。つまり，生産者余剰とは，生産者が生産を通して受け取った，限界利潤の合計，つまり粗利潤（固定費用を無視した利潤：利潤＝粗利潤−固定費用）に対応している。

2 需要・供給の均衡と社会的余剰の最大化

　市場が均衡しているときに最適な資源配分が実現している点を，余剰の概念を使って確認してみよう。まず，今までの議論により，ある財に対する需要曲線は，個々の消費者の限界的評価（次の1単位消費によって得られる効用）の社会的合計と考えられ，供給曲線は限界費用（次の1単位生産にかかる費用）の社会的合計と考えられた。この需要曲線と供給曲線を図示したものが図10-12である。

　図中(a)には，需要・供給曲線と均衡における消費者余剰と生産者余剰が示されている。この均衡点において社会的余剰（消費者余剰＋生産者余剰）が最大化されていることを確認しよう。

　まず，この財の取引数量が均衡点よりも少ない水準（Q^*よりも左側）にある時を考える。そのような取引水準では，需要曲線が供給曲線の上方に位置している。つまり，消費者のその財への（限界的）評価が，生産者の（限界）費用を上回っている。これは次の1単位の生産費用を消費者の評価が上回っていることを意味しているので，増産が社会的余剰を増加させる。

　逆に，取引数量が均衡水準（Q^*）よりも多い場合はどうであろうか。こちらの領域では，供給曲線が需要曲線の上方に位置している。つまり，財の増産の費用は消費者の評価を上回っているので，増産は社会的余剰の減少を意味する。

　以上から，需要・供給曲線の均衡点において社会的余剰が最大化されていることが確認できた。最後に図中(b)には，今までの議論から得られる市場経済の簡単なイメージを示している。市場経済では，価格を基準として，無数の生産者はそれぞれの限界費用と等しくなるよう生産行動を決定し，無数の消費者はそれぞれの限界的評価と等しくなるよう消費行動を決定している。その結果，限界費用と限界的評価は価格水準に均等化され，社会的に最適（効率的）な資源配分が達成される。

例題 需要曲線，供給曲線がそれぞれ$D=100-P$，$S=P$で与えられるとする（P：価格，D：需要量，S：供給量）。均衡点における消費者余剰と生産

第 10 章　市場均衡の理論　　215

(a) 需要供給の法則

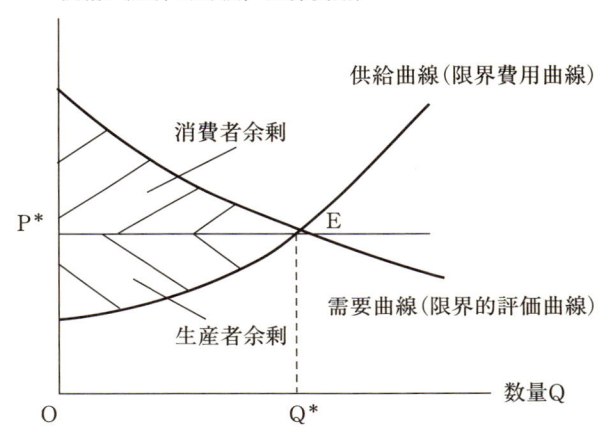

価格P（限界的評価，限界費用）

供給曲線（限界費用曲線）

消費者余剰

P*　　　　　　　　　　E

需要曲線（限界的評価曲線）

生産者余剰

数量Q

O　　　　　　Q*

(b) 市場経済のイメージ

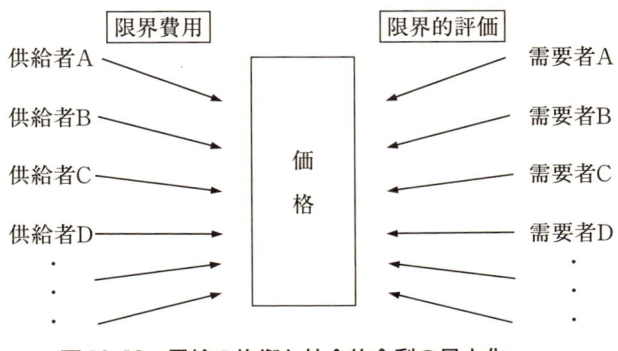

|限界費用|　　　　　|限界的評価|

供給者A →　　　　　　　← 需要者A
供給者B →　　　　　　　← 需要者B
供給者C →　　価格　　　← 需要者C
供給者D →　　　　　　　← 需要者D
　︙　　　　　　　　　　　　︙

図 10-12　需給の均衡と社会的余剰の最大化

者余剰を求めなさい。

解答　消費者余剰 $= 50 \times 50 \div 2 = 1250$，生産者余剰 $= 50 \times 50 \div 2 = 1250$。

図10-13 価格規制の影響

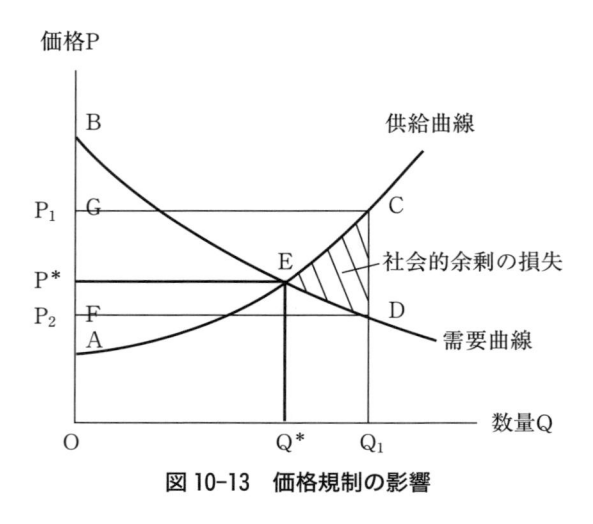

V 余剰分析の応用

1 価格規制による過剰生産

　政府が価格を規制する形で市場に介入した場合の社会的余剰の変化を分析してみよう。日本では少し前まで，米の生産者を保護するために米価を高水準で維持する政策をとってきた。図10-13には，日本の，米に対する需要曲線と供給曲線を示している。政府介入がない場合の均衡価格はP^*であるが，政府が米価政策を実行しているため，生産者米価P_1（政府が農家から買い上げる価格）は消費者価格P_2（米あまりを防ぐために政策的に消費者に対して設定される価格）よりも高くなっている。

　政府介入前の社会的余剰（消費者余剰＋生産者余剰）は均衡点Eで決定され，図中の三角形ABEの面積で示されるが，介入後の余剰を見てみよう。まず，保護されている生産者の余剰は自由市場での価格（P^*）よりも高水準の生産者価格（P_1）の水準と供給曲線で囲まれた領域（AGC）の面積分の生産者余剰を得る。これは介入前の生産者余剰を大きく上回っている。介入後の消費者

余剰も，消費者価格（P_2）と需要曲線で囲まれる領域（BDF）の面積へと増加していることが図から確認できる。

以上では，生産者余剰，消費者余剰ともに増えているが，この米価政策の財源を以上の余剰から差し引いてはじめて，社会的余剰になることに注意しよう。政府は生産者から P_1 で買った米を買値より安い P_2 で消費者に売却するため供給水準 Q_1 では，損失が $(P_1-P_2)\times Q_1$ となる（図中 FGCD）。この財源は税金であり，我々国民によって負担されるのである。

結局，社会的余剰（生産者余剰＋消費者余剰－財政負担）は，図中では，ABE で示される領域の面積から CDE で示される領域の面積を差し引いた値となる。つまり，介入前の社会的余剰よりも CDE で示される領域の面積の分だけ余剰が減少している。この CDE の部分を政府介入によって引き起こされた資源配分のゆがみによる社会的余剰の損失という。

以上の結果をまとめると，米価政策は農家の保護によって得られる社会的便益（食糧供給の長期的安定性の確保など）が社会的余剰の損失を上回ると考えられる場合においてのみ正当化できると言える。

2　課税による過小生産

次に課税の市場に与える効果を分析してみよう。ここでは，例として，ガソリンに対する課税の効果を考える。課税後は生産者の設定する価格のうち一定額または一定割合が税金として徴収される。例えば，ガソリン1リットルに T 円の税金がかかるとする。このような課税は，生産者の費用構造を変化させると考えることができる。なぜなら，供給のための費用の中に税金を含めなければいけないからである。**図 10-14** はこの点を図で示したものである。

課税前の均衡点は需要曲線と課税前の供給曲線（限界費用曲線）によって与えられ，図中 E 点となる。この時の均衡価格は P^* となり，均衡取引数量は Q^* となる。そして，社会的余剰（消費者余剰＋生産者余剰）は，図中 ABE で示される領域の面積となる。

ここで，ガソリン1リットル消費毎に T 円の税金がかかったとすると，そ

図10-14　課税の影響

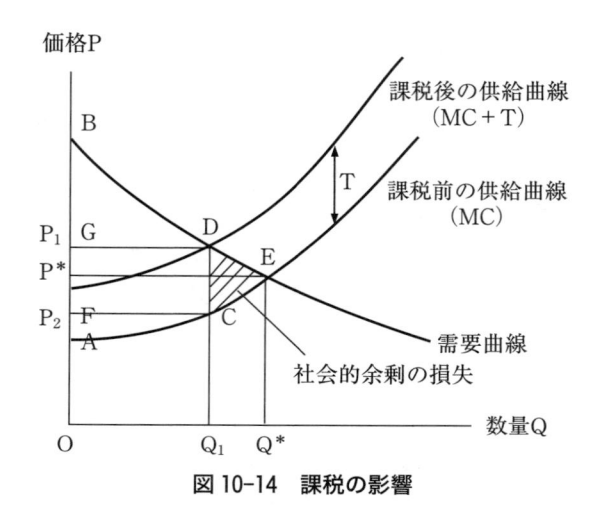

の分生産者の費用は増加するため，課税後の供給曲線は課税前の供給曲線をT円分だけ上方に平行移動した曲線となる。すると，課税後の均衡点は図中Dへと移動する。つまり，課税後のガソリン価格はP_1へと値上がりし，取引数量はQ_1へと減少することが確認できる。ただし，価格P_1は消費者が支払う価格ではあるが，生産者が実際に受け取ったと考えられる価格は，消費者価格P_1から政府へ納入する税Tを差し引いた価格，$P_2(=P_1-T)$となる点に注意すること。

以上から，課税後の社会的余剰の大きさを議論しよう。まず，消費者余剰は消費者価格の上昇によって，図中のBDGで示される領域の面積へと縮小している。また，生産者余剰も，生産者価格の低下によって，図中のACFで示される領域の面積へと縮小している。つまり，課税によって消費者が直面する価格は上昇し，消費者の余剰は減少する。そして生産者が実質的に受け取る価格は逆に低下し，生産者余剰も減少している。しかし，課税をした政府は，図中の四角形FGDCの面積分の税収（$T×Q_1$）を得ている。ここで，課税後の社会的余剰（消費者余剰＋生産者余剰＋税収）を確認すると，図中のABDCで示される領域の面積となる。結局，課税による社会的余剰の変化を

確かめると，課税によって図中の斜線（CDE）で示される領域分の余剰の損失が発生していることが確認できる．

　単純な余剰分析によると，課税は社会的に望ましくないという結論を以上で得たが，課税は常に社会的悪なのであろうか．課税による政府の市場への介入は確かに市場の資源配分メカニズムを歪める．しかし，ここで注意しなければならないのは，市場メカニズムは常に最適に機能しているわけではないという事実である．様々な要因により市場は失敗するのである．この市場の失敗を是正するための政府の介入は，余剰分析においても正当化される事実が次章以降で詳しく議論していく．

参考文献
1) 石橋春男「経済学へのアプローチ　第2版」成文堂，2002．
2) 伊藤元重「ミクロ経済学　第2版」日本評論社，2003．
3) ヴァリアン「入門ミクロ経済学」佐藤隆三監訳，勁草書房，2000．
4) ミラー「実験経済学入門」川越敏司完訳，日経BP社，2006．

第11章

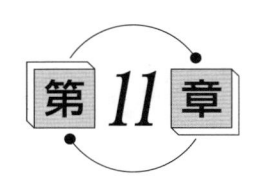

不完全競争

　前章までは，小規模な企業が無数に存在すると仮定する完全競争市場の理論を紹介してきた。この完全競争市場は，経済学的には一つの理想社会と考えることができ，完全競争市場で実現される市場均衡では社会的余剰が最大化されている点も前章までに確認した通りである。

　しかし，現実社会においては独占や寡占などのように1社または少数の企業が市場を支配するケースも多く見られる。このような市場では資源配分に歪みがもたらされる。本章ではこの不完全競争市場について考えていこう。

I　独占の理論

1　独占企業の総収入曲線

1）価格支配力と収入

　市場の中に，ただ1企業が存在する場合の市場構造を独占（monopoly）という。そして，独占企業と完全競争企業の市場行動における最大の違いはその価格支配力にある。完全競争市場で活動する個々の企業は，市場で決定された価格を受け入れ，それをもとに利潤最大化行動を行う。しかし，独占企業はその市場にライバルが存在せず，市場全体の財の供給を1社で行うため，その企業の供給量によって価格を変動させる力を持つ。

　しかし，財の供給量と価格を無関係に設定することはできない。なぜなら，設定した価格において市場が受け入れてくれる量を決定するのは消費者の需要だからである。もし，独占企業が市場への供給を減少させれば，当然市場全体の供給量（＝独占企業の供給量）も減少するため，価格は需要曲線に沿って上昇する。つまり，独占市場では，独占企業の供給量に応じて価格が決定さ

図11-1 独占企業の収入の変化

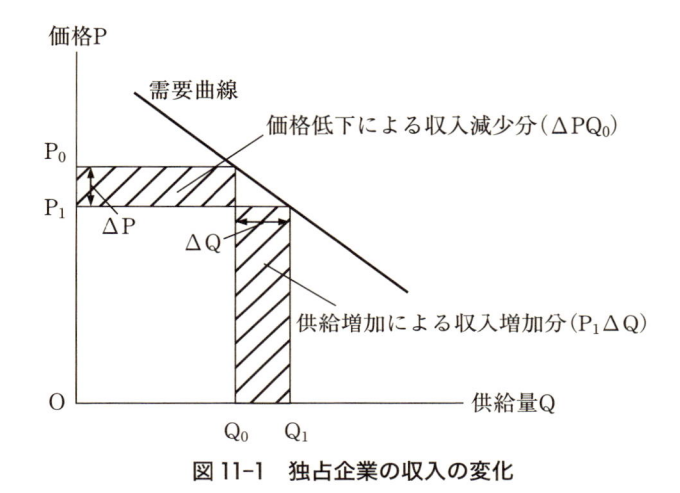

れるのである。このため，独占企業はこの価格支配力を利用し，自己の総利潤を最大化するような産出水準と価格水準を決定することができる。

それでは，独占企業の供給量の変化が自身の収入に与える影響を，需要曲線を使って確認してみよう。

図11-1にはこの独占企業が直面する市場需要曲線が描かれている。この独占企業が供給量を ΔQ だけ増加させようと決めた場合，収入には2つの影響がある。第1は，供給の増加により収入が $P\Delta Q$ だけ増加する効果であり，第2は，供給の増加に伴う価格低下（ΔP）によって，収入が ΔPQ だけ減少する効果である。つまり，供給量を ΔQ だけ変化させた時の収入の変化 ΔR は以下の式で表される。

$$\Delta R = P_1 \Delta Q - \Delta P Q_0$$

そして，上の収入の変化分を示す式を，供給量の変化分 ΔQ で割ることによって，以下の限界収入 MR を示す式を得ることができる（ただし，ここで行う式の変形は，厳密には，数量の変化 ΔQ が極限的に微小な場合（微分の概念）において成り立つ）。

$$MR = \frac{\Delta R}{\Delta Q} = P + Q\frac{\Delta P}{\Delta Q}$$

つまり，供給量の1単位増加が収入に与える影響（限界収入）は，まず価格分の収入増から，供給増による価格低下が供給全体に与えるマイナスの影響（$\Delta P/\Delta Q<0$）を差し引くことによって求めることができる。以上の2つの効果は，**図11-1**において斜線部分でそれぞれ示されている。

2）需要曲線と限界収入

ここで，以上の議論から分かるように，限界収入が需要曲線と密接な関係にある事実を確認しておこう。簡単化のため，独占企業が，次のような線形需要曲線に直面しているとしよう。

$$P = -aQ + b \quad (a, b：正の定数)$$

この需要曲線は傾き（$\Delta P/\Delta Q$）が$-a$，縦軸との切片がbとなる直線となる。すると，収入関数は，以下のように求められる。

$$R = PQ = -aQ^2 + bQ$$

そして，先ほど示した限界収入MRを表す式を使い，以下の限界収入曲線の式が求まる。

$$MR = \frac{\Delta R}{\Delta Q} = P + Q\frac{\Delta P}{\Delta Q} = -aQ + b - aQ$$
$$= -2aQ + b$$

つまり，線形の需要曲線の場合，独占企業の直面する限界収入曲線は，需要曲線と同じ縦軸との切片bとなり，傾きは2倍（$-2a$）となる。この様子を**図11-2**に示している。

3）総収入曲線

以上のように，独占企業は供給の増加が収入に与えるプラスの影響とマイナスの影響を考慮して，生産量を決定する必要がある。これに対して，前章までに見てきた完全競争市場で活動する企業は供給の増加は線形的に収入の増加に結びついたことを思い出してほしい（第9章，図9-11参照）。

つまり，完全競争市場では限界収入は一定で価格に等しくなっていたが（$MR=P$），独占市場では，独占企業の生産増加が価格低下を引き起こす影響

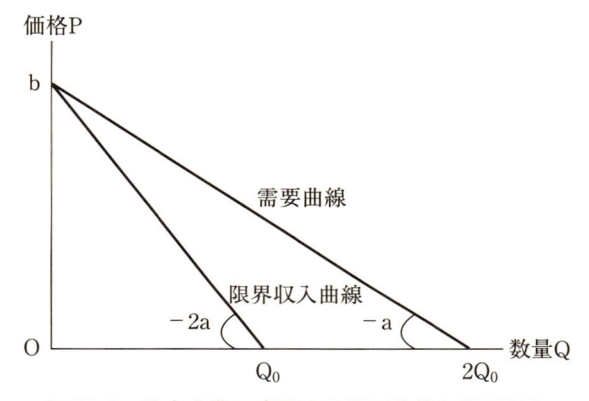

図 11-2　独占企業の直面する需要曲線と限界収入

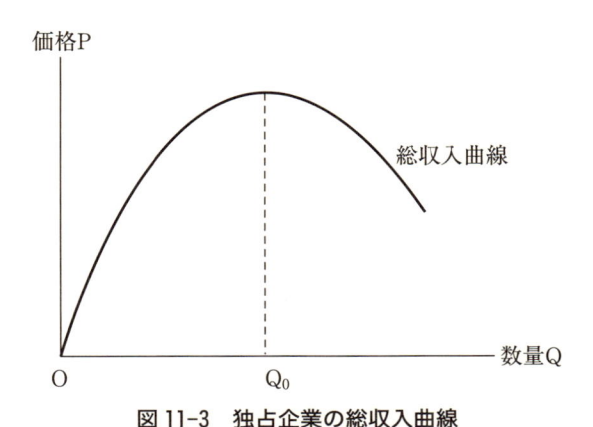

図 11-3　独占企業の総収入曲線

のため，図 11-2 で見たように，限界収入も生産の増加につれて減少していく。限界収入とは，追加的 1 単位供給から得られる収入の大きさを表し，総収入曲線の傾きに対応している。この限界収入が生産の増加につれて，減少していく事実は，総収入曲線の傾きが生産増加につれて小さくなっていくことを意味する。この総収入の変化は図 11-3 に示されている。総収入曲線の頂点をむかえる生産水準は限界収入がゼロとなる生産水準に対応している。

(a) 利潤＝総収入－総費用

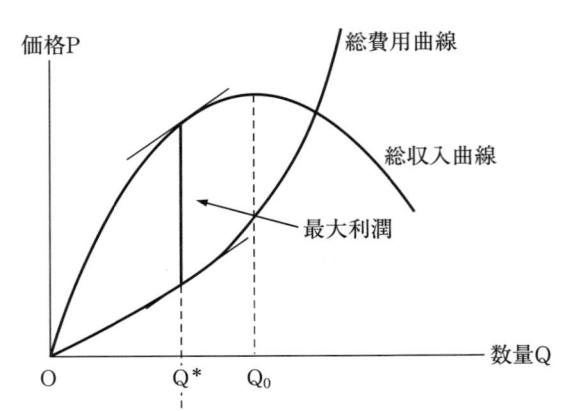

(b) 利潤最大化条件（MR＝MC）

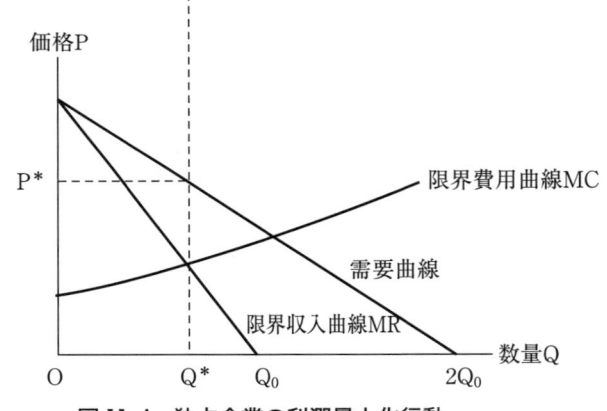

図11-4 独占企業の利潤最大化行動

2　独占企業の利潤最大化

つぎに，先に求めた総収入曲線を用いて，独占企業の利潤最大化行動について考えよう。図11-4の(a)には総収入曲線と総費用曲線が示されており，(b)には限界収入曲線，需要曲線（平均収入曲線），そして，限界費用曲線が示されている（ただし，企業の費用構造については基本的に完全競争市場について分析した9章と同様に分析できる）。

利潤とは総収入と総費用の差のことであるので，図中(a)では，総収入曲線と総費用曲線の差を示す線分で利潤の大きさを表すことができる。この図で独占企業の利潤最大化行動を考えると，利潤を示す線分の長さが最長となる生産水準を達成する行動といえる。この利潤が最大になるのは，供給量がQ^*の水準のときである。そこでは，総収入曲線の傾き（限界収入 MR）と総費用曲線の傾き（限界費用 MC）が等しくなっている。つまり，独占企業においても，利潤最大化条件は以下の式で示される。

$$MR = MC$$

これは，完全競争市場でのプライ・ステイカー企業の利潤最大化条件と基本的には同じである。しかし，完全競争市場では限界収入は価格に等しかったので，限界収入曲線は需要曲線と一致していたのに対し，独占市場では，限界収入曲線が需要曲線より下側に位置している。このため，独占市場での財の供給量は完全競争市場よりも少なくなる。

独占企業の利潤最大化生産水準Q^*は限界収入曲線と限界費用曲線を使ってより明確に示すことができる（図11-4(b)）。利潤最大点では限界収入と限界費用が等しくなっているので，両曲線がちょうど交わる生産水準Q^*において利潤は最大化されている。この意味を両曲線を使って考えてみよう。

生産水準がQ^*よりも少ない生産水準では，限界収入は限界費用を上回っている。つまり，追加的1単位から得られる収入が追加的1単位生産にかかる費用を上回っているのである。これは財の生産の追加が利潤の増加をもたらすことを意味する。

一方，生産水準がQ^*を超えた水準では，限界収入は限界費用を下回っている。つまり，この領域では財の生産を増加すればするほど利潤が減少していくことを意味する。

結局，財の生産水準がQ^*より少なければ増産によって利潤を増加させることができ，Q^*より多ければ増産は利潤の低下を意味する。このように，Q^*において独占企業の利潤が最大化されている理由を解釈することができる。

図11-5 独占市場の社会的余剰

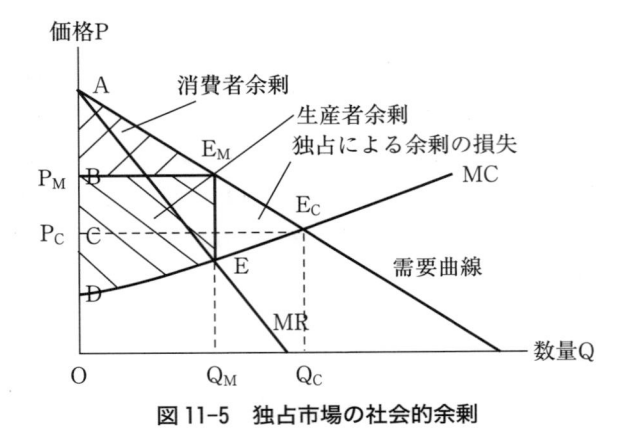

3 独占市場の非効率性

完全競争市場では，企業は価格と限界費用が等しくなるよう生産活動を行うが，独占市場では，独占企業は価格が限界費用より高くなるよう生産活動を行う。つまり，独占市場では，完全競争市場に比べて，価格はより高く，供給量はより少なくなる。そのため，企業は競争市場よりも独占市場で高い利益を得ることができ，消費者は独占市場では不利な立場となる。

以上の事実を余剰分析によって確認してみよう（図11-5）。まず，完全競争市場で実現される社会的余剰から確認しておこう。完全競争市場では限界収入は価格に等しいので，利潤最大化条件（MR＝MC）より，均衡点は E_C となる。そして，この時の消費者余剰の大きさは，図中 ACE_C の面積となり，生産者余剰の大きさは，図中 CDE_C の面積となる。

一方，独占市場では独占企業の価格支配力により，限界収入曲線は需要曲線の下方に位置する。そこで，独占企業の利潤を最大にする生産量は Q_M となり，そのときの価格は P_M となる。そして，この時の消費者余剰は図中 ABE_M の面積となり，生産者余剰は図中 $BDEE_M$ の面積となる。

余剰の比較から明らかなように，独占市場では，消費者余剰がかなり減少している。この原因は独占企業による供給の引き締めとそれに伴う価格上昇にある。逆に，独占企業の生産者余剰は，本来消費者の利得となる部分まで

取り込み拡大している。そして、社会的余剰（消費者余剰＋生産者余剰）は独占市場では完全競争市場に比べて図中 $E_M EE_C$ の面積分減少している。これが独占による社会的余剰の損失である。つまり、独占は消費者余剰の一部を生産者余剰に移転し、その際、社会的余剰の損失を引き起こすという意味で、市場の資源配分機能を歪めるということが分かる。このため、独占は社会的に、特に消費者にとって望ましくない状態であると言える。

II　寡占の理論

1　クールノー・モデル

　前節までは、2種類の重要な市場構造を紹介してきた。一つは市場に競争者が非常に多数存在する完全競争市場で、もう一つは市場に大きな企業が1つだけ存在する完全独占市場である。しかし、現実の世界では、多くの場合、市場はこの両極端のどちらかではなく、その中間に位置している。このような比較的多くの企業が存在するがそれらの企業は、それぞれある程度の価格影響力を持つ状況を寡占（oligopoly）とよぶ。本節では、この寡占の中で最も単純な複占（duopoly）、つまり、市場に2つの企業が存在する経済モデルを見ていこう。

　まず、クールノー・モデルから紹介しよう。このモデルの仮定は以下の3つである。

(1)　2企業は、互いに協力することはなく、競争的に振る舞う。
(2)　しかし、完全競争と異なり、それぞれの企業の生産水準は市場価格に影響を及ぼす。
(3)　それぞれの企業は他方の企業の産出量についての情報は持たず、所与のものとして自社の供給行動を決定する。

　つまり、それぞれの企業は、他企業の供給行動を所与として、自社の利潤を最大化する経済モデルといえる。

　ここで、簡単化のため、線形の市場需要に直面する2つの企業の利潤最大化行動を考えよう。（逆）需要曲線と企業1、企業2の限界費用が以下で与え

られるとする。

$$P(Q) = 100 - Q \quad (Q = Q_1 + Q_2)$$
$$MC_1 = MC_2 = 10$$

ただし，$P(Q)$ は市場価格，Q_1，Q_2およびMC_1，MC_2は企業1，企業2の供給量および限界費用，そして，Q は市場全体の供給量（$=Q_1+Q_2$）を表すとする。

まず，企業1の利潤最大化行動を見ていこう。企業1の利潤関数 π_1は以下のようになる（ただし，利潤最大化行動に固定費用は直接影響しないので，ここでは固定費を無視する）。

$$\pi_1 = P(Q)Q_1 - MC_1 Q_1$$

ここで，企業1の利潤最大化条件は限界収入 MR_1 = 限界費用 MC_1である。すでに紹介したように，価格影響力がある場合の限界収入は

$$MR = \frac{\Delta R}{\Delta Q} = P + Q\frac{\Delta P}{\Delta Q}$$

で示されたので，これを使って企業1の限界収入を求める。

$$MR_1 = (100 - Q) + Q_1(-1)$$
$$= 100 - 2Q_1 - Q_2$$

そして，企業1の限界費用は $MC_1 = 10$ なので，結局企業1は利潤最大化のため以下の式を満たすように供給水準を決定する。

$$MR_1 = MC_1$$
$$100 - 2Q_1 - Q_2 = 10$$

以上の条件を変形することによって，企業1の反応関数と呼ばれるものを導出できる。つまり，反応関数とは所与の企業2の供給量に対して，企業1がどのように反応するかを示す関数であり，ここでは企業1の反応関数 $Q_1(Q_2)$ は以下のように求められる。

$$Q_1(Q_2) = \frac{90 - Q_2}{2}$$

この経済モデルの対称性により，企業2の反応関数 $Q_2(Q_1)$ も以下のように求められる。

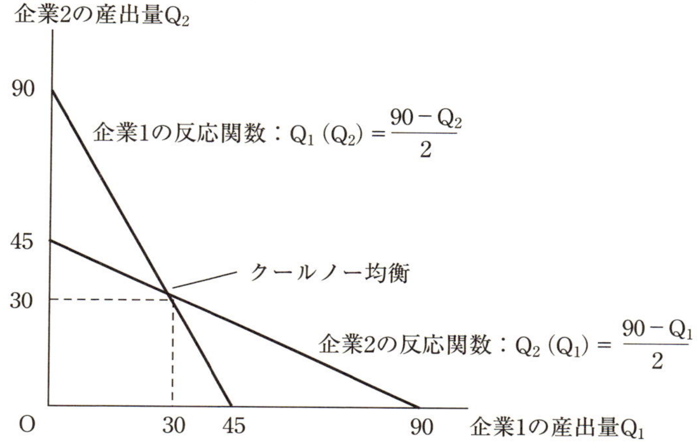
企業2の産出量Q_2
90
企業1の反応関数：$Q_1(Q_2)=\frac{90-Q_2}{2}$
45
クールノー均衡
30
企業2の反応関数：$Q_2(Q_1)=\frac{90-Q_1}{2}$
O
30
45
90
企業1の産出量Q_1

図 11-6　複占のクールノー均衡

$$Q_2(Q_1)=\frac{90-Q_1}{2}$$

これら2企業の反応関数を図示したものが**図 11-6** に示されている。

図中の両曲線は交点においてのみ互いに整合的であるので，そこが，均衡状態と考えることができる。つまり，この場合の両企業の均衡産出量は以下で示される。

$$Q_1^*=30,\quad Q_2^*=30$$

そして，市場全体での財の供給量（$Q^*=Q_1^*+Q_2^*$）および，その時の財の価格水準は以下の水準となる。

$$Q^*=60,\quad P^*=40$$

以上のように，クールノー・モデルでは，企業はその生産数量を選択し，価格は市場が決定するというモデルであった。これに対して，企業は価格を設定し，市場が取引数量を決定するというモデルもあり，こちらはベルトラン競争モデルとして知られている。

ベルトラン競争によって達成される均衡は，完全競争市場での均衡と同じものになる。なぜなら，企業同士が価格競争を展開する場合，ライバル企業

よりも僅かに低い価格を設定した企業に需要は集中する。このため，ベルトラン競争における唯一の均衡は競争均衡となるのである。このように，同じ複占モデルでも，価格競争か数量競争かによって，結果は大きく違ってくる。ちなみに，完全競争における利潤最大条件は限界費用＝価格であり，先の数値例ではP＝10となり，市場全体の供給量は90となる。これらの結果の比較はもう1つの複占モデル（シュタッケルベルグ・モデル）を紹介した後に行うこととする。

2　シュタッケルベルグ・モデル

複占モデルを一歩先に進めよう。先ほどまでは複占市場で活動する2企業は全く同じ条件のもとで競争を行っていた。しかし，現実的な市場では先導的な企業に他企業が追随するという形で市場競争が行われるケースが多く見られる。このような市場を分析した複占モデルは，先導者，追随者の相互行動をはじめて体系的に分析した経済学者にちなんで，シュタッケルベルグ・モデルという。

クールノー・モデルと同様の数値例を用いて分析してみよう。クールノー・モデルで求められた企業1と企業2の利潤最大化条件はそれぞれ以下のように求められたことを思い出してほしい。

$$\pi_1 = P(Q)Q_1 - MC_1 Q_1, \quad \pi_2 = P(Q)Q_2 - MC_2 Q_2$$

ここで，2企業の間に，先導者と追随者の関係が存在するとこのモデルの対称性は崩れる。おそらく先導者は，追随者が先導者の選択を所与として利潤を最大化すると予想するであろう。つまり，先導者は，追随者の反応を折り込んだ形で自分の利潤を最大化するのである。企業1を先導者，企業2を追随者とすると，先導者である企業1の利潤関数は，追随者である企業2の反応関数 $(Q_2(Q_1) = \frac{90-Q_1}{2})$ を折り込み，以下のようになる（ただし，市場需要関数はP(Q)＝100－Q）。

$$\pi_1 = (100 - (Q_1 + Q_2))Q_1 - 10Q_1$$
$$= (100 - Q_1 - \frac{90-Q_1}{2})Q_1 - 10Q_1$$

$$= 45Q_1 - \frac{Q_1^2}{2}$$

つまり，先導者は，追随者の行動を所与とするのではなく，自分の決定による反応を予測することによって，もっとも有利となる生産水準を選択することができる。先ほど求めた先導者の利潤関数は単純な放物線の式であり，その最大値を与える生産量は，その利潤関数を微分しゼロとおくことで求められる。

$$\pi' = 45 - Q_1 = 0 \rightarrow Q_1^* = 45$$

そして，追随者は，クールノー・モデル同様に先導者の生産水準を所与とした反応関数により生産量が決定される。

$$Q_2^*(45) = \frac{90-45}{2} = 22.5$$

結局，以上の先導者と追随者からなる複占市場モデルでは，市場全体の供給量および，その時の財の価格は以下のようになる。

$$Q^* = 67.5, \quad P^* = 32.5$$

3　市場の形態と市場の歪み

本章では，完全競争市場以外の市場の形態として，その対極にある独占市場から，それらの中間に位置するクールノー，ベルトラン，シュタッケルベルグの複占モデルを見てきたが，独占や複占がどれほど市場を歪めるかをこれらのモデルの結果を比較し，明らかにしてみよう。

まず，基準としての完全競争市場における均衡を，先ほどまで展開してきたのと同じ数値例で示される経済モデルで求めてみよう（$P(Q) = 100 - Q$，$MC = 10$）。完全競争市場における利潤最大化条件は $P = MC$ であるので，その市場全体の供給水準 Q^* とそこで達成される価格 P^* は以下の通りである（この状態はベルトラン競争でも達成される）。

$$Q^* = 90, \quad P^* = 10$$

そして，独占市場での供給水準 Q_M とそこで達成される価格 P_M は以下のように求められる（$MR = 100 - 2Q$，$MC = 10$ で，利潤最大化条件は $MR = MC$）。

$$Q_M = 45, \quad P_M = 55$$

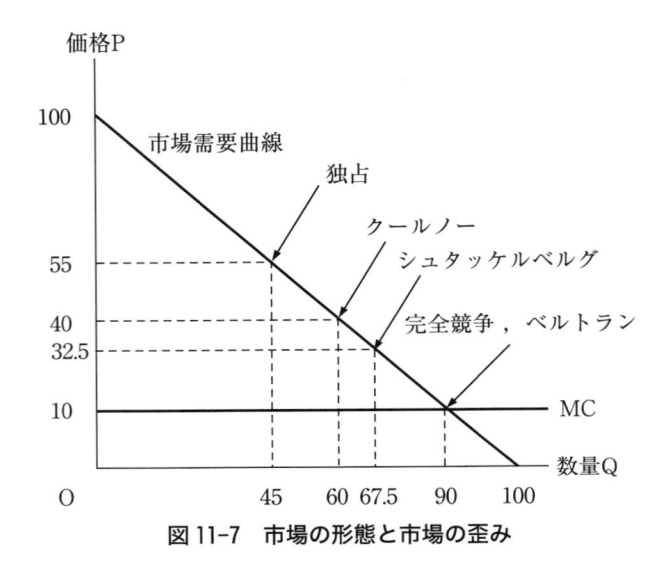

図11-7 市場の形態と市場の歪み

また，既に求めた，クールノー（C）およびシュタッケルベルグ（S）の供給量と価格は以下の通りである。

$Q_C = 60$, $P_C = 40$

$Q_S = 67.5$, $P_S = 32.5$

以上の結果をまとめたものが図11-7である。図から明らかなように，市場の資源配分機能を最も歪めるのは独占市場であり，完全競争市場と独占市場の間には複占市場が位置していることがわかる。

III ゲームの理論

1 ゲームの理論とは

完全競争市場では，ある企業の供給行動は基本的に市場全体に影響を与えることはなく，そのため他社の動向とは関係なしに，価格を基準に利潤を追求すればよかった。しかし，現実には，ライバル企業同士の供給行動はお互いに少なからず影響を与えるだろう。このため，他の企業がどのような行動

表11-1 ジャンケンの利得表（ゼロサムゲーム）

		Bさんの戦略		
		グー	チョキ	パー
Aさんの戦略	グー	0 / 0	−100 / 100	100 / −100
	チョキ	100 / −100	0 / 0	−100 / 100
	パー	−100 / 100	100 / −100	0 / 0

をとるのか，また，自分のとった行動が他の企業にどのような影響を及ぼすのかは，ある企業の供給行動を分析する際，非常に重要な関心事となる。

　ライバルの動きに対応しながら自分にとって最善の行動を選択することを，戦略的行動（strategic behavior）というが，前節までに説明してきた複占の理論は，企業間の戦略的行動の分析における古典的な経済理論と言える。しかし，経済活動における戦略的行動は複占市場のみならず，実に様々な場面で見られる。この戦略的行動の分析を行うものにゲームの理論（game theory）がある。

　ここでいうゲームは基本的には，我々が日常生活で使うゲームという言葉と同じである。昔から親しまれてきたゲームには将棋やトランプなどがあるが，これらも戦略的行動がキーワードとなる。つまり，将棋やトランプでは相手の次の手を読みながら，最適な手段を考え勝利を目指している。最近のゲームでは戦略を競う相手がコンピューターである場合が増えているが，これも基本的性質は同じである。

　それでは，最も古典的なゲームの1つと考えられる「ジャンケン」を使って，ゲームの理論の考え方を紹介しよう。今，AさんとBさんがジャンケンをしようとしているとする。2人は「グー」，「チョキ」，「パー」の中から，自分の戦略を選択し勝利を目指す。この2人の選択する戦略とそこから得られるそれぞれの利得を示したものが**表11-1**である（ただし，勝った時の喜びの大きさを100とし，負けた時は−100，あいこは0で表している）。

表 11-2　交通ルールを守る利得（利害の一致ゲーム）

		Bさんの戦略	
		右側	左側
Aさんの戦略	右側	10 / 10	−100 / −100
	左側	−100 / −100	10 / 10

　表の左側にはAさんの戦略が，上側にはBさんの戦略が示されていて，2人の得られる利得が表の中に数値で示されている（左下がAさんの利得，右上がBさんの利得）。例えば，Aさんがグー，Bさんがチョキの戦略を選択した時のそれぞれの利得は，Aさんが100で，Bさんが−100となっている。ここで，各枠の中での2人の利得は加え合わせるとゼロになっていることに注意してほしい。このようなゲームは「ゼロサムゲーム」と呼ばれ，2人の利害が完全に対立していることを意味している。

　もう1つ，簡単なケースを見ていこう。今度のゲームはお互いの利害が一致するケースである。ある狭い道でAさんとBさんが反対方向から自転車に乗ってすれ違う場面を考えよう。AさんもBさんもとっさに進行方向左側によって通り過ぎれば，お互いにスムーズに通行ができる。しかし，片方が右側通行した場合には，2人は正面衝突してしまう。

　このように，お互いが共通のルールを守り通行をすれば2人ともスムーズに通行でき，ルールを守らない人がいると通行が混乱するのである。ただし，このルールは2人の共通認識ができていれば右でも左でもかまわず，ここでは，2人が同一戦略をとれるかどうかが問題となる。以上のような状況を**表11-2**の利得表は示している（ただし，スムーズに通れた時の利得を10とし，正面衝突した時の利得を−100としている）。

　通行する人が以上のルールを守っても混乱するケースも一応紹介しておこう。日本では車は左側，歩行者は右側通行が決められている。狭い道で歩行者と自転車に乗った人がすれ違うケースはどうだろうか。お互いに定められたルールに従えば正面衝突してしまう。これは，ルールを守っても立場の違

うもの同士では利害の不一致があり得るというケースである。ここでは，歩行者は自転車よりも外側を通行するというルールをさらに共有する必要があるだろう。

いずれにしても，適切に設計されたルールを人々が守るということは社会的にも望ましいことと言えそうである。しかし，社会には，相互の利害が一致するゲームと利害が対立するゲーム（ゼロサムゲーム）だけでなく，対立と相互依存が混ざり合ったゲームが多数観察される。そして，このようなゲームが社会的困難の多くを引き起こす原因となっているのである。この典型的な例として次に囚人のジレンマを紹介しよう。

2 囚人のジレンマ

共犯の罪の容疑で取り調べを受けている2人の囚人A，Bの行動をゲームの利得表を使って分析してみよう。この2人は別々の取調室で，当然お互いに相談することもできない状況で，厳しい取り調べを受けている。簡単化のため，この2人にはそれぞれ，否認をするか自白をするかの選択肢しかないと仮定する。罪を立証するための証拠はまだ十分にそろっておらず，ぎりぎりの取り調べの中で，2人は否認し続けるのだろうか，それとも自白してしまうのだろうか。

2人は厳しい取り調べの中，自分にとって最善の選択を考える。しかし，自分の選択から生じる結果は，別の取調室で取り調べを受けている共犯者の選択によって左右される。それぞれの囚人の選択によって生じる状況は以下の4つのケースが考えられる。

(1) 2人とも否認し続けることによって，1年間の厳しい取り調べの後，証拠不十分で無罪となる。

(2) 2人とも白状してしまうと，この自白により罪が確定し，禁固10年の実刑判決を受ける。

(3) 取調官との裏取引により，囚人Aが仲間を裏切って自白したとすると，囚人Aは，その見返りに保釈という形ですぐに釈放してもらえるが，否認し続けている囚人Bは情状酌量の余地なしとして，15年という重

表 11-3　囚人のジレンマ

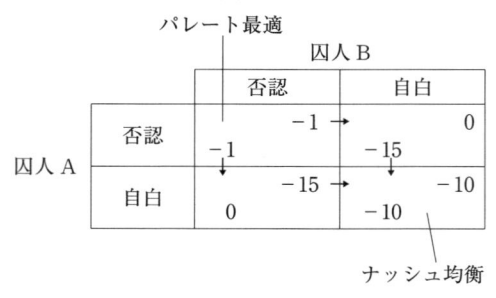

		囚人 B	
		否認	自白
囚人 A	否認	−1, −1 (パレート最適)	−15, 0
	自白	0, −15	−10, −10 (ナッシュ均衡)

い禁固刑を命じられる。

(4) (3)において，囚人 A と囚人 B の立場が入れ替わった状況。

　以上の状況を利得表で示したものが**表 11-3** である。表中の数値は，監獄から釈放されるまでの期間をマイナスの利得として示している。

　囚人 A の選択する戦略（否認か自白）はどちらであろうか。囚人 A にとって，囚人 B の状況は全く分からないので，B の行動を想定して，自分の利得を判断するだろう。まず，囚人 B が，黙秘し続けている場合は，囚人 A も黙秘し続ければ，1 年の取り調べの後に自由の身になれる。一方，仲間を裏切り自分だけ自白してしまえば，自分は直ぐに保釈という形で自由になれる。ここで，仲間のことは考えず，自分の利得だけを考慮すれば，囚人 A は自白を選ぶだろう。

　逆の場合，つまり，囚人 B が自白をしていると考えた場合は，より明確な結論が出る。つまり，自分も自白すれば刑期は 10 年であるが，否認すれば 15 年になってしまう。この場合もやはり，囚人 A は自白を選択するだろう。

　結局，囚人 B の選択がどちらであろうと，囚人 A にとっては，自白した方が得なのである。この状況は囚人 B にとっても全く同じであり，囚人 B も自白を選択することになる。これがこのゲームにおける支配戦略である。つまり，両囚人は自白し，2 人とも禁固 10 年の刑に服することになるのである。

　ゲームの理論の用語では，(自白する, 自白する) という戦略の組はナッシュ均衡 (Nash equilibrium) と呼ばれる。これは，相手の行動を所与とし，自分の

第 11 章　不完全競争　237

利益を最大化するように行動した時の解である。実は、複占の理論で紹介したクールノー均衡も、このナッシュ均衡に相当している。

　囚人のジレンマで重要な点を確認しよう。それは、「個人の利益の追求から導きだされた行動（ナッシュ均衡）が個人および社会の最適状態を実現しない」という点である。利得表からも明らかなように、2人の囚人の利得を最大にする行動は否認である。2人とも否認戦略をとれば、それぞれ1年後には自由の身になれたのに（これが2人にとってのパレート最適）、個人的利得を追求した結果、2人は10年という月日を刑務所で過ごすことになる（パレート最適の考え方については次章で説明する）。

　前章までに我々は、市場において消費者が効用最大化をはかり、生産者が利潤最大化を目指せば、社会はおのずと最適状態（パレート最適）になることを学んできたが、この囚人のジレンマでは、個々人の利潤追求による解（ナッシュ均衡）が社会的最適（パレート最適）から外れるメカニズムを提示している。

IV　協調のメカニズム

1　繰り返しゲーム

　2人の囚人が囚人のジレンマにおけるナッシュ均衡に陥ってしまった最大の原因は、その利己的行動にあった。それぞれの囚人が、行動を決定する際に、仲間を信頼し、協調行動がとれた場合には、2人にとって最も望ましい結果を獲得することができるのである。ただし、これは、犯罪者を擁護するための話しではなく、あくまでも個々の利己的な行動が双方に望ましくない結果を生むメカニズムの説明に主眼があることに注意してほしい。

　囚人のジレンマの重要な特徴は、お互いに意思の疎通がとれないように別々の取調室に入れられ、協調行動がとりづらい状況にあるということである。したがって、意思の疎通をはかることで、お互いを信じて行動できるような状況になれば、囚人のジレンマを脱して、協調が実現されることになる。

　協調行動が実現する仮定を示すものに繰り返しゲームと呼ばれるものがある。先ほどの囚人のジレンマのゲームでは戦略の決定は1度きりであった

が，繰り返しゲームでは，その名の通り，ゲームが繰り返される。

　ある町でライバル関係にある2つの企業間の価格競争を例に考えよう。この町に同じ財を供給する企業はこの2社しかなく，2社ともある程度の価格支配力を持ち，当初，超過利潤をあげているとしよう。それぞれの企業のとり得る価格戦略は，「価格維持」と「値下げ」であるとすると，片方の企業だけが他社を出し抜いて値下げ戦略をとれば，他企業についていたお客を自社に引き寄せることができるため，大きな利益が見込める。このため，両企業とも支配戦略は，「値下げ」となるが，これもやはり両社にとって最善の戦略ではない。

　両企業が値下げによって同じ価格水準になれば，結局，お客の移動はなく，単純に値下げの不利益だけが企業にのしかかる。しかし，自分だけ値段維持戦略をとった時の損害は莫大であるため，両企業はこの値下げ競争から抜け出すことができず，結局，超過利潤がゼロになるまで価格を下げ続けなければならなくなってしまう。

　つまり，両者は価格支配力を持つにも関わらず，競争均衡まで価格を低下させるのである。以上は複占の理論で紹介したベルトラン競争のことである。つまり，ベルトラン競争とは複占市場における囚人のジレンマ的状況だったのである。ちなみに，この2企業にとっての最善の戦略（パレート最適）は両企業が価格を維持することである。

　次に，繰り返しゲームによってこの囚人のジレンマから抜け出せることを確認してみよう。通常，このようなライバル関係にある企業同士はお互いが苦しむだけの無益な競争は避ける（その最たる例が談合問題といえるだろう）。それはゲームが1度きりではないからである。先ほどの2企業の価格競争の繰り返しゲームの様子を図示したものが**表11-4**に示されている。

　企業は当初10の利益を得ていたとする。この価格を維持していけば，長期的にもこの10の利益を維持できるとする。これは表中上段の数値で示される。ここで，この企業が値下げ競争を仕掛けると，この企業とライバル企業は囚人のジレンマの悪循環にはまる。まず，値下げ競争を仕掛けた当初は20という大きな利益を得られるが，2期目以降はライバル企業も値下げ戦略

第 11 章　不完全競争　　239

表 11-4　協調行動の発生

	1 期目	2 期目	3 期目	4 期目	5 期目	……
協調した時の利益	10	10	10	10	10	……
裏切った時の利益	20	8	6	4	2	……

をとらざるを得ず，その結果，お互いの利益は期を追うごとに縮小していく。この様子が表中下段に示されており，第 4 期までに，得られた利益の合計は協調戦略（価格維持）と逆転することになる。つまり，この企業の活動が 4 期以上であるとすれば，この企業の利益を最大化する戦略は協調行動となり，両社にとって最も望ましい状態（パレート最適）が実現されるのである。

2　情けは人のためならず

　囚人のジレンマにおけるナッシュ均衡は現実社会でも実に様々な場面で登場し，我々にとって望ましくない状況を作り出している。1 つ身近な例を考えてみよう。車に乗って，狭い道の交差点に差し掛かったとき，対向車が右折のためにウィンカーを出して交差点で待っていたとする。このとき，ドライバーのとるべき戦略は「譲らない（そのまま通り過ぎる）」か「譲る（対向車が右折できるように止まってあげる）」である。このときの利得表が表 11-5 で与えられるとする。

　対向車が右に右折できるように，いったん減速し，道を譲ってあげるためにかかる時間を 3 秒とする。そして，自分が譲らずに通り過ぎた場合，後続車が自然に途切れるまでの時間は 60 秒とする（つまり，対向車は 60 秒後に右折できる）。譲らない場合の自分のロスタイムは当然ゼロである。

　このような状況で各ドライバーが利己的に振る舞うと（自分の待ち時間を 1 秒でも少なくしようとする），どのような結果になるだろうか。利得表からも明らかなように支配戦略は「譲らない」である。しかし，これは，立場が逆の場合も同じであり，自分が右折しようとしても誰も譲ってくれず，毎回 60 秒は待つはめになる。これが，このゲームにおけるナッシュ均衡である。

　もし，各ドライバーが譲り合いの精神を持って車を運転していれば，社会

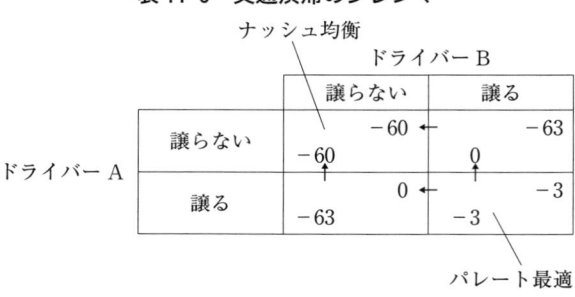

表 11-5　交通渋滞のジレンマ

		ドライバー B	
		譲らない	譲る
ドライバー A	譲らない	−60 , −60	−63 , 0
	譲る	0 , −63	−3 , −3

（ナッシュ均衡：譲らない／譲らない　パレート最適：譲る／譲る）

は最も望ましい状態（パレート最適）に移動することができる．つまり，自分の3秒の損失を惜しまず，お互いに道を譲り合えば，交通渋滞のイライラから解放されるのである．

しかし，この状況を実現するのはなかなか難しい．このパレート最適を目指し，譲り合いを自分が心がけても，相手が譲ってくれない場合は，自分はナッシュ均衡よりも悪い状況，つまり，人には譲ってあげ，自分には譲ってもらえないという，待ってばかりの状況になる．すると，自分も人に譲るのがばからしくなって，譲るのをやめてしまう．結局，社会は自然にナッシュ均衡に戻るのである．

車を運転して遠くにいくと，地域ごとに，気持ちよく運転できる町と，運転しづらい地域があることに気づく．それは，地域に譲り合いが浸透しているかどうかの違いが大きいと思う．自動車教習所では，譲り合い運転の大切さを習うが，これは以上の説明のように，円滑な交通のために非常に重要だからである．

我々の社会には囚人のジレンマ的状況があふれている．それらをいくつか紹介するので，それぞれの状況についてじっくり考えてほしい．

(1) 核開発競争のジレンマ
(2) 環境に配慮した企業が価格競争で不利になるジレンマ
(3) ゴミのポイ捨てのジレンマ
(4) チームゲームで個人プレーに走るジレンマ

(5) 誠実と不誠実のジレンマ

　以上の例のように世の中には，国家的な問題から個人の生活まで，放っておけばどんどんと囚人のジレンマの悪循環に陥るケースが多くみられる。それらの悪循環から抜け出すためのキーワードが「協調行動」である。つまり，いかに協調的（利他的）行動を多くの人がとれるかによって社会の状況は大きく変わるのである。社会に暮らす多くの人が利己的に振る舞えば，社会は非常に住み心地の悪いものになり，多くの人が他社への思いやりを持っていれば，その社会は非常に住み心地のよいものになるだろう。

　囚人のジレンマから抜け出し，社会的最適に到達するための先人の知恵が「情けは人のためならず」ではなかろうか。つまり，人に情けをかけることは，巡り巡って自分にかえってくるのである。しかし，車の運転の例でも見たように，みんな自分だけ損するのがいやで，なかなか，囚人のジレンマから抜け出すことは難しい。ここでは，もう1つの先人の知恵，「損して得とれ！」の精神が必要なのではなかろうか。

参考文献
1) 石橋春男「経済学へのアプローチ　第2版」成文堂，2002.
2) 伊藤元重「ミクロ経済学　第2版」日本評論社，2003.
3) ヴァリアン「入門ミクロ経済学」佐藤隆三監訳，勁草書房，2000.

第12章

一般均衡分析と経済的厚生

　前章までは，考察の対象をほとんどの場合，ある一つの財・サービス市場に限定してきた。具体的には，ある一つの市場を切り離し，それ以外の市場での価格や取引量は一定のものとして扱い，競争市場の働きを考察してきたのである。このような分析方法を**部分均衡分析**という。しかし，もちろん現実の経済は複数の経済主体，複数の財市場から成り立っている。本章ではそうした経済主体および財・サービス市場がともに複数の場合について考察することにしよう。こうした分析方法は，部分均衡分析に対して**一般均衡分析**と呼ばれている。一般均衡分析は1950年代の一連の研究[1]を通じて，ミクロ経済学の最も重要な分野の一つになった。

　この一般均衡分析においては，そうした複数の経済主体，財市場の下で，すべての市場において需要・供給が一致する均衡が存在するか，またそうした均衡はどのような性質を持つか等々が研究の中心となる。

I　競争均衡とパレート最適

1　純粋交換モデル

　以下では，生産の行われないもっとも単純な経済モデルを使い，複数の財・サービス市場において需要・供給が一致する均衡状態の分析を行っていくことにしよう。

---

[1] 通常「一般均衡分析」は高度な数学を駆使して議論が展開されるが，ここではモデルを可能な限り単純化して，論点を図によって直感的に理解できるように試みることにする。

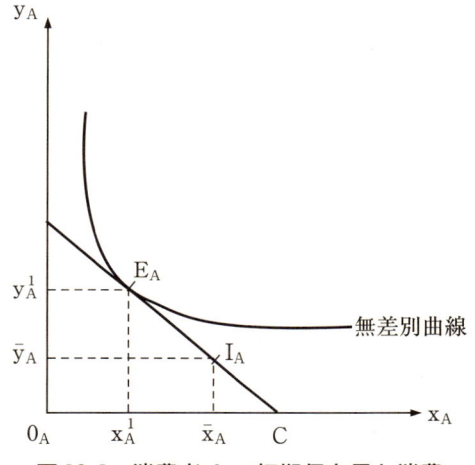

図 12-1 消費者 A の初期保有量と消費選択

1) 分析の前提—初期保有量

各消費者は，はじめからさまざまな財をいくらか所有しており，それを完全競争市場で交換することによりできるだけ自分の効用を高くしていくという状況を考える。この消費者が当初から所有している財の量の組み合わせを**初期保有量**という。

ここでは簡単化のために経済には消費者が 2 人（消費者 A, B），財も 2 つ（X 財，Y 財）しかないとする。**図 12-1** では，点 $I_A(\bar{x}_A, \bar{y}_A)$ が消費者 A の X 財と Y 財の初期保有量を示している（消費者 A を表す意味で原点を O_A としている）。つまり，当初消費者 A は X 財を $\bar{x}_A$，Y 財を $\bar{y}_A$ だけ持っているのである。

消費者 A は，自分の効用を最大化すべく，所有する財を市場で売り，換わりに別の財（の組合わせ）を購入するという行動を取るであろう。

市場では X 財の価格が p_X，Y 財の価格が p_Y であるとする。ここでは完全競争市場のようにこれらの価格は所与のものとして与えられるとする。まず消費者 A は，自分の所有する財をすべて売り払い，それによって得た

$$M_A = p_X \bar{x}_A + p_Y \bar{y}_A$$

を消費者 A の「所得」と考えることにしよう。したがって消費者 A の X 財と Y 財の需要量をそれぞれ x_A, y_A とすると予算制約式は,

$$M_A = p_X x_A + p_Y y_A \tag{1}$$

あるいは,

$$y_A = -\frac{p_X}{p_Y} x_A + \frac{M_A}{p_Y}$$

と書くことができる。このようにして得られた予算制約線は, **図 12-1** に描かれたような傾きの大きさ (絶対値) が 2 財の価格比, つまり $\frac{p_X}{p_Y}$ である右下がりの直線になる。また, この直線が初期保有量の点 $I_A (\bar{x}_A, \bar{y}_A)$ を通ることも容易に確認できるだろう。

このように予算制約線が決まれば, 第 8 章 IV 節の議論から, 消費者 A の最適な消費点は無差別曲線と予算制約線が接する点 $E_A (x_A^1, y_A^1)$ になる。**図 12-1** では, 初期保有量の点 I_A と E_A を比較すると,

$\bar{x}_A > x_A^1$

$\bar{y}_A < y_A^1$

となるから, 何らかの形で消費者 A は X 財を売り, Y 財を購入するということになる。

次に**図 12-1** で価格比が変化したらどうなるであろうか。ここでは仮に価格比が

$$\frac{p_X}{p_Y} < \frac{p'_X}{p'_Y}$$

のようになったとしよう。これは 2 財の価格がそれぞれ p'_X, p'_Y に変化し価格比が上昇したということであり, この二つを式(1)に代入すれば新たな予算制約式が得られる。また,

- 新たな予算制約式も初期保有量の点を通る,
- 新たな予算制約線のほうが傾きが大きい,

こともわかるだろう。したがって新たな予算制約式は次の**図 12-2** のように, 初期保有量の点を中心にして, もとの予算制約線を時計回りに回転させたものになる。それに伴って最適消費点も E_A から E'_A へ移動することにも注意

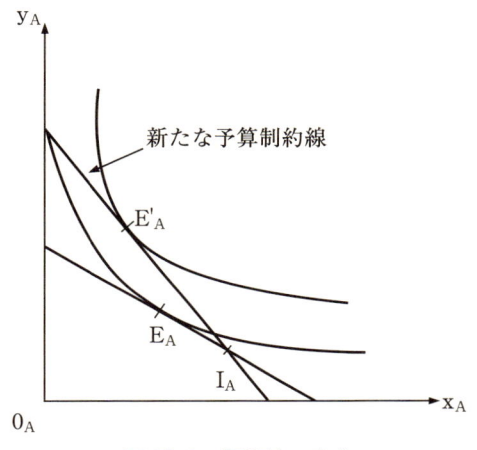

第12章 一般均衡分析と経済的厚生　245

図 12-2　価格比の変化

せよ。逆に，価格比が小さくなる場合には，初期保有量点を中心に時計と反対回りに予算制約線がシフトする（確認せよ）。

以上は消費者 A について考えたが，消費者 B についてもまったく同様の議論ができ，**図 12-1** と同じような**図 12-3** が描ける（原点は O_B としている）。ただし，通常消費者 A と B の初期保有量は異なり，また嗜好も異なるので，二人の予算制約線の位置や無差別曲線の形状は一般的には同じものにはならない。ただし消費者 B の予算制約式は，

$$p_X \bar{x}_B + p_Y \bar{y}_B = M_B = p_X x_B + p_Y y_B \tag{2}$$

であるので，二人の予算制約線の傾きの大きさは等しい，つまり $\dfrac{p_X}{p_Y}$ であることに注意せよ。

【注意1】もともと完全競争市場を考えるとき，多くの消費者がいて，そのために各消費者の消費量は財の価格に影響を及ぼさない，つまり各消費者はプライス・テイカーであるという想定を行った（第10章参照）。しかし，いまは2人しか考えていないので，「多くの消費者が存在する」ということに反し，そのために各自の消費量が価格に影響を及ぼさないというは，設定上無理があ

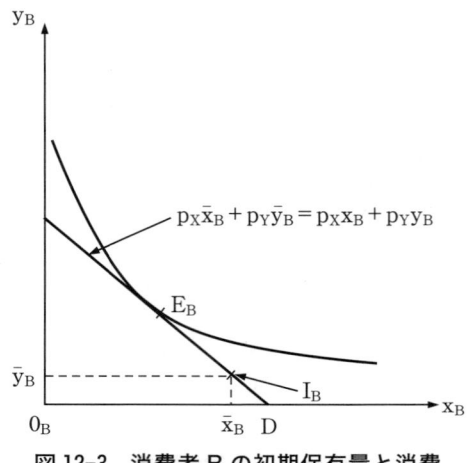

図 12-3 　消費者 B の初期保有量と消費選択

ると感じるかもしれない。しかしここでは，多数の消費者が存在する経済を念頭に置きながらも，説明の簡単化のためにプライス・テイカーとして振舞う 2 人の消費者のケースを扱っているのである。

2）エッジワースのボックス・ダイアグラム

次に消費者 A と B が市場で財の交換を行うことを考えよう。ここでは財が新たに生産されるということは考えておらず，二人は初期保有量として所有していた財を相手と交換することになる。このようなモデルを**純粋交換モデル**という。「純粋交換」とは，このモデルでは生産を考えていないということを表している。

さて，図 12-1 と 12-3 を見てみよう。この二つは基本的にはまったく同じ図である（ただし，無差別曲線の形は異なる）。この二人の初期保有量は，消費者 A が $I_A(\bar{x}_A, \bar{y}_A)$，消費者 B が $I_B(\bar{x}_B, \bar{y}_B)$ であった。これらを二人が互いに交換し合うということになる。いま考えている社会にはこの二人しかおらず，生産は行われないのであるから，この社会には X 財が $\bar{x}_A + \bar{x}_B$，Y 財が $\bar{y}_A + \bar{y}_B$ だけ

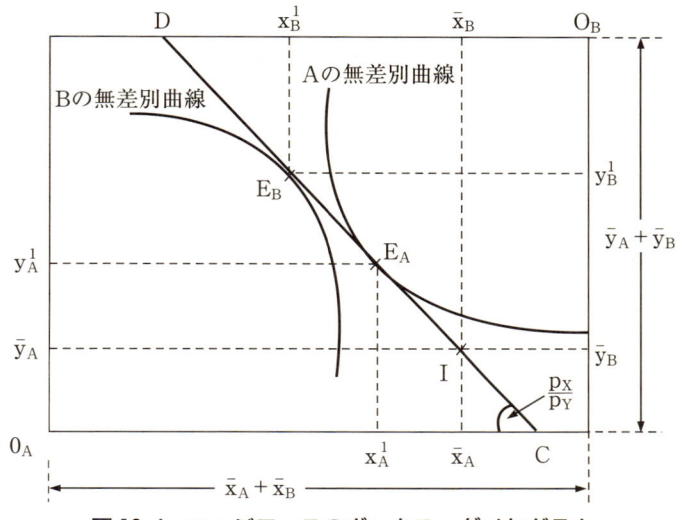

図 12-4　エッジワースのボックス・ダイヤグラム

存在することになる（ただし，$\bar{x}_B$と$\bar{y}_B$は右上のO_Bから測っていることに注意）。

では彼ら二人はどのような交換を行うのであろうか。これを分析するのに極めて便利なのが次の**エッジワースのボックス・ダイヤグラム**（図 12-4）である。このボックス・ダイヤグラムは，図 12-1 と，180 度回転させた図 12-3 を張り合わせたものである。ただし両者の初期保有量の点I_AとI_Bが重なるように張り合わせている（二人の消費者の原点が左下（0_A）と右上（0_B）になっていることに注意）。重なり合った二人の初期保有量の点を改めてIとする。

このようにグラフを描くと，横軸の長さが$\bar{x}_A + \bar{x}_B$，縦軸の長さが$\bar{y}_A + \bar{y}_B$となり，社会に存在するそれぞれの財の総量をあらわしていることになる。つまりこのボックスの外側の点はこの社会にはありえない点である。また，両者が直面する 2 財の価格は等しいから，予算制約線も重なり合って一本の直線になる。

2　競争均衡

図 12-4 を見ながら，二人の消費者のとる行動を考えよう。第 1 節で見た

ように，この場合には消費者 A は点 E_A を，消費者 B は E_B を選択する。しかしこのとき X 財については二人の合計の需要が $x_A^1+x_B^1$ となり，経済全体に存在する X 財の総量，つまり総供給量を超えてしまう。すなわち，

$$x_A^1+x_B^1>\bar{x}_A+\bar{x}_B$$

となってしまう。これは X 財については超過需要が発生していることを示している。

一方，Y 財については，

$$y_A^1+y_B^1<\bar{y}_A+\bar{y}_B$$

となり，超過供給が発生していることがわかる。

以上のような状況がなぜ発生したかというと，価格 p_X, p_Y に原因がある。つまり価格 p_X では X 財の価格が低すぎて超過需要が，Y 財については価格が高すぎて超過供給が発生してしまっているのである。したがって，X 財については価格が高くなる方向に，Y 財については価格が安くなる方向に（つまり，予算制約線が時計回りに回るように）市場の調整力が働く。

その調整はどこで終わるかというと，超過需要・超過供給が消滅する状況，つまり 2 財とも需要・供給が一致するところである。図で表すと次の**図 12-5** のような状況である。この図では 2 財の価格がそれぞれ p_X^*, p_Y^* のときの予算制約線において，点 E で二人の無差別曲線が接し，

$$x_A^*+x_B^*=\bar{x}_A+\bar{x}_B$$

$$y_A^*+y_B^*=\bar{y}_A+\bar{y}_B$$

が成り立っている。これは 2 財について需要（左辺）と供給（右辺）が等しくなっていることを示している。このとき，点 E の二人の需要量と**価格比**（あるいは Y 財の価格で測った X 財の**相対価格**）を合わせて**競争均衡**という。ここで注意したいのが，各財の価格そのものではなく，2 財の価格比 $\frac{p_X^*}{p_Y^*}$ が重要になるということである[2]。

1）総超過需要関数

次に，X 財と Y 財について下記の二つの式を考えよう。

$$E_X(p_X, p_Y) = (x_A+x_B) - (\bar{x}_A+\bar{x}_B)$$

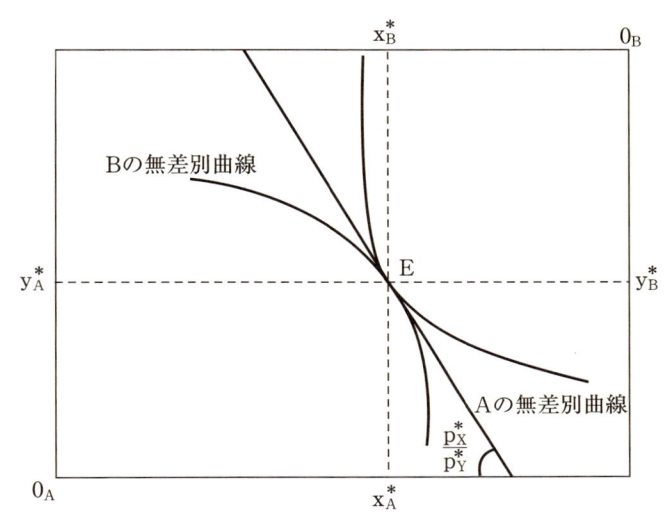

図 12-5　競争均衡

$$E_Y(p_X, p_Y) = (y_A + y_B) - (\bar{x}_B + \bar{y}_B)$$

この二つの式は，右辺の最初のカッコ（E_Xの式ならば$(x_A + x_B)$の部分）が財の需要，後のカッコ（$(\bar{x}_A + \bar{x}_B)$の部分）が供給を表している。したがって，これらは各々の財の需要が供給をどれだけ上回っているかを求める式であり，**総超過需要関数**と呼ばれる[3]。

さて，この各々の財の超過需要分を市場価格で評価して足し合わせると，

$$\begin{aligned} p_X E_X + p_Y E_Y &= p_X((x_A + x_B) - (\bar{x}_A + \bar{x}_B)) + p_Y((y_A + y_B) - (\bar{y}_A + \bar{y}_B)) \\ &= (p_X x_A + p_Y y_A - p_X \bar{x}_A - p_Y \bar{y}_A) + (p_X x_B + p_Y y_B - p_X \bar{x}_B - p_Y \bar{y}_B) \\ &= 0 \end{aligned} \quad (3)$$

が得られる。式の値がゼロになるのは，最後の式のはじめのカッコ内が消費者Aの予算制約式(1)，後のカッコ内がBの予算制約式(2)からゼロになるこ

---

[2] 第10章の市場均衡の議論では均衡価格が重要であった。第10章での分析は1財の市場しか考えない部分均衡分析であったから，価格比というのは考える必要がなかったのである。

[3] x_A, x_B, y_A, y_Bはすべて予算制約線上の点であるから，X財，Y財の総超過需要関数はp_X, p_Yの関数となる。

とを考えれば了解できるであろう。この式は各消費者が予算制約に基づいて行動する限りどのような価格の組 (p_X, p_Y) に対しても必ず成り立ち，**ワルラス法則**と呼ばれる。

第2節で見たとおり，競争均衡においては，X 財の市場では $x_A^* + x_B^* = \bar{x}_A + \bar{x}_B$ が成り立つので，総超過需要はゼロである。したがって，式(3)から，競争均衡では Y 財の総超過需要もゼロになる。つまりこうした2財のケースではワルラス法則から，一方の財の総超過需要がゼロであればもう一方の財の総超過需要もゼロになるのである。

【注意2】「一方の財の総超過需要がゼロであれば，もう一方の財の総超過需要もゼロになる」という関係（ワルラス法則）は，一般に財が n 個あるケースでも成り立つ。つまり，$n-1$ 個の財の総超過需要がゼロであるならば，残りの一つの財の総超過需要もゼロになるのである。これは総超過需要関数で独立なものは $n-1$ 個であるということを示している。

もう一つ総超過需要関数に関して重要な性質を上げよう。先に均衡では価格の絶対水準ではなくその比率が重要であることを強調した。例えば2財の価格がともに2倍になったとしよう。このときには予算制約線の傾きは $\frac{2 \times p_X}{2 \times p_Y} = \frac{p_X}{p_Y}$ であるから，実は予算制約線はなにも変化しない。したがって，消費者が選択する各財の消費量，および総超過需要にも変化を与えないのである。つまり，価格 p_X，p_Y と任意の $t>0$ に対して，

$$E_X(p_X, p_Y) = E_X(t \times p_X, t \times p_Y) \tag{4}$$
$$E_Y(p_X, p_Y) = E_Y(t \times p_X, t \times p_Y)$$

が成り立つ。このような性質を持つ関数を **0次同次関数**という。もし式(4)で $t = \frac{1}{p_Y}$ とすると，X 財に対する総超過需要関数は $E_X\left(\frac{p_X}{p_Y}, 1\right)$ となり，$\frac{p_X}{p_Y}$ の関数になっていることがわかる。したがって，実質的に財 X，Y についての総超過需要関数は，それぞれ $\frac{p_X}{p_Y}$ の関数，$E_X\left(\frac{p_X}{p_Y}\right)$，$E_Y\left(\frac{p_X}{p_Y}\right)$ と考えることができる。

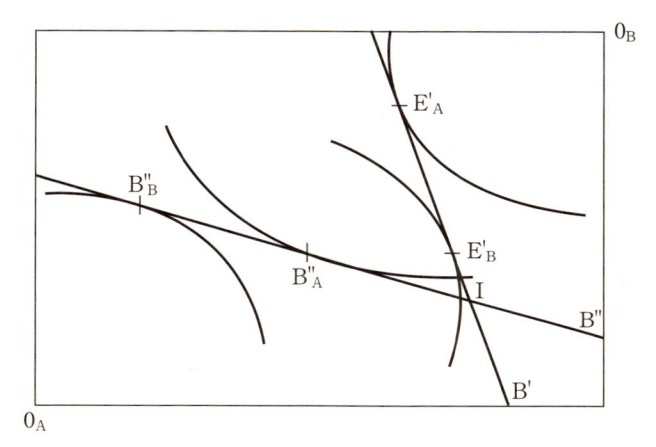

第12章 一般均衡分析と経済的厚生　251

図12-6　均衡点の存在

2) 均衡点の存在

　第2節で競争均衡について考えたが，ここでそのような均衡が本当に存在するのか検討しよう．つまり，消費者AとBの無差別曲線がある予算制約線上の1点でうまく接し，2財の需要・供給が一致するような状況がありえるのだろうか，という問題を考えるのである．

　この均衡解の存在は，かなり一般的なケースで証明されている．ここでは先ほどのボックス・ダイアグラムを使って，直感的に説明しよう．

　次の図12-6を見て欲しい．この図では $\frac{p'_X}{p'_Y} > \frac{p''_X}{p''_Y}$ に対する2本の予算制約線 B' と B'' が描かれ，それに対する消費者A，Bの最適な消費点 E'_A, E'_B, E''_A, E''_B が描かれている．予算制約線が B' のような場合には，X 財の価格が相対的に高いので，消費者は（AもBもともに）相対的に安い Y 財の消費が多くなり，結局二人の消費点 E'_A と E'_B を見ると，X 財は超過供給（つまり $E_X\left(\frac{p'_X}{p'_Y}\right) < 0$），$Y$ 財は超過需要が発生している．

　逆に，予算制約線が B'' のような場合には，Y 財の価格が相対的に高いので，消費者は（AもBもともに）相対的に安い X 財の消費が多くなり，結局二人の消費点 E''_A と E''_B では，X 財は超過需要（つまり $E_X\left(\frac{p''_X}{p''_Y}\right) > 0$），$Y$ 財は超

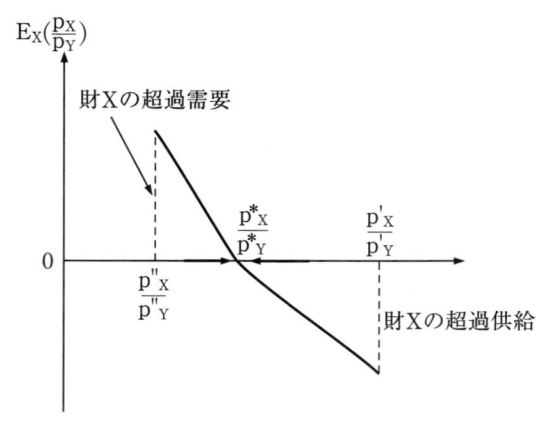

図12-7 均衡点の存在証明

過供給が発生している。

したがって，もし財に対する総超過需要関数が価格比に対して**連続的**に変化するなら，つまり総超過需要関数が価格比の連続関数であると仮定すると，次の図12-7のようなグラフが描けるであろう。この図から明らかなように，先ほどの連続性の仮定をすれば，$\frac{p''_X}{p''_Y}$と$\frac{p'_X}{p'_Y}$の間にX財の総超過需要がちょうどゼロになる価格比，つまり$E_X\left(\frac{p^*_X}{p^*_Y}\right)=0$を満たす$\frac{p^*_X}{p^*_Y}$が存在することがわかるであろう。このときは$X$財の市場は均衡している（$X$財の市場での超過需要はゼロ）ので，ワルラス法則からY財の市場も同時に均衡する。これで総超過需要関数が価格比に対して連続であれば，均衡が存在することが示せた。

この図12-7で，もし価格比が$\frac{p^*_X}{p^*_Y}$より小さい場合（例えば図の$\frac{p''_X}{p''_Y}$）にはX財には超過需要が発生しているので，X財の価格が高くなる。つまり価格比$\frac{p_X}{p_Y}$は上昇する。逆に，価格比が$\frac{p^*_X}{p^*_Y}$より大きい場合（例えば図の$\frac{p'_X}{p'_Y}$）には，X財は超過供給が発生しており，X財の価格が安くなり，その結果，価格比$\frac{p_X}{p_Y}$は下落する。つまり価格比が均衡価格比$\frac{p^*_X}{p^*_Y}$より小さくても，大きくても$\frac{p^*_X}{p^*_Y}$に向かう力が働くということである。

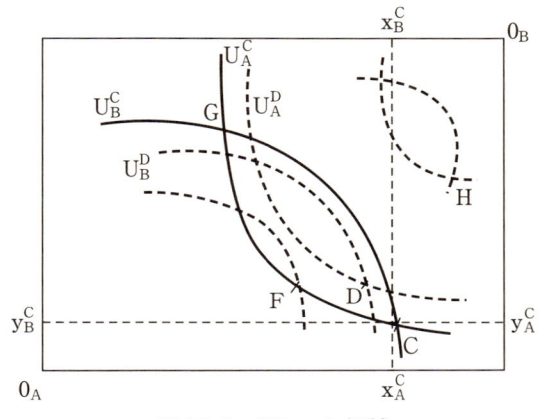

第12章　一般均衡分析と経済的厚生　253

図12-8　パレート優越

3　資源配分とパレート最適性

さて，ボックス・ダイアグラム（図12-8）では，社会全体に存在する X 財の総量が横軸で，Y 財の総量が縦軸で表されていたことを思い出そう。この長方形の中の任意の点 C を選ぶ。こうした点は，経済全体にある資源，つまり X 財と Y 財をどのように消費者 A と B に配分するかを示しており，**資源配分**という。例えば図の点 C ならば，消費者 A には X 財を x_A^C，Y 財を y_A^C 配分し，消費者 B には X 財を x_B^C，Y 財を y_B^C 配分するということである（ただし，x_B^C と y_B^C は原点 0_B から測っている）。

このとき点 C を通る消費者 A, B の無差別曲線を描いたのが U_A^C と U_B^C である。以下この二つの無差別曲線に囲まれた「凸レンズ型の領域(以下 "レンズ" と呼ぶことにする)」に注目しよう。

先ずこのレンズの中の任意の点 D を取ってみよう。先ほどと同じように，この D を通る二人の無差別曲線 U_A^D と U_B^D を描いてみる。すると U_A^C より U_A^D の方が右上方にあり，点 D の方が消費者 A にとって好ましい，つまり効用が高いことがわかるであろう。同様に，消費者 B にとっても U_B^C より U_B^D の方が左下方にあり，点 D の方が消費者 B にとって効用が高いことがわかるであろう（消費者 B の原点は右上方の 0_B であるので左下方の無差別曲線ほど効用水準が高くな

ることに注意)。つまり点Dは消費者AにとってもBにとっても，点Cより効用水準が高い資源配分なのである。

このように元の資源配分から別の資源配分に移行したとき，少なくとも一人の経済主体の状況が改善し（効用が高くなり），もう一人の経済主体の状況が悪化しないとき，移行後の資源配分は移行前の資源配分を**パレート優越**するという。したがって，資源配分Dは資源配分Cをパレート優越しているのである。

また同様に考えると，例えば，U_A^C上の点Fを考えても，これは点Cにパレート優越することがわかる。さらに，点Gを考えると，この点は点Cをパレート優越しない（二人とも効用水準の改善はしないので）。レンズの外部の点，例えば点Hのような点を考えると，この資源配分は点Cをパレート優越しないのは明らかであろう。以上から，点Gを除くレンズ上およびレンズの内部の点は，点Cをパレート優越することがわかる。

1）パレート最適

いままでの考察は，ボックス・ダイアグラム内の任意の点を取り，その点を通る二人の無差別曲線を考え，2つの曲線が構成するレンズに着目してパレート優越する点を探るという方法で行われた。つまり，レンズが存在するならば，その領域に資源配分を移すことで，パレート優越する資源配分を見つけることができた。

では，もしレンズが存在しないような資源配分の場合はどうなるのであろうか。**図12-9**では点Jにおいて二人の無差別曲線が接している。したがってこの点Jでは**図12-8**の点Cのようにレンズを書くことができない。点Jから資源配分を変更すると，図のⅠ，Ⅱ，Ⅲ，Ⅳのいずれかの領域および二人のどちらか一方の無差別曲線上に移行することになる。このとき，

- Ⅰの領域：消費者Aの効用は増加するがBの効用は減少，
- ⅡおよびⅣの領域：二人の効用がともに減少，
- Ⅲの領域：消費者Bの効用は増加するがAの効用は減少，
- どちらかの無差別曲線上：当該無差別曲線の消費者は効用は変わらない

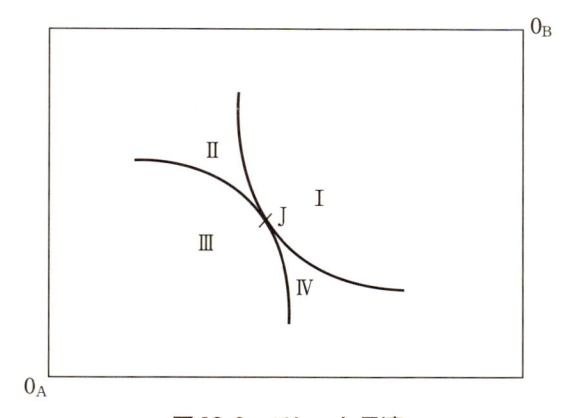

第12章　一般均衡分析と経済的厚生　255

図12-9　パレート最適

　が，もう一方の消費者の効用は減少，することになる。これは点Jからどのように資源配分を変更しても少なくとも一人の消費者の効用水準は下落するということである。つまり，**点Jをパレート優越する点はない**のである。パレート優越する点が存在しない点を**パレート最適**という。つまり点Jはパレート最適な点である。一方，パレート優越する点が存在する，つまり他の消費者の効用水準を下げずにある消費者の効用を上げることができるということは，もともとの資源配分に何か"ムダ"があったということであろう。パレート最適の概念は，こうした意味でムダのない状態のことを指しているのである。つまり一方の効用を上げるには，もう一方の効用水準を下げなくてはならないという状態をパレート最適というのである。また点Jでは二人の限界代替率が等しい，つまり

　　　消費者Aの限界代替率＝消費者Bの限界代替率

が成り立つことも自明であろう。

　このようなパレート最適な点はJだけではない。**図12-10**のように，二人の無差別曲線が接する点はすべてパレート最適な点である。こうしたパレート最適な点を結んでいった曲線を**契約曲線**という。契約曲線上の点はすべてパレート最適であるが，図の点KとLを考えてみよう。点Kは契約曲線の

図 12-10　契約曲線

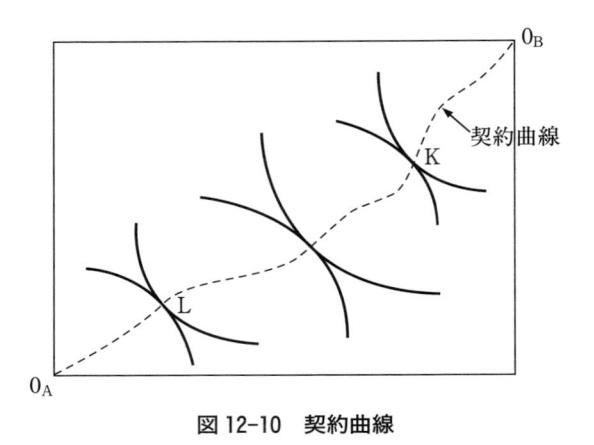

かなり右上の方にあり，そこでは，消費者 A は X 財も Y 財も両方ともたくさん消費している。一方，消費者 B は両方とも消費量が少ない。これは両者にとって**公平**ではないであろう。同様に点 L も公平な点とはいえないだろう。

このように，パレート最適の概念は，もはや誰かの効用水準を下げなくては，誰かの効用水準を上げることはできない，という意味で効率的な点ではあるが，点 K や点 L のように公平性を考慮した概念ではないのである。実際，一方の消費量がまったくゼロで，もう一方がすべてを消費する点 0_A や 0_B もパレート最適な点になる（確認せよ）。

2) 競争均衡とパレート最適性

では，**図 12-5** に戻り，競争均衡点 E がパレート最適であるかを検討しよう。点 E においては，消費者 A の無差別曲線は予算制約線に接し，また消費者 B の無差別曲線も同じく点 E で予算制約線に接していた。つまり点 E は両者の無差別曲線が接する点であったのである。このことから，競争均衡点 E はパレート最適であることがわかる。この事実は「**厚生経済学の基本定理**」と呼ばれる。

厚生経済学の基本定理：競争均衡はパレート最適である。

この定理は，**経済が完全競争的であれば，自動的に効率的な資源配分（パレート最適な状態）が達成**されることを示している。この定理から，いかに市場メカニズムというものが強力であるか再認識できるであろう。

II 市場の失敗

前節で，完全競争市場においては競争均衡が効率的な資源配分をもたらす，つまりパレート最適が達成されることをみてきた。ところが，現実の市場はさまざまな点において完全競争市場とは異なる。そのために完全競争市場では達成されたパレート最適な状態が達成できない状況に陥る場合がある。これが**市場の失敗**といわれる状況である。政府が特定の財に課税したり，公共サービスを行うなど，市場メカニズムにまかせきりにしないのは，実はこうしたことに原因がある。本節では，実際の市場がパレート最適な資源配分に失敗する要因とそのメカニズムを検討する。

1 市場の失敗の原因

まずなぜ市場は失敗を犯すのか原因を整理しておこう。先ほど述べたように，完全競争市場ではパレート最適な資源配分が達成されるので，市場の失敗は生じていない。したがって，市場が完全競争市場とは異なるために市場の失敗が起きるということが考えられる。あるいはある経済主体の行動が市場を経由せずに何らかの影響を他の経済主体に与える場合にも市場の失敗が生じる。具体的には原因として次のようなものがあげられる。

(a) 市場の競争が不完全：「市場に売り手・買い手が多数存在し，各々の経済主体の取引量は，市場全体に比べて極めて小さい」「取引される財が完全に同質」「長期的には市場参入・退出が自由」といった完全競争市場の条件が満たされていない。

(b) 情報が不完全：財の価格や生産技術についての情報が不完全である。

(c) 外部性の存在：ある経済主体の行動が，市場を通さないで他の経済主

体に影響を与える情況が存在する。
  (d) **公共財の存在**：いままで議論してきた財は，消費者が代金を払って購入し，それを自分のみが消費できる財であった（こうした財を**私的財**という）。後述の**公共財**が存在する場合，市場の失敗が生じる（本章第3節）。

こうした状況は現実の市場ではよく見られることであり，「市場の失敗」は決して"まれにしか起こらない異常なこと"ではない。以下では，(c)外部性，(d)公共財の問題について取り上げることにする[4]。

2 外部性

今までは消費者の効用は，あくまで当該消費者が消費する財の数量によってのみ決定され，その効用は他の消費者の消費からは独立であった。ところが，例えばある人が車を買ったことで，そのまき散らすCO_2によって車を持たない人が不快な思いをするということがあり得る。同様に企業についても，生産関数は他の企業の生産量からは全く独立であった。しかし，ある企業の出す廃水が農業などの生産高に影響を与えるなどというケースもあり得る。

以上のように，ある消費者や企業の行動が，他の消費者や企業に直接に影響を与えることがしばしば見られる。ある経済主体の経済行動が，市場を通さずに直接他の経済主体の経済活動に影響を与える場合，**外部性**が存在するという[5]。また，そのとき受ける損害あるいは便益を**外部効果**といい，特に損害を**外部不経済**（or **負の外部効果**），便益を**外部経済**（or **正の外部効果**）という。

外部性の例としては次のようなものがある。
- **外部不経済**：工場の排出するスモッグや廃水，自動車の排気ガスあるいは電車等の騒音など。特に外部効果が不特定多数の経済主体に影響を及ぼすのが「公害」である。

---

[4] (a)の不完全競争については第11章を参照せよ。また(b)の情報が不完全である場合については本書では取り上げないが，興味のある読者は西村一雄著5)第13章を参照せよ。
[5] 厳密には外部性には市場を経由する金銭的外部性と市場を経由しない技術的外部性がある。市場の失敗の原因としてあげられるのは技術的外部性である。

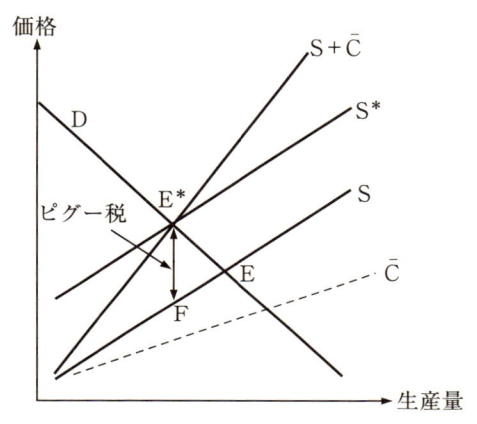

第 12 章　一般均衡分析と経済的厚生　　259

図 12-11　ピグー税による外部不経済の
内部化

- 外部経済：隣家の美しい花壇によって効用が上がる。コンピュータのある基本ソフトを多くの人が使うとそのソフトの利用価値が上がり，使用者に便益をもたらす（これは特に**ネットワーク外部性**と呼ばれる）。

では，損害をもたらす外部不経済が存在する場合，どのような対応によって問題を解決できるであろうか。

例えば，生産に伴って大気汚染をまねくような排気ガスを排出する産業を考えよう。もし当該産業が完全競争ならば，以前学んだように（第 9 章Ⅳ節参照），生産者は財の価格が限界費用に等しくなるような水準まで生産し，消費者は限界的評価（限界効用）が価格に等しくなるところまで財を購入しようとする。そしてこのように行動することで効率的な資源配分が達成される。

しかしながらいま考えている産業では，大気汚染をまねくという問題がある。上記の市場メカニズムは，生産者は限界費用と価格，消費者は限界的評価と価格しか考慮しておらず，大気汚染についてはまったく無関心である。こうしたときに発生する問題とその対策を次の**図 12-11** を見ながら考えよう。曲線 D は当該財に対する需要を表している。これは消費者の財に対する限界的評価でもある。曲線 S は生産者の供給曲線で，生産者の限界費用を

表している(第9章参照)。このような生産者に直接かかってくるような限界費用を**私的限界費用**と呼ぶことにする。また，$\bar{C}$は，この財から発生する外部不経済を評価したもので，それが社会的にどれだけの費用と評価されるかを示している。**図 12-11** の $S+\bar{C}$ はこの財の供給曲線 S と外部不経済による費用 $\bar{C}$ を縦に足し合わせたものである。したがってこの $S+\bar{C}$ は私的限界費用と外部不経済による費用を合わせたものになり，**社会的限界費用**と呼ぶことにする[6]。

もし何の規制もなく経済活動が行われれば，均衡点は需要 D と供給 S の交点である E になる。しかしこの生産水準では，外部不経済の影響で限界的評価よりも社会的限界費用のほうが大きくなってしまうのが問題である。つまり企業にとっては確かに点 E に相当する生産量が最適な水準であるのだが，社会的に望まれるのは社会的限界費用と限界的評価が一致する点 E^* に当たる生産水準なので，生産過剰になっているのである。

こうした外部性による問題を解消し，点 E^* の生産水準を実現するための方法として課税や補助金を導入するという方法が考えられる。例えば，**図 12-11** のように税を導入して S^* のところまで供給曲線をシフトさせれば，つまり図の FE^* に相当する税を課せば，市場均衡は E^* になり，社会的に最適な生産量が実現されることになる。財に対してこのように税が課されると，企業は外部不経済をあたかも自分の費用のように見なして行動することになり，外部不経済を経済取引に内部化できるのである。こうした外部不経済を相殺するような課税を，考案者のピグー (A. C. Pigou) にちなんで**ピグー税**という。課税により生産量は減少し，価格は上昇する。このように，外部性が存在するときには，税金や補助金などを導入することで資源配分の最適化(最適な生産水準の実現)を図ることができるのである。しかしこうした方法は，政府が最適な税額を求めるのは非常に困難である，あるいは限界費用が増加することで企業の国際的な競争力が落ちるといった問題点も抱えている。

上記では，政府が課税を行うことで外部不経済の問題を解決するという方

---

[6] 外部性が存在しない場合には，私的限界費用曲線と社会的限界費用曲線は一致する。

法を議論したが，政府に頼らなくとも外部不経済にかかわっている当事者同志が交渉することで解決できる可能性もある．つまり，外部不経済が生じるような場合に，(取引費用が無視できるのなら) 経済主体の交渉を通じて効率な資源配分が達成可能であることが知られている (**コースの定理**[7])．

3 公共財

1) 公共財

公共財とは，排除が不可能で，かつ非競合的である財のことである．ここで

- **排除が不可能**とは，人々がその財を使用することを妨げられない，
- **非競合的**とは，ある人の財の消費が，他の人の消費を妨げない

ということである．たとえば，金を払わない人に対してはラーメンを食べさせないということが可能であるから，ラーメンという財は代金を支払わない人を排除できる．また，誰かがラーメンを食べているとき，他の人がそのラーメンを食べることはできない．したがって，ラーメンは競合的でもあり，公共財にはならない．

公共財の例としては，テレビ放送のようなものを考えればよい．(テレビを持っている限り) 人がある番組を見ることを妨げることはできない．つまり排除不可能である．また，自分がある番組を見ていたからといって，他の人が同じ番組を見ることができないということもない．つまり，非競合的でもある．他には身近なところでは公園，道路なども公共財であり，あるいは海外からの攻撃から我々を守るようなサービス (国防) も，もちろん排除可能ではなく，かつ競合的でもないので公共財である．ちなみに前節までに考えてきた財は，先ほどのラーメンの例のように排除可能で競合的であるが，こうした財を**私的財**という．

---

[7] コースの定理については相馬他著 3) 第 4 章を参照せよ．

図12-12 公共財の需要関数

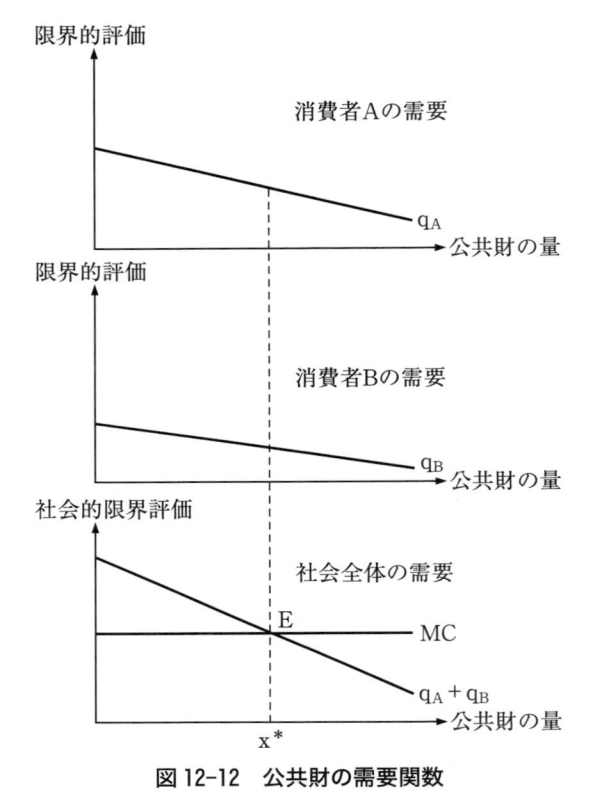

2）公共財とただ乗りの問題

　消費者AとBの二人がいる場合の公共財の需要について，次の図12-12を見ながら考えよう。図12-12の縦軸の限界的評価とは，追加的に新たに1単位公共財が供給されたとき，その追加分に対してどれだけ支払ってもよいと考えるか，という意味の評価である。私的財の場合と同様に，供給量が増えるにつれ，新たに追加される1単位の公共財に対する評価は下がっていくと考えられるので限界評価を表すグラフ（限界評価曲線と呼ぶことにする）は右下がりになっているのである。限界評価を公共財の価格と考えれば，限界評価曲線は公共財に対する需要曲線と考えることができる。したがって，図

12-12 の上の二つのグラフ q_A, q_B はそれぞれ消費者 A, B の公共財に対する需要曲線を表している。第 10 章 I 節でみたように，私的財に対する市場全体の需要曲線は，消費者 A と B の二人がいる場合，各自の需要曲線を**横軸方向**に足し合わせることで得られた。一方，公共財のほうは，図 12-12 の一番下のグラフのように，各自の需要曲線を**縦軸**方向に足し合わせることで市場全体の需要曲線がえられる。二人の需要曲線が縦軸方向に足しあわされるのは，消費者 A が消費する公共財は消費者 B も消費できるという，公共財の性質による。

公共財（例えば公園）を供給するための限界費用が MC であるなら，社会的に最適な点は E になり，x^* の規模の公園が望ましいということになる。ここで問題となるのは，自由な市場取引に任せておくと，このような最適な規模の公園が供給できなくなるということである。

通常の財の場合，自分の選好を正直に表明しない限り，その財を消費することができない。つまり，市場でのその財の価格より自分の評価が高ければその財を買えば良く，そうすることでその財に対する消費者の選好を明らかにしたことになる。財の価格より自分の評価が高い，つまり買いたいのに「その財は欲しくない」と偽っても何の利益にもならない。

しかし公共財の場合は状況が違ってくる。つまり他人に支払わせておいて，自分は「ただ乗り」することが可能になるのである。たとえば，公園を建設するために資金を徴収するという場合を考えよう。本当は公園があれば便利だと思っていても「私は公園なんか利用しない！」と言い張って資金を支払わない人も出てくるだろう。しかしそういう人でも，いったん公園ができあがってしまえば，排除不可能性から公園の利用を妨げられることはないのである[8]。

こうした「ただ乗り」が存在するために，市場取引で公共財の最適な供給量を実現するのは困難である。先ほどの公園の例のように，消費者が自分の

---

[8] ただ乗りの典型的な例が NHK の受信料未払いであろう。受信料を払わなくとも公共財の性質から，実際は誰でも NHK の番組を見ることができる。

公共財に対する評価を実際よりも低く表明すると，公共財の供給は正直に表明した場合より少なくなってしまうのである。

文献
1) 荒井一博『ファンダメンタルミクロ経済学』中央経済社，2000.
2) スティグリッツ『ミクロ経済学』(藪下他訳) 東洋経済新報社，2006.
3) 相馬・浅川・大阿久・石川・駒橋・藤丸『基礎から学ぶ教養の経済学』八千代出版，2003年.
4) 武隈愼一『ミクロ経済学増補版』新世社，1989.
5) 西村一雄『ミクロ経済学入門第2版』岩波書店，1995.

（大阿久　博）

第13章

所得分配

　本章では，所得分配に関して，理論的ならびに実証的な面から説明を行う。

　昨今では「格差」という言葉が話題になることが多いが，特に問題になっているのは経済的な格差，とりわけ所得格差である。すなわち，所得水準の高い人と低い人の差が大きくなっているのではないかという問題である。完全な社会主義で，すべての人に完全に同じ所得が分配されていれば格差は生じないはずであるが，たとえ社会主義であろうと所得格差は現実には存在する。まして，資本主義経済であるわが国で，ある程度の格差が存在することは当然である。問題は，その格差が拡大しているかどうかであり，とりわけ最近の規制緩和や構造改革の進行とともに，社会・経済の多くの分野で積極的に競争原理が取り入れられ，成果主義もかなり導入されるようになってきたことが経済的な格差を拡げたのではないか，といった点が大きな論点になっている。

　では，そうした格差は，実際にどのようにとらえることができるのだろうか。これは，所得分配の不平等度の計測の問題であり，以下では，その計測方法として，ローレンツ曲線とジニ係数についてまず説明する。また，所得分配の別の指標として，労働分配率に関しても概説する。そして，こうした指標の実際の値を示し，これまでの経過や現状を確認する。さらに，分配の理論的な説明として，分配に関する新古典派の限界生産力説やケインズ派の分配理論，アレンのモデルなどを紹介する。

表 13-1　ローレンツ曲線・ジニ係数の計算例（2006年，勤労者世帯）

五分位階級	世帯数	収入(万円)	総収入(万円)	比率		累積比率		台形の面積
				世帯数	収入	世帯数	収入	
I	2,000	29	58,000	0.2	0.11	0.2	0.11	0.011
II	2,000	39	78,000	0.2	0.15	0.4	0.26	0.037
III	2,000	48	96,000	0.2	0.18	0.6	0.44	0.070
IV	2,000	60	120,000	0.2	0.23	0.8	0.67	0.111
V	2,000	87	174,000	0.2	0.33	1.0	1.00	0.167
計	10,000	263	526,000	1.0	1.00			0.396

資料：総務省統計局「家計調査」

I　所得分配の把握

1　ローレンツ曲線とジニ係数

　所得格差の拡大を，昨今の構造改革などに原因を求めることも可能であるかもしれないが，その前に，まず所得格差が拡大しているかどうかを客観的に把握しなければならない。所得格差（所得分配の不平等性）を数量的に把握する指標として最もよく利用されるのが，ジニ係数である。そして，ジニ係数の算出の基礎になるのがローレンツ曲線である。本節では，ローレンツ曲線とジニ係数について，数値例を示しながら説明する。

　1）ローレンツ曲線

　表 13-1 には，総務省統計局「家計調査」による 2006 年の年間収入五分位階級別の1か月あたり実収入[1]のデータが示されている（勤労者世帯）。年間収入五分位階級別データとは，世帯を年間収入の小さい順に並べ，それぞれの階級に含まれる世帯数が5分の1ずつ同数になるように階級分けしたデータである。たとえば，年間収入の低い方から数えて5分の1の世帯の1か月あたりの収入の平均は，29 万円であることを示す。各階級の世帯数は 2000 世

---

[1] 以下では，簡略化のため実収入を単に収入と呼ぶ。実収入の詳細については，総務省統計局「家計調査年報」を参照されたい。

第13章 所得分配　267

帯ずつに調整されているが，同じ世帯数であれば，たとえば1世帯ずつでも，以下の議論に影響しないことに注意しよう。

ここで，すべての世帯の収入の合計（各階級で収入に世帯数を乗じ，それを合計した値）は 526,000（万円）であるが，もし所得分配が完全に平等であれば，各階級には $526,000 \div 5 = 105,200$（万円）ずつ，各世帯には $526,000 \div 10,000 = 52.6$（万円）ずつ配分されるはずである。しかしながら，各階級（あるいは世帯）の実際の収入は，収入の低い方の階級では平等の目安よりも低く，高い方の階級では平等の目安より高くなっている。この差が，所得分配の不平等さを表していることになる。

これをよりわかりやすくみるために，各階級に配分された収入の比率を算出してみよう。たとえば第Ⅰ階級では，$58,000 \div 526,000 = 0.11$ となり，全体の所得の11%がこの階級に配分されていることになる（表の6列目。なおこの値は $29 \div 263$ からも求められる）。もし分配が完全に平等であれば，上の議論により $105,200 \div 526,000 = 0.2$ の比率で配分されているはずであるが，実際にはそれよりも低い0.11しか配分されていない。ここで完全に平等な場合の収入の配分比率（0.2）は，世帯数の比率と一致していることに注意しよう。なぜならば，完全に平等な所得分配であれば，すべての世帯に等しい収入があるので，その場合の収入の比率と世帯数の比率は等しくなるからである。同様に，第Ⅴ階級についてみると，収入の比率は $174,000 \div 526,000 = 0.33$ となり，当然のことながら，完全に平等な場合（0.2）よりも，配分された収入の比率は大きくなっている。このように，所得分配の完全な平等を示す世帯数の比率（表の5列目）と，実際の収入の配分比率（表の6列目）の差が不平等の大きさを示すことになる。

この両者の比率を下の階級から順に加えていった値が，表の7列目と8列目に計算されており，これらは累積比率と呼ばれる。たとえば，第Ⅲ階級までの収入の累積比率は，第Ⅰ階級から第Ⅲ階級までの収入の比率を加えていったもの，すなわち $0.11 + 0.15 + 0.18 = 0.44$ となる。これは，収入の低い方から3番目の階級までに配分された所得は，44%であることを示している。もちろん，この階級までの世帯数の累積比率である0.6は，所得分配が完全

図13-1 ローレンツ曲線

a. 2006年のローレンツ曲線

b. 1986年と2006年のローレンツ曲線

c. 交差するローレンツ曲線

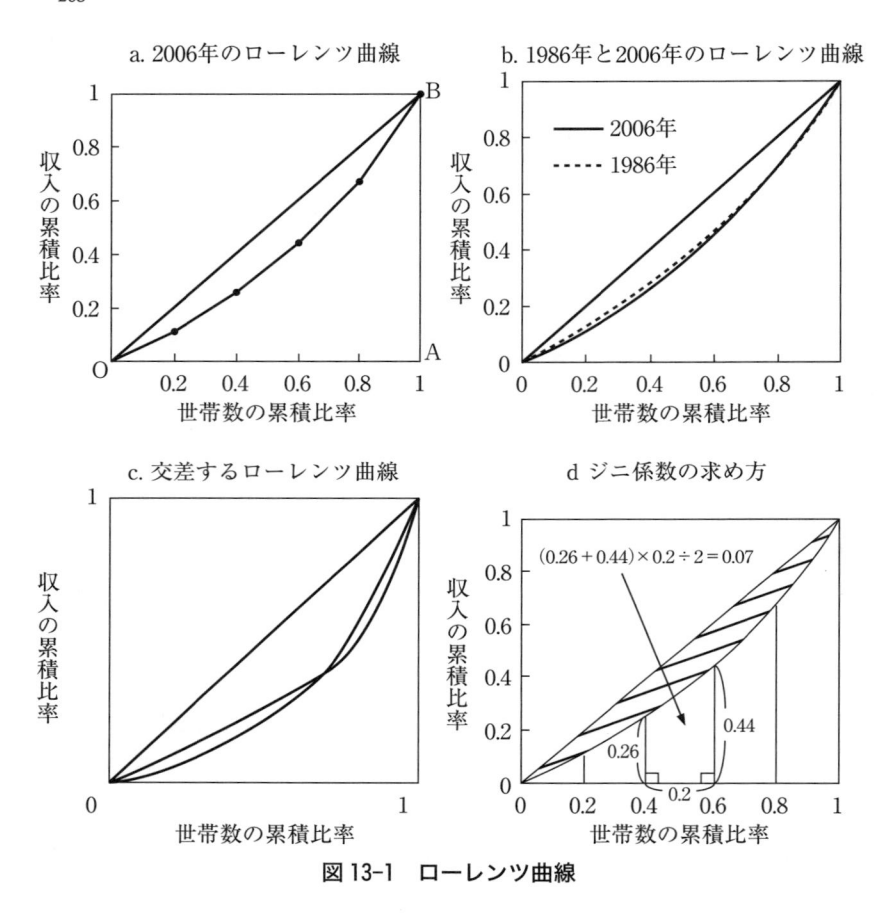

d ジニ係数の求め方

$(0.26+0.44)\times 0.2 \div 2 = 0.07$

に平等である場合の収入の累積比率を示すので，もし所得分配が平等であれば第Ⅲ階級までに60％の収入が配分されているはずであるが，実際には44％しか配分されていないことを意味している。すなわち，世帯数の累積比率と，収入の累積比率の差が大きいほど，所得分配が不平等ということになる。表の5列目と6列目をみて階級ごとに両者を比較するよりも，両者をそれぞれ累積することによって，不平等の度合いをより全体的にみることができる。

この世帯数の累積比率と収入の累積比率をグラフにしたものが，**図 13-1a**

の**ローレンツ曲線**である。ローレンツ曲線は，横軸に世帯数の累積比率（表の7列目），縦軸に収入の累積比率（表の8列目）をとって，両者プロットし，結んでいったものである。累積比率は，いずれも0から始まり1で終わるので，縦軸・横軸とも長さが1の正方形の中にローレンツ曲線が描かれる。ここで，この正方形の対角線 OB（45度線）に注目しよう。正方形では，対角線上の点は，横軸と縦軸の値が等しくなる。すなわち対角線は，世帯数の累積比率と同じ収入の累積比率を結んだ直線ということになり，これは完全に平等な状態に対応する。したがって，この対角線のことを**均等分布線**あるいは**完全平等線**と呼ぶ。

　また，最も不平等な所得分配は，1人（あるいは1世帯）にすべての所得が集中している場合である。その場合のローレンツ曲線は，正方形の底辺 OA と辺 AB からなる外枠に一致する（世帯数の累積比率が増加しても，収入の累積比率は最後の1人になるまで0で底辺に張り付くことになり，そこから急激に収入の累積比率が1に上昇する）。また，世帯を収入の低い方から順に並べることにすれば，ローレンツ曲線は均等分布線より上に位置することはない。したがって，ローレンツ曲線は，正方形の右下の三角形 OAB の中のどこかに位置することになる。

　このように考えると，ローレンツ曲線と正方形の対角線，すなわち均等分布線との位置関係から，所得分配の不平等の度合いに関して，以下のようにまとめることができる。

- ローレンツ曲線が均等分布線に近いほど，所得分配がより平等
- ローレンツ曲線が均等分布線から離れる（外枠に近づく）ほど，所得分配がより不平等

したがって，ある年と別の年のローレンツ曲線を描いて，どちらの年のローレンツ曲線がより均等分布線（対角線）から離れているかによって，どちらの年の方がより不平等であるか，すなわち所得格差が大きくなっているかをみることができる。**図13-1b** は，1986年と2006年について同様のデータに基づいてローレンツ曲線を描いた図であるが，この図から，均等分布線からより離れている2006年の方が1986年に比べて所得分配はより不平等，つまり

所得格差が拡大していることがわかる。

2）ジニ係数

このように複数の年についてローレンツ曲線を描くことによって所得分配の不平等度を比較することが可能になるが，この方法だと，たとえば，過去20年間の推移を連続的にみるなど多くの年の比較には向かない。また，比較したい年で図13-1cのようにローレンツ曲線が交わってしまったり，ローレンツ曲線がほとんど接しているような場合などでは，どちらが均等分布線に近いのかを客観的に判断することはむずかしい。そこで，ローレンツ曲線と均等分布線の近さを数値で表現したのが，**ジニ係数**である。

ローレンツ曲線と均等分布線の距離を直接数値化することは，どこで距離を測るのかによって結果が異なるのでむずかしい。そこで，ローレンツ曲線と均等分布線によって囲まれた面積を利用した指標がジニ係数である（図13-1dの斜線部）。完全に平等な場合，ローレンツ曲線と均等分布線は一致するので，この面積は0である。また完全に不平等な場合，ローレンツ曲線は正方形の外枠に一致するので，ローレンツ曲線と均等分布線で囲まれた面積は，正方形の面積（1辺の長さが1なので面積は1）の半分となり，0.5である。したがって，面積の最小値は0，最大値は0.5となるので，その面積を2倍した値は，0から1の間をとる。これがジニ係数である。すなわちジニ係数とは，

（ローレンツ曲線と均等分布線によって囲まれた面積）×2

で表される。したがって，ローレンツ曲線を描いたり，均等分布線との距離の近さを判断しなくても，

- ジニ係数が小さい（0に近い）ほど，所得分配はより平等
- ジニ係数が大きい（1に近い）ほど，所得分配はより不平等

という判断が可能になる。

次にジニ係数の求め方を説明しよう。ローレンツ曲線と均等分布線で囲まれた弓形の面積の求め方は，台形の面積を利用する（図13-1d）。すなわち，弓形の下側を5つの台形（一番左は三角形，5つというのは階級の数）に分け，それぞれの面積を求める。ここで，第k番目の台形の上底と下底は，それぞれ第k

番目と第 k-1 番目の階級の収入の累積比率となり，それに対応する高さは，第 k 番目の階級の世帯数の比率（世帯数の累積比率ではない。なぜならば，高さは第 k 番目の階級の累積世帯比率から第 k-1 番目の累積世帯比率をひいたものに等しい）となる。たとえば，第3番目の台形は，$(0.26+0.44)\times 0.2 \div 2 = 0.07$ となる（**表13-1** の一番右の列）。そしてこれらの台形の面積を合計したものを正方形の面積の半分である 0.5 からひけば弓形の面積が求められ，ジニ係数はそれを2倍すればよい。**表13-1** の例では，ジニ係数は，

$$\{0.5-(0.011+0.037+0.07+0.111+0.167)\}\times 2 = (0.5-0.396)\times 2 = 0.208$$

となる。この値の絶対的な大きさによってどの程度の格差があるのかを判断することはむずかしいが，こうしたジニ係数をいろいろな年について算出し，その値を比較することによって，所得分配の不平等度を比較することが容易になる。**図13-2b** の 1986 年のジニ係数を計算すると 0.179 となり，2006 年の 0.208 の方が大きいことから，2006 年の方がより不平等であることがわかる。

2 労働分配率

ローレンツ曲線やジニ係数は，所得分配の不平等度を表すために個々の家計（あるいはそれを階級にまとめたもの）の収入の大小に基づいて算出される。これとは別の観点から所得分配を見る指標として，**労働分配率**がある。

労働分配率とは，簡単に言うと，生産された付加価値のうちどのくらいの割合が労働者へ分配されるのかを示す指標である。すなわち，

$$労働分配率 = \frac{労働者への報酬}{付加価値}$$

と定義することができる。労働分配率が高いほど，労働者への分配が大きいことになり，この指標がかなり低ければ，企業の生み出した価値は労働者へ十分に配分されていないことになる。また，労働分配率は景気変動とも関係が深い。基本的には，景気がよいときには労働分配率は低下し，景気が悪くなると労働分配率は上昇すると言われる。なぜならば，労働分配率の分母で

労働分配率

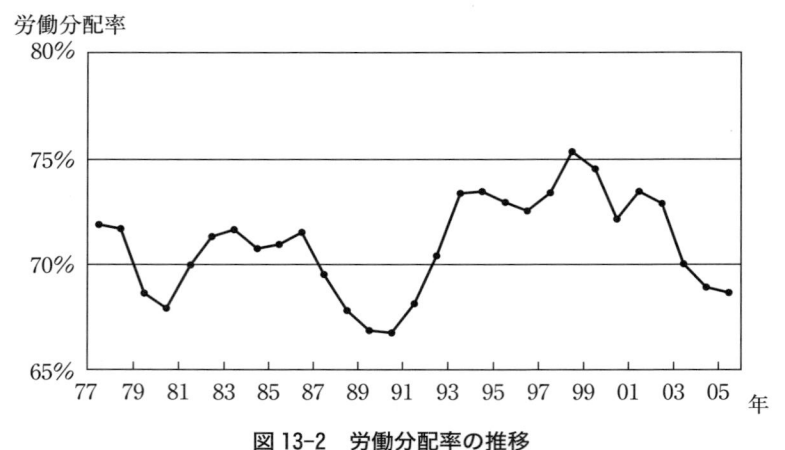

図 13-2 労働分配率の推移
労働分配率＝人件費÷（人件費＋営業利益＋減価償却費）
財務省「法人企業統計」より算出

ある付加価値は景気変動の影響を直接的に受けるが，分子である労働者への報酬は，年功序列賃金や労働組合による賃金交渉などによって下方硬直性があり，景気が悪かったとしてもそれほど大きく低下（変動）しにくいからである。したがって，労働分配率は景気を見る上で非常に重要な指標となる。

国民経済全体（マクロ）で考えた場合，労働分配率は国民所得に占める雇用者所得の割合と定義することができ，日本経済全体の分配状況をみるのに役立つ。もちろん，この指標は一国全体だけではなく，ミクロ的に個々の企業に対しても算出される。ある企業の労働分配率とは，その企業の付加価値に占める人件費の割合として考えることができ，会社が生産した価値に対する雇用者への分配比率を表わす。したがって，労働分配率を1から減じた割合は，雇用者へ配分されなかった部分であり，それは資本への分配（配当など）などに向かうことになる。さらに企業の労働分配率は，業種別などにも拡張することができる。

個々の企業に対する労働分配率を計算するには，その企業の財務諸表などをみればよいが，マクロ的な労働分配率を計算するためには，内閣府の「国民経済計算」や財務省の「法人企業統計」が利用されることが多く，用いる

第13章 所得分配

統計データによっても様々な労働分配率の定義が存在する[2]。たとえば国民経済計算のデータを利用すると，雇用者報酬/国民所得などと定義することできる。ここでは，『経済財政白書』（内閣府[1]）で用いられている次式で定義される労働分配率を用いることにしよう。

$$労働分配率 = \frac{人件費}{人件費 + 営業利益 + 減価償却費}$$

図 13-2 は，上の式をもとに算出したわが国の最近の労働分配率の推移である。この図をみると，たとえば 1980 年代後半に労働分配率が低下しており，これがバブル経済による好況期に対応していることから，景気のよい時期には労働分配率が低下することを確認できる。その後，いわゆるバブル崩壊による景気後退期である 1990 年代前半には，逆に労働分配率が上昇しており，1990 年代はほぼ 70％ 代でやや高めに推移していたことが読み取れる。しかし，2000 年代に入ると労働分配率が大きく低下している。これは，好景気で付加価値が増加しているにもかかわらず賃金水準がそれほど上昇していないことを反映している。その要因として，内閣府[1]では，リストラなどによって従業員の賃金に対する影響力が低下したことや，企業の債務比率が高いことなどを指摘している。

II　所得分配の実状

1　ジニ係数の推移

前節で説明したジニ係数の推移を示したのが，図 13-3 である。ジニ係数の算出のもとになるデータとして，図 13-3a では前節と同様に総務省統計局「家計調査」による勤労者世帯の実収入のデータが，図 13-3b では総務省統計局「全国消費実態調査」の全世帯の年間収入のデータが，それぞれ用いられている。ただし家計調査は毎年行われる調査であるが，全国消費実態調査は 5 年に 1 度しか実施されないため，図のジニ係数も 5 年おきに提示されて

---

[2] 労働政策研究・研修機構[3]では，7 通りの労働分配率の計測方法が示されている。

a. 家計調査による
実収入のジニ係数の推移（勤労者世帯）

b. 全国消費実態調査による
年間収入のジニ係数の推移（全世帯）

図13-3　ジニ係数の推移

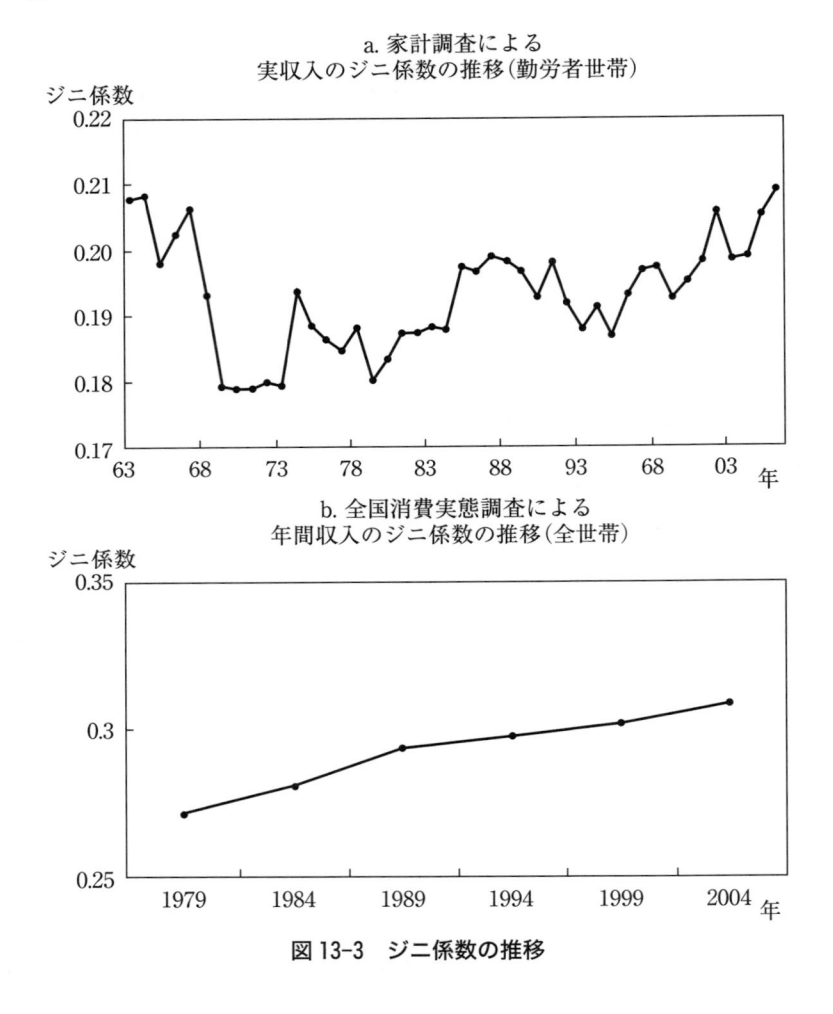

いる。両者のジニ係数の水準が異なるのは，所得の定義，集計する世帯の対象などが異なっているためである。つまり，ジニ係数といっても，用いるデータによって，算出される値は異なってくることに注意が必要である[3]。

---

[3] これらの調査の他にも，厚生労働省の「国民生活基礎調査」や「所得再分配調査」なども利用される。

図 13-3a からわかることは，まず，1960年代には，ジニ係数が大幅に低下している点である。この時期は高度成長期に対応している。「一億総中流」などという言葉に代表されるように，高度成長により所得分配が平等化したことがわかる。また，第1次オイルショック（1973年）直後に，一時的な上昇がみられる。そして1980年代以降のジニ係数は，1990年代にやや低下したものの，傾向的にはゆるやかに上昇しつつあることがわかる。図 13-3b の全国消費実態調査による結果は5年おきなので細かい変動はわからないものの，傾向としてジニ係数は上昇しており，所得分配の不平等度は大きくなっている，すなわち所得格差が拡大していることがわかる。

2　格差の要因

このようにジニ係数の推移をみれば，1980年代以降，わが国の所得格差が拡大していることが確認できる。所得格差の拡大というのは社会的に大きな問題であり，格差の拡大に伴って，それに関する様々な論争が行われている。格差の拡大が話題になるのは，企業が従来の年功序列型賃金から成果主義や能力主義を導入するようになったため賃金格差が拡大したのではないか，構造改革などにより競争をより積極的に推進するようになったことが原因で格差が拡大したのではないか，所得格差という「結果の平等」が失われるだけではなく，それに伴って「機会の平等」までも失われるのではないか，などといった様々な論点が存在するからであろう。

所得格差に関する代表的な文献として，大竹[2]，佐藤[4]，橘木[5]などをあげることができる。橘木[5]ではこうした格差の拡大の事実を明示し，それに伴う諸問題を指摘している。また，佐藤[4]は格差の拡大を社会階層などの観点から論じている。一方，大竹[2]は格差の拡大は事実であるものの，それがどのような要因によってもたらされているのかを詳細に検討している。

大竹[2]では，所得格差の拡大は，主に，高齢化や世帯人員の変化によってもたらされていることが指摘されている。高齢者は，所得がほとんどない人もいれば，現役として働いている人もおり，若い世代に比べて所得格差が大きいのは当然である。図 13-4 では年齢階級別にジニ係数が示されているが，

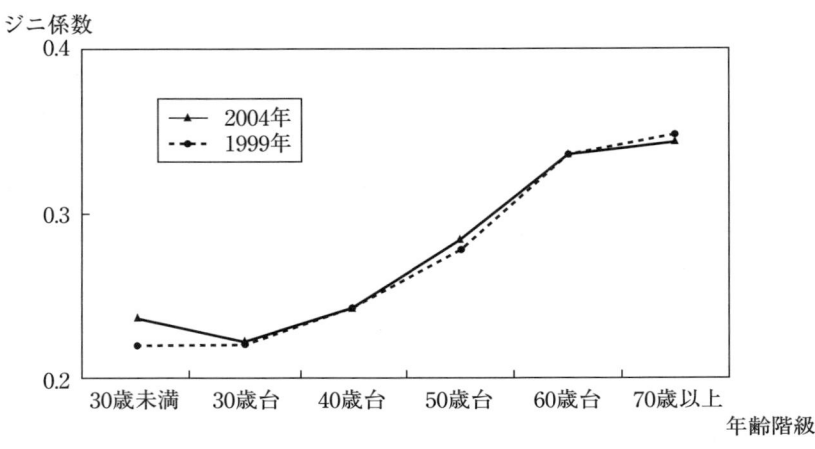

図13-4 世帯主の年齢階級別年間収入のジニ係数
出所:総務省統計局「全国消費実態調査」

高齢者の方が所得格差が大きいことがわかる。さらに、同じ年齢階級のジニ係数が年によってほとんど変化していないこともわかる（30歳未満の若年層では若干拡大している）。こうしたことから、人口の高齢化が格差拡大の要因となっていることがわかる。また、親世代と同居していた場合よりも、同居しなくなった場合の方が、所得の格差は大きくなる。したがって、親と同居しない傾向が増えてきたという世帯構造の変化も、高齢化と同様に格差の拡大をもたらしたと指摘されている。

参考文献
1) 内閣府『平成18年度版経済財政白書』国立印刷局, 2006.
2) 大竹文雄『日本の不平等』日本経済新聞社, 2005.
3) 労働政策研究・研修機構『ユースフル労働統計—労働統計加工指標集—2007』労働政策研究・研修機構, 2007.
4) 佐藤俊樹『不平等社会日本』中公新書, 2000.
5) 橘木俊詔『日本の経済格差—所得と資産から考える』岩波新書, 1999.

（勝浦　正樹）

III 分配理論

　分配は，単純に「場当たり主義的」でおこなわれるものではなく，社会的に一定の筋道のあるものである。ある雇用主がその雇用する労働者に法外の賃金を支払うならば，この雇用者の生産物の生産コストが高くなり，市場経済の中で他の企業との競争に敗北し，自然淘汰の途を辿ることになるであろう。逆に，ある雇用者が労働者に不当に低い賃金率を支払うならば，このとき労働者はこの職場に見切りをつけて他の条件の良い職場を探すであろう。このようにみると，賃金には大小の幅があるが，大体の標準がある。これは，個々の雇用者や労働者の気まぐれで規定されるものではなく，資本主義経済の進展により社会的に，経済的に決定されるものである。

　国民所得が，その生産に貢献した各生産諸要素の間に分配されるということは，至極当然のことである。問題は，各生産要素の，その貢献に応じて貢献分がどのように確定されるかということである。そして，この分配理論，より明確にいえば，機能的分配理論の主題について，古典派経済学以来，色々な学説が提唱されてきた。以下では，2つの巨視的分配理論，つまり，分配の限界生産力理論とケインズ派の分配理論を取り上げることにする。

1　分配の限界生産力理論

　まず，生産関数を $Y=F(K, L, B)$ で定式化すれば，資本の限界生産力は $\partial Y/\partial K = \partial F/\partial K$ で示され，労働の限界生産力は $\partial Y/\partial L = \partial F/\partial L$ で示され，土地の限界生産力は $\partial Y/\partial B = \partial F/\partial B$ となる。この場合，$Y=$ 国民純生産物，$K=$ 資本，$L=$ 労働力，$B=$ 土地。

　労働力 L の1単位の雇用追加によって惹起される費用額は，L の単位価格，つまり，賃金率そのものに他ならない。生産活動が合理的である限り，雇用者は，労働の限界生産物の価値と労働の単位価格が均等するように労働の雇用量を決定する。ただし，前者が後者を凌駕するならば，雇用者は労働の雇用量を増大させる。後者が前者を上回るならば，雇用者は労働の雇用量

を減少するであろう。かくして，均衡条件においては，以下の関係式が成立しなければならない。

$$w = \bar{p}\partial Y/\partial L \cdots\cdots\cdots\cdots\cdots\cdots\cdots\cdots\cdots\cdots\cdots\cdots\cdots\cdots\cdots\cdots\cdots\cdots(1)$$
$$r = \bar{p}\partial Y/\partial K \cdots\cdots\cdots\cdots\cdots\cdots\cdots\cdots\cdots\cdots\cdots\cdots\cdots\cdots\cdots\cdots\cdots\cdots(2)$$
$$m = \bar{p}\partial Y/\partial B \cdots\cdots\cdots\cdots\cdots\cdots\cdots\cdots\cdots\cdots\cdots\cdots\cdots\cdots\cdots\cdots\cdots\cdots(3)$$

この場合，w＝賃金率，r＝利子率，m＝地代率，$\bar{p}\partial Y/\partial L$＝労働の限界生産物の価値，$\bar{p}\partial Y/\partial K$＝資本の限界生産物の価値，$\bar{p}\partial Y/\partial B$＝土地の限界生産物の価値，p＝価格水準。

(1)式，(2)式，(3)式は，限界生産力説の第一命題と呼ばれる。そして，巨視的生産関数は，以下の関係式で示される。

$$Y = F(K, L, B) \cdots\cdots\cdots\cdots\cdots\cdots\cdots\cdots\cdots\cdots\cdots\cdots\cdots\cdots\cdots\cdots\cdots\cdots(4)$$

この生産関数は，以下の2つの仮定を想定している。(a)規模に関する収穫不変の法則に支配される。(b)収穫逓減の法則が作用する。仮定(a)に基づいて，各生産要素の投入量を一律にλ倍すると，生産量もλ倍になる。このような性質をもつ原生産関数は，一次同次（homogeneous of the first degree）の生産関数と呼ばれる。λ＝生産規模を示すパラメーター。

上式の生産関数が一次同次であるという性質から，分配の限界生産力理論の分配法則は，以下の推論過程を通じて導出される。上述の生産関数を全微分すると，以下の関係式が求められる。

$$dY = (\partial Y/\partial K)dK + (\partial Y/\partial L)dL + (\partial Y/\partial B)dB \cdots\cdots\cdots\cdots\cdots\cdots(5)$$

ところで，生産関数は一次同次であるから，K，L，およびBが共にλ倍されると，Yも共にλ倍されることになる。

$$\lambda Y = F(\lambda K, \lambda L, \lambda B) \cdots\cdots\cdots\cdots\cdots\cdots\cdots\cdots\cdots\cdots\cdots\cdots\cdots\cdots\cdots(6)$$

そこでは，以下のような関係式が成立することになる。

$$dK = \lambda K, \quad dL = \lambda L, \quad dB = \lambda B \cdots\cdots\cdots\cdots\cdots\cdots\cdots\cdots\cdots\cdots(7)$$

ここで，λは，これらの生産要素の同じ百分率的増加を表明している。(5)式に(7)式を代入すると，以下の式が求められる。

$$dY/\lambda = (\partial Y/\partial K)K + (\partial Y/\partial L)L + (\partial Y/\partial B)B \cdots\cdots\cdots\cdots\cdots\cdots(8)$$

ところで，(7)式が妥当する場合には，$dY = \lambda Y$，あるいは，$dY/\lambda = Y$もま

第 13 章 所得分配　　279

図 13-5　分配の限界生産力理論
（出所）伊達 5) p. 134。

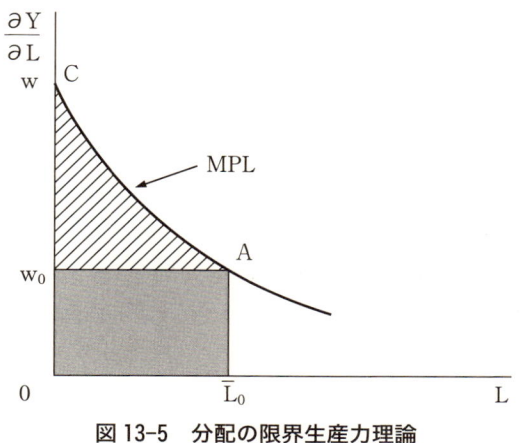

た成立することは明白である．したがって，このことから，(8)式は，以下のような形で書き改められる．すなわち，

$$Y = (\partial Y/\partial K)K + (\partial Y/\partial L)L + (\partial Y/\partial B)B \quad \cdots\cdots\cdots\cdots (9)$$

である．あるいは，この式の両辺に価格水準 $\bar{p}$ を乗ずると，金額表示での関係式が求められる．

$$\bar{p}Y = \bar{p}\{(\partial Y/\partial K)K + (\partial Y/\partial L)L + (\partial Y/\partial B)B\} \quad \cdots\cdots\cdots (10)$$

上式に，(1)式，(2)式，(3)式で示された限界生産力の第 1 命題を勘案すると，(10)式の右辺の第 1 項目が利子総額 $\{\bar{p}(\partial Y/\partial K)K = rK\}$ を示し，第 2 項目が賃金総額 $\{\bar{p}(\partial Y/\partial L)L = wL\}$ を示し，第 3 項目が地代総額 $\{\bar{p}(\partial Y/\partial B)B = mB\}$ を表明していることが容易に判明する．それ故に，この式は，純国民生産額が，生産諸要素の限界生産力の報酬率に応じて残りなく，利子総額，賃金総額，地代総額に分配されることを意味する．これは限界生産力説の「完全分配の原理」，あるいは，「余剰不存の原理」と呼ばれる．これを，「限界生産力説の第二命題」と呼ぶことにしよう．（柴田・新田 7) p. 178)

図 13-5 において，縦軸には労働の限界生産物（MPL）が想定され，横軸には労働量が測定されている．収穫逓減の法則が作用すると想定すると，MPL 曲線は右下がりの曲線として描かれる．いま，賃金率が w_0 であると想定す

る。限界生産力の命題により，すべての雇用者は，賃金率が労働の限界生産物と均等するところで労働量を雇用することになる。賃金率が w_0 の水準で与えられているとすれば，雇用者が利潤の最大化を遂行する限り，この雇用者は $o\bar{L}_0$ に等しい労働量を雇用する。なぜならば，雇用者は雇用量が $0\bar{L}_0$ よりも少なければ，労働者をさらに増大させることによって，利潤をさらに拡大することができるからである。反対に，雇用量が $0\bar{L}_0$ よりも多ければ，そのとき賃金率が労働の限界生産物を上回ることになる。つまり，雇用者が超過分だけ赤字を被ることになる。このために，雇用者は労働者を減少させることになる。賃金率が w_0 の水準にある限り，雇用者は，丁度 $0\bar{L}_0$ の労働者を雇用することが利潤を最大化ならしめることになる。

賃金率を w_0 の大きさで雇用されることを欲する全労働量が $0\bar{L}_0$ の数量であるならば，労働者の賃金総額は w_0 と $\bar{L}_0$ との数学的積，つまり，図における矩形 $0\bar{L}_0Aw_0$ の面積で示される。いま，利子総額と地代総額を合算して，資産所得と呼ぶことにする。この場合，総生産物は，労働の限界生産物曲線 (MPL) の積分，つまり，図における $0\bar{L}_0AC$ の面積に等しい。この総生産物は過不足なく生産に参加した生産要素に分配されることになる。したがって，図において斜線で描かれた面積 w_0AC が利子総額 rK と地代総額 mB を一括した資産所得を表示するわけである。

2 ケインズ派の分配理論

カルドアは，論文「代替的な分配理論」において，新古典派の限界生産力説に代わる「ケインズ派分配理論」を展開した。カルドアは，議論を単純化するために，海外部門もなく，政府による財・サービスの購入もなく租税の徴収もなく，企業が内部留保によって貯蓄をおこなわない理論体系を想定する。また，カルドアは，完全雇用の状態を想定しながら，資本主義経済の所得階級を「利潤稼得者」と「賃金稼得者」との二階級に分割し，しかもこの二階級の貯蓄係数が異なるものであると，力説する。

カルドア理論の要点は，以下のとおり。カルドア・モデルにおいては，所得は利潤総額 π と賃金総額 W とに過不足なく分配されるから，$Y = \pi + W$

第13章 所得分配

式が成立する。社会全体の貯蓄Sは，利潤稼得者の貯蓄S_πと賃金稼得者の貯蓄S_wとの和に等しい。すなわち，$S=S_\pi+S_w$である。また，利潤稼得者の貯蓄は利潤総額に利潤稼得者の貯蓄係数s_πを掛けた積に等しい。つまり，$S_\pi=s_\pi\pi$である。他方，賃金稼得者の貯蓄は，賃金総額に賃金稼得者の貯蓄係数s_wを掛けた積に等しい。つまり，$S_w=s_w W$である。この結果，われわれは，カルドア型貯蓄関数を以下の関係式で示すことができる。すなわち，

$$S = s_\pi\pi + s_w W = (s_\pi - s_w)\pi + s_w Y \quad\cdots\cdots(1)$$

上式は，「差別型貯蓄関数」(differential savings function) と呼ばれる。上式をYで割ると，以下の式が求められる。

$$s = \frac{S}{Y} = (s_\pi - s_w)\frac{\pi}{Y} + s_w \quad\cdots\cdots(2)$$

この式は，社会全体の貯蓄係数sがケインズ的貯蓄関数に見られるように外生的に与えられる定数ではなく，内生変数である利潤分配率π/Yの大きさに依存するということを意味する。また，(2)式の$(s_\pi-s_w)$の係数は，正である。このことは，s_πがs_wよりも大きいということを意味する。いま，恒常均衡状態において，財貨に対する需給は等しくならねばならないから，マクロ均衡条件は，以下の関係式で示される。

$$S = I \quad\cdots\cdots(3)$$

ただし，I＝投資。(3)式に(1)式を代入すると，適当に整理すると，以下の式が求められる。

$$\pi/Y = \{1/(s_\pi-s_w)\}(I/Y) - \{s_w/(s_\pi-s_w)\} \quad\cdots\cdots(4)$$

この式はカルドアの静学的分配法則を示す式である。この式には幾つかの特徴がある。第1に，利潤分配率は，投資率I/Yに依存する。その依存の仕方は，投資率が大であればあるほど，利潤分配率はそれだけ大きくなる。第2に，利潤分配率はs_πとs_wとに依存する。その依存の仕方は，s_πとs_wとが小であればあるほど，利潤分配率はそれだけ大きくなる。この脈絡に関して，カルドア教授自身に語ってもらうのが一番であろう。「賃金稼得者および，資本家（利潤稼得者）の貯蓄係数が与えられるならば，国民所得に占める利潤の分け前は，単に産出量に対する投資の比率に依存する。」。このことは，カルドアの命題として知られている (Kaldor 3) p. 229)。

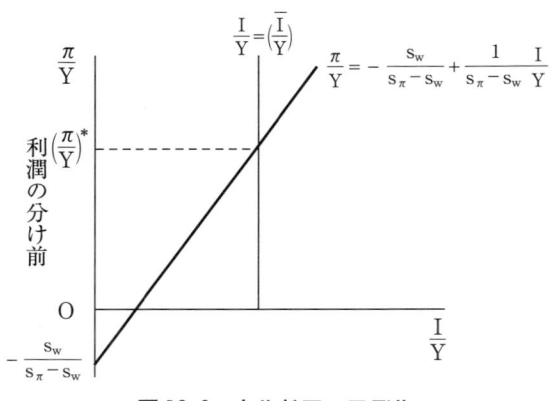

図 13-6　カルドア・モデル

　これまでの議論を図示したものが，図 13-6 である。利潤分配率を示す直線は，縦軸上の切片部分が $(-)s_w/(s_\pi-s_w)$ であり，この傾斜は $1/(s_\pi-s_w)$ であるような直線によって示される。仮定により，$0<s_\pi-s_w<1$ であるから，この傾斜は 1 よりも大である。そして，独立に決定された投資率 (I/Y) を所与として，利潤分配率は，縦軸に写像することによって，自動的に決定されるのである。
　カルドア・モデルに関連して留意すべき2つの点がある。その一つは，このモデルの説明力は投資もしくは投資率が2つの貯蓄係数 s_π と s_w の変化から独立であるというケインズ的貯蓄仮説に依存しているという点である。もう一つの点は，モデルの安定条件に関してである。この安定条件は，(1) s_π と s_w とが異なる係数であるということ，(2) $s_\pi>s_w$ である。
　カルドア・モデルのメカニズムを素描しておこう。投資 I が増大すれば，財貨の総需要 Y^d が増大し，財貨市場では，財貨の超過需要 ($Y^d>Y^s$) が惹起する。これが物価水準 p と利潤総額 π を拡大させる。カルドア型貯蓄関数により，利潤分配率の増大は貯蓄 S を増大する。かくして，実質消費 C/p は減退する。かくして，I=S が回復する。一方，投資が減退すると，I の減少→Y^d の減少，→財貨の超過供給 ($Y^d<Y^s$) の発生→，p の下落→π の減少，となる。利潤分配率が減少すると，貯蓄が減少する。かくして，S=I が回復する。

このように伸縮的な物価水準を想定し,体系は,完全雇用のもとにあるとすれば,安定的なものとなる。ここで留意すべきことは,体系のもつ安定性の度合が所得分配の感応性係数 $\{1/(s_\pi - s_w)\}$ に依存しているという点である。

3 生産要素間の代替弾力性 (アレン・モデル)

アレンは,当面の主題に必要されるモデルを以下の式で構成する。

$$y = f(k) \tag{1}$$
$$k = K/L \tag{2}$$
$$F_K = f'(k) \tag{3}$$
$$F_L = f(k) - kf'(k) \tag{4}$$
$$R = F_L/F_K \tag{5}$$
$$\sigma = dk/k \div dR/R \tag{6}$$
$$\sigma = 1/k \div d\log R/dk \tag{7}$$

この場合,記号の意味は以下のとおり。y=労働者一人当たりの産出量 (y=Y/L),k=資本集約度,F_K=資本の限界生産物,F_L=労働の限界生産物,R=限界代替率,σ=生産要素の間の代替弾力性,Y=産出量,K=資本,L=労働力。

(1)式は,生産関数がY=F(K, L) 式で与えられたとき,一次同次の仮定から求められる「一人当たりの産出量」の生産関数を示す。(2)式は資本集約度の定義を示す。(3)式は,資本の限界生産物の式を示す。これは,(1)式をKで微分することにより,求められる。(4)式は(1)式をLで微分して求められた労働の限界生産物の式である。

(5)式は限界代替率Rが賃金率wと利潤率ρとの比率に等しいことを示す。w=F_L, ρ=F_Kの限界生産力説が成立している。完全競争状態が支配している。

(6)式は生産要素の間の代替弾力性σの定義式である。σとは,「相対賃金1%の上昇率が,相対雇用量何%の減少率をもたらすか,あるいは,資本集約度の何%の上昇率をもたらすか」という尺度を与える。相対賃金とは,賃金率と利潤率との比率をさす。(辻村・尾崎 8) p. 123),(伊達 5) p. 137)。(7)式は,

アレンによる σ のもう一つの定義式を示す。

(5)式に，(3)式，(4)式を代入すると，以下の関係式が求められる。

$$\log R = \log(f - kf') - \log f' \quad \cdots\cdots(8)$$

上式を k で微分すると，以下の式が求めれる。

$$(d/dk)(\log R) = (-ff'')/\{(f-kf')f'\} \quad \cdots\cdots(9)$$

(7)式に，(9)式を代入すると，以下の式が求められる。

$$\sigma = \{f'(f-kf')\}/\{-ff''k\} \quad \cdots\cdots(10)$$

ここで，主要課題の分配理論に眼を向けよう。限界生産力の第1命題は，「賃金率は労働の限界生産物に等しい」という公準で要約される。つまり，

$$w = f - kf'$$

上式を k で微分すると，以下の式が求められる。

$$dw/dk = -kf'' \quad \cdots\cdots(11)$$

順次，(1)式を k で微分すると，以下の式が求められる

$$dy/dk = f' \quad \cdots\cdots(12)$$

(11)式と(12)式から，以下の式が得られる。

$$dy/dw = f'/(-kf'') \quad \cdots\cdots(13)$$

一人当たりの産出量の成長率と賃金の成長率との比率は，$dy/y \div dw/w = \{(w/y)(dy/dw)\}$ となる。この式に，$w = f - kf'$ 式を勘案しながら，(1)式，(10)式，(13)式を代入すると，以下の関係式が求められる。

$$(w/y)(dy/dw) = \{f(f-kf')\}/(-kf''f) = \sigma \quad \cdots\cdots(14)$$

ところで，利潤分配率 θ は，利潤総額の国民所得に対する比率として定義される。利潤総額 π は，$\pi = \rho K$ に等しい。これから，θ 式は以下のとおり。

$$\theta = \pi/Y = (\rho K)/Y = \rho k/y = f'(k)k/f(k) \quad \cdots\cdots(15)$$

上式を k で微分すると，以下の式が求められる。

$$d\theta/dk = (k/f)(-f'')(\sigma - 1) \quad \cdots\cdots(16)$$

この式は，k の変動が利潤分配率に対して及ぼす効果を示す式である。換言すれば，仮に $\sigma > 1$ ならば，k の増大は利潤分配率の増加を生み出す。明確にいえば，(11)式より，k の増大は w の増大を生み出す。したがって，k の増大は θ の増大を造出する。仮に $\sigma < 1$ ならば，k の増大は利潤分配率の減少

を生み出す。仮に $\sigma=1$ ならば，$d\theta/dk=$ ゼロとなる。つまり，k が変化しても，利潤分配率はコンスタントに留まる。

参考文献
1) 岸本誠二郎「経済学概論」有斐閣, 昭和 39 年.
2) C. E. Ferguson, "The Neoclassical Theory of Production & Distribution," Cambridge University Press, 1969 (木村憲二訳,「生産と分配の新古典派理論（下）」, 日本評論社, 昭和 46 年)
3) N. Kaldor, "Alternative Theories of Distribution," "Essays on Value and Distribution", Gerald Duckworth & Co. LTD. 1960.
4) 荒憲治郎・中山伊知太郎,「価格形成と所得分配」「経済原論（上巻）」青林書院新社. 昭和 39 年.
5) 伊達邦春「図説経済原論」学文社, 昭和 55 年.
6) R. G. D. Allen, "Macro-Economic Theory", Macmillan and Company Limited, London. 1967 (新開陽一・渡辺経彦訳,「現代経済学（上）」, 東洋経済新報社, 昭和 43 年)
7) 柴田　敬・新田政則「近代経済学原理」ミネルヴァ書房, 昭和 45 年.
8) 辻村江太郎・尾崎巌「現代経済学」日本放送出版協会, 昭和 45 年.

（石橋一雄）

第14章

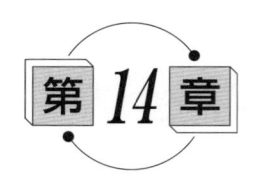

現代の政治経済学をめぐる諸問題

I 現代経済学の潮流を守るケインズ派

　この節では20世紀最大の経済学者ケインズに光を当て，その生涯，ケインズ学派の分類，現代に生きる洞察力の3点を解説します。
　その前にケインズの思想をいま顧みる利点は何でしょうか。3つ挙げておきます。1つ目は経済学を正しく理解するためです（教育）。ケインズは後述のように，マクロ経済学という全く新しい経済学を開発し，流布させました。その誕生秘話（どのような社会状況で可能だったのか，誰と協働したのか等々）を振り返ることで，彼がなぜ流動性選好や乗数や国民所得理論を打ち立てることができたのかを理解します。つまり経済学のロジックを歴史的に補強することで，その理解が深まるのです。2つ目は新しい経済学の萌芽を発見できることです（新理論）。後述のように，ケインズの著作には優れた発想・洞察が詰まっています。それらを読み直すことで，現代のエコノミストが新しい理論を創造する可能性が高まるのです。優れた経済学者は単に理論モデルの改訂を常套（ジョウトウ）として行うのではなく，何が重要なモデルかをつかみ取る直覚が求められるのです。3つ目はケインズの生涯そのものが知るに値するおもしろさがあるためです（知的好奇心）。ケインズは単なる経済学者ではなく，V. ウルフやL. ストレイチーなどの文学者，ラッセルやヴィトゲンシュタインなどの哲学者，ロイド-ジョージやチャーチルなどの政治家と交流し，シティ（金融街）で一目置かれるほど資産運用に長け，古書収集家や名文家として著名でした。そのような生涯自体，私たちに人間の多様性を知らせてくれます。

第 14 章 現代の政治経済学をめぐる諸問題　287

1　その生涯

　ケインズは 1883 年 6 月に生まれました。これはカール・マルクスの死去した年でもあり，またジョセフ・シュンペーターが生誕した年でもありました。ケインズは大学街ケンブリッジに生まれ育ちました。当時はヴィクトリア朝と言って，大英帝国として大きな繁栄を迎え，そしてやや絶頂から滑り落ちる時でした。父にケンブリッジ大学教員，母にケンブリッジ市長を持つという中流上層階級でした。ケインズは中高一貫のイートン校からケンブリッジ大学のキングズ・カレッジに進学しました。

　高校や大学時代にボーア戦争や関税改革運動が起こり，大英帝国は大きく揺らぐことになりましたが，ケインズは大いに学生生活を楽しみました。使徒会という秘密組織に入ったり，哲学や倫理学に耽溺(タンデキ)したり，自治会長として演説をぶったり，同性愛関係になったりと，八面六臂(ロッピ)の活躍だったのです。卒業時に進路に悩みました。父の友人でもある師アルフレッド・マーシャルの熱心な誘いを断り，公務員試験を受けることにしました。この時，初めて本格的に経済学を勉強したと言われています。晴れてインド省という重要な役所に入りましたが，役人生活は暇で退屈でした。そこで 2 年間でその生活に見切りを付け，ケンブリッジ大学にフェロー（終身の特別研究員）として戻ることにしました。経済学者ケインズの誕生です。

　1910 年代までは文学者や画家などとの交流が主でしたが，次第にケインズの才能が認められ，政府や学界関係の仕事が多くなってきました。第一次世界大戦中は大蔵省に臨時雇いされ，その縁でヴェルサイユ平和条約に派遣される大蔵省主席代表に抜擢(バッテキ)されます。しかし大臣と対立してその役を投げ出し，政治家を批判する警世の書を出し，世界的なベストセラーになりました。投機活動に手を染め，巨万の富を得ることになるのもこのころからです。その後は理論家としても名声が確立しました。『貨幣改革論』(1923)，『貨幣論』(1930) という書物が有名です。マクミラン委員会などにも出席し，政府のアドバイザーとしての役目も果たしました。大英帝国の経済が硬直化し，1920 年代から失業が蔓延(マンエン)した状態で，どのようなプロジェクトが有効なのかを議論したのでした。

しかしケインズは満足しませんでした。ついに同僚の経済学者を批判して、『雇用・利子および貨幣の一般理論』(1936)を世に問い、失業がなぜ持続するか、それを解決するにはどうしたらよいかを解明したのです。この本の衝撃はすさまじく、経済学者のみならず官僚・政治家・ジャーナリスト・一般市民までこぞってこの「**ケインズ革命**」を受け入れることになりました。第二次世界大戦が始まっても、ケインズの挑戦は続きました。インフレを抑えつつ、戦費を調達し、なお労働者の生活を困窮させないためにはどうしたらよいかも考えました。覇権(ハケン)が移ったアメリカ合衆国と共同して、戦後の国際金融秩序はどう作るかも考えました。国際通貨基金IMFの原案も作ったのでした。

しかし多忙がたたり、戦後の繁栄を見ることなく、ケインズは1946年4月に亡くなりました。稼いだ金を惜しみなく芸術振興に注ぎ込み、古書を収集し、イングランド銀行理事や貴族院議員となった多様な人生でした。

2 現代経済学の分類*

ケインズ経済学の現状は、経済学の本流・主流と比較するとよくわかります。そこで典型的な経済学的思考(**新古典派**とも新しい古典派とも呼ばれます)を説明した後、ケインズの考えを受け継いでいる3つの学派を紹介しましょう。

1)主流派

典型的な経済学的思考とは、ケインズが激しく反発した対象であり、ケインズ革命後はなりを潜めていましたが、再び復活してきたアイデアです。この思考によれば、経済には収束すべき長期均衡があり、短期の現象は単なる攪乱かせいぜい調整不良に過ぎないとします。また合理的な経済人を想定し、無限に続く時間の中で、利潤や効用の最大化を選択できる「強い個人」の仮定をします。貨幣は中立(実態に長期的な影響を及ぼさない)です。資産市場や保険市場が完全に整っていることも想定され、つまりすべての個人が平等に似通った環境を享受できることになります。また、極めて個人主義的な社会観があります。つまり社会現象を代表的個人の選択に還元して説明でき、

第 14 章 現代の政治経済学をめぐる諸問題　289

またその選択も単純な形式のみ（効用の最大化）で良いとする立場です。この世界では実は企業も政府も形だけです。企業は株主としての個人に完璧なコントロールを受け，政府の行動も個人に完全に予測され独立した選択ができません。この世界はあたかも無人島で奮闘するロビンソン・クルーソーの集合のようです。彼は貸借対照表を作り，1 日の最適な労働時間を計り，種籾(タネモミ)として残しておく分（つまり貯蓄）を考えながら消費をしました。

　経済学はその誕生から，こうした典型的な思考法を強弱はあれ秘めていたのです。ただそれが全面開花したのが，アダム・スミスの一側面を単純化した理解が広まってからでした。限界革命以後のワルラス流一般均衡論はますます経済学を純化させ，一般均衡論の公理体系であるアロー・ドブリューモデルでその頂点を迎えました。多くの経済学者はこのコアを無意識か意識的か，とにかくかなりの程度受け入れています。

2）新古典派総合

　ところが後述するように，ケインズはその大部分に反逆し，新しい経済学を打ち立てました。その内容が豊富で，かつその方法があまりに過激だったので，中には昔ながらの思考法と折衷(セッチュウ)する形で妥協する人々も出てきました。新古典派総合，あるいはアメリカのオールド・ケインジアンと呼ばれる人々です。サミュエルソンやトービンが代表です。

　彼らはまず 3 つのケインズ的特徴を受け入れました。マクロ（集計された）変数の間に安定した関係が存在すること（消費と所得など），価格以上に重要な情報（例えば総需要）があること，完全雇用を実現するために政府の補助的介入（特に財政政策）が必要なこと，この 3 つです。理論上の強力な武器は IS-LM 分析とフィリップス曲線でした。IS-LM 分析では，物価を固定した上で，財市場と貨幣市場における所得と利子率の決定を考えます。フィリップス曲線とは，インフレ率（あるいは名目賃金率）と失業率の関係を図示したものです。その上で，これらの特徴は短期に限られ，長期的には経済は完全雇用になり，その時は新古典派が復活すると考えられました。短期的な価格・賃金の下方硬直性は前提とされました。

3）ニュー・ケインジアン

しかし1970年代前後までに，マネタリストと呼ばれる人々が激しいケインズ批判を展開しました。特に現実がインフレーション（あるいはスタグフレーション）に悩まされていたので，今までの分析用具だけでは追いつかなくなってきたのです。彼らはマクロ経済学のミクロ的基礎というスローガンや合理的期待など新技術に支えられ，ケインズ経済学の理論・政策の無効性を訴えました。

この反撃を受け，ケインズの洞察力に部分的でも親近感がある人も再考することになりました。ニュー・ケインジアンというグループです。今までは前提とされてきた価格の硬直性（例：なぜ失業が存在するのに賃金は下がらないのか）を別の角度から研究したのです。例えばメニュー・コストや独占的供給者の存在を考えると，個人の最適化行動からこうした社会現象が説明できます。また外部性（市場の外側から市場内部の取引者に影響を与えてしまうこと）として，今までは無視されてきた契約・慣行・心理的状態などを経済において重要な役割を果たすとみなし，これらが長期均衡とは異なる状態を持続させる可能性を示唆します。

4）ポスト・ケインジアン

以上のグループを徹底的に排撃するのがポスト・ケインジアンです。主にケインズに直接習った人が中心でした。彼らは理論を道具と見るのではなく，歴史的事実に基づいて，前提−理論−実証を完成すべきだと主張します。その中で経済社会における個人は将来への不安や不確実性にさらされ，政治的状況や初期の所得分配状況にも大きく左右され，往々にして強いられた選択を迫られると考えます。つまり彼らはミクロ経済学の手法，あるいは均衡分析をほぼ拒絶するのです。取り返しのつかない歴史的な時間の中で，不確実な世界に戦(オノノ)いている「弱い個人」の仮定がなされ，むしろ政治的・社会的状況を反映した各国の制度・慣行が経済に強い影響を持つと考えました。

このように，現代の経済学は経済学的思考法を基本としつつ，それからの

距離とケインズとの親和度で，様々なグループに分かれています。

3 現代に活きるケインズの洞察力

それでは現代にも活きるケインズの叡智とは何でしょうか。ここでシュンペーターに倣って，**洞察力** vision と分析道具 rule of process とを分けて考えましょう。洞察力とは経済学者が何を重要と捉えるかという世界観です。分析道具とは，その洞察力を具体的な形にして，概念に名前を付け，関係を確立することです（理論化）。理論化をさらに進めれば，モデルの中で特定化された変数以外は厳密に排除することになります（モデル化）。前節で説明してきたことは，実は理論化やモデル化が大半でした。そこでここではケインズの洞察力について，簡単に説明しておきましょう。

ケインズの基本的認識は，我々が貨幣経済の中にいるということでした。貨幣経済では将来の不確実性に対処するため，過去から蓄えた知識を精一杯使って現在を生きなくてはいけません。そこでは貨幣が不安を鎮める緩衝剤の役割を果たし，所得や雇用といった実物的な変数に長期的にも影響を与えます。貨幣経済は安定と不安定が交錯する世界です。前者の代表が貨幣賃金や利子率の硬直性であり，後者の代表が投資の収益率予想や株式市場相場の乱高下です。このような世界で，人間は一方で歴史的制約に大きく支配され，受動的になります。ただし他方で自らの存在を賭けて，将来の投資プロジェクトを実行し，と積極的になります（アニマル・スピリット）。このような慣行と革新が交錯する世界が人間社会なのです。経済学もこの現実を反映していなければいけません。

この中で政府による「経済の制御」も若干は必要です。これは政府が民間よりも優れた行動ができるという意味ではもはやなく，短期の利潤獲得競争に乗らざるをえない企業社会とは違う価値を持って，市場を機能させるためには何が必要かを考えられる点で，政府は情報優位にある存在です。いやむしろケインズは「投資の社会化」という言葉を使い，単なる官僚と政治家の支配する政府ではなく，半官半民の自治組織に期待をかけていました。企業規模が大きくなればなるほど，社会的責任が増え，「公共善」を指向しないと

企業の存在そのものが危うくなりかねません。ケインズの師マーシャルが「経済騎士道」を唱え，渋沢栄一が「論語とそろばん」を提案したのもこの文脈です。投資の社会化とは政府（または自治組織）による有益な情報の収集と徹底的な公開によって，長期の投資を安定化させることを意味しました。

　これがケインズの洞察力です。この部分は時代を超えて，現代の我々に訴えるものがあるのではないでしょうか。最後に，ケインズの言葉を引いておきます。

「長期において我々はみな死んでしまう。嵐の最中で経済学者の言えることが，嵐が過ぎれば波はまた静まるだろうということだけならば，彼らの仕事は他愛なく無用である。」（1923 年）
「短期において我々はまだ生きている。生活と歴史は短期の積み重ねでできている。」（1937 年）

文　献

1) コーディントン『ケインズ派経済学の探究』中村賢一郎訳，学文社，1985.
2) 小峯敦編『福祉の経済思想家たち』ナカニシヤ出版，2007.
3) 齊藤誠『新しいマクロ経済学（新版）』有斐閣，2006.
4) スキデルスキー『ケインズ』浅野栄一訳，岩波書店，2001.

（小峯　敦）

II　ニックリッシュ経営学とその経営思想

1　人間と共同体

　ニックリッシュ（Heinrich Nicklisch, 1876—1946）は，ライプチッヒ商科大学に学び，1910年マンハイム商科大学教授となり，1921年ベルリン商科大学の教授となった。第1次世界大戦で1918年ドイツは敗れ，ワイマール共和国が形成され，その時代に最も開花したのがニックリッシュの経営学である。そして，今日資本市場のグローバル化に伴い，株主価値経営が注目され，企業のあり方が問われる中で再評価されてきている共同体的企業観に立つニックリッシュ経営学を概観するのが本稿の課題である。ニックリッシュの経営学は，その発展に即して一般に3つの時期に区分される。その第1期を代表する著書は，1912年の『商業（および工業）の私経済学としての一般商事経営学』である。そこでは営利経済しかも「資産の組織」としての企業が対象とされ，収益性を中心とする国民経済学から独立した理論科学としての私経済学が主張されている。

　その後，彼は経済生活を理解するためには，その担い手である人間にまで立ち戻って研究する必要があるといい，次第に経済の問題を人間からみる人間中心の学説に転向し，共同体思考に基づく独特の規範的経営学説を展開することになる。彼の第2期を代表する著書は1922年の『経済的経営論』であるが，その基礎にある考え方は，1920年の『向上への道！　組織』に示されている。この著書においてニックリッシュは，人間の本質を問い，人間を物質と対比している。物質はその固有の力を前提とする統一体を構成している。人間もまたその固有の力を前提として存在している。人間のその力とは，精神である。彼は，「人間は精神である」というドイツ観念論哲学の命題から出発する。彼は，「人間はすべての人間が精神であるということ，したがってすべての人間が1つであることを，すなわち人類であるということを彼自ら意識している」という。人間は，自己を意識する点で物質とは異なっている。意識には，直接的自己意識，間接的自己意識，間接的意識の3種類

ある。直接的自己意識は，生まれながらに人間に存在する先天的な意識であり，良心あるいは理性と呼ばれる。良心は，精神的結合性の基礎である。間接的自己意識は，肉体的な意識であり，人間の感覚を通じて認識しうるものである。人間の経験によって後天的に現われる。間接的意識は，下界に関する意識である。

　人間は良心において自己を全体であり同時に部分であると意識し，この意識が人間に共同体を形成させるのである。人間は精神でなければ，人間は物質であり，物質の法則によって支配される。人間は，精神であることで物質を支配しうるのである。物質的存在に対する精神的存在の勝利が自由である。自由とは，いかなる人間も手段であってはならないということである。彼は，「われわれは，われわれが良心を有しているがゆえに自由である。われわれは，良心を有している限り自由である」という。また，人間には3つの精神的欲求がある。①自己の精神的本質を維持したいという欲求，②人類の中に一体化したいという欲求，③人類の中で肢体として秩序的に行動したいという欲求がそれである。人間は，この3つの欲求をもっているので，共同体を形成できるのである。

　彼によれば，このような人間の共同体形成活動が組織なのである。組織とは，有機的に活動している状態をいう。それは，精神的存在として活動している状態をいうのである。「良心」を組織の究極的な基礎とし，そこから3つの組織法則を導き出している。自由の法則，形成の法則，および維持の法則がそれである。自由の法則は，根本的な法則であり，良心の法則，目的設定の法則などともよばれる。良心は人間の意識のなかで最も基本的なものであり，目的は良心のなかで設定されなければならない。全体であり，部分であるということが，共同体の標識である。人間は，このことを良心のなかで意識するのである。形成の法則と維持の法則は，自由の法則の派生的な法則である。形成の法則は，一体化および肢体化の法則ともよばれ，協業と分業を意味する。これは，共同体の空間的形成に作用している。維持の法則は，企業給付の価値はその対価の形で企業に戻ってこなければならないものであり，共同体の時間的形成に作用している。

このようにニックリッシュは，良心，自由，共同体について倫理的色あいの濃い主張をし，1922年の著書で独特の経営共同体論を展開していく。彼は，「経営とは，道具および原料をそなえ，自己の欲求充当のため自ら設定した目的を実現しようとしている職場における人間である」という。要するに，経営とは人間であり，資本や労働などを有する人々の共同体なのである。ここに共同体思考が現われ，収益性原理にかわって経済性原理が主張され，成果分配論が重視されてくる。

2　価値循環と経済性

第3期を代表する著書は1929～1932年の『経営経済』であり，彼の学説は完成する。そこでは経営という経済単位の本質は価値循環に求められ，その観点から，家政は本源的経営，企業は派生的経営とみなされている。家政が本源的というのは，家政が経済生活の根底に存在するという意味である。企業は労資の共同体とみなされ，その目的は共同体の構成員たる労資双方の欲求を充当することである。経営の過程は，価値循環の過程としてとらえられている。その過程は，内部的価値循環と外部的価値循環にわけられる。内部的価値循環は，開始価値——原料，補助材料，消耗価値（工場設備など），利用価値（土地など），経営構成員でない第三者の給付（資本の提供）——の経営過程への流入からはじまる。これに経営構成員の全給付（経営給付）が加えられ，そして経営過程から流出し，それに対して対価が還流することによって価値の循環は終わる。外部的価値循環は，内部的価値循環の最終段階と結びつき，成果分配の過程によって可能となる。また，経営過程は，成果獲得過程と成果分配過程にわけることができる。ここでの成果は，経済性という基準によって分配されることになる。

彼の経済性は，形成および維持の法則が，経営経済的生産過程において支配していることを意味する。それは，生産過程においては最大の成果生産を，分配過程においては成果の給付に応じた公正な分配を命じる正義の理想である。彼の経済性は，通常の意味で一定の経営成果を最小の経営給付で生産するということではない。経営成果とは，売上から原価を差し引いて得られる。

それは，経営給付に対する対価である。彼にとっては経営が共同体であり，賃金を原価として扱うことはできない。ここでの原価とは，経営外部からの調達に対する支出である。賃金を原価として扱うのは，労働者を利潤追求の手段として使用するときである。彼によれば，賃金は，経営構成員の給付に対する成果の分配部分となる。したがって，経済性は，経営給付が経営成果によって補填されるとき実現されると考えられている。

給付に対して正しい成果分配がなされるには，資本給付および労働給付が正しく測定されなければならない。しかし，彼によれば，給付は，量的に表明された費消でなく，価値的に表現された費消であるから，これらの測定は難しいのである。ここで，彼は賃金に対しては公正賃金，資本に対しては他人資本利子を使用している。公正賃金は，客観的に測定された労働給付というより，倫理的に分配されるべきものである。彼は，分配されるべき成果基準を倫理的なものに求めているのである。公正な分配基準は存在しないのであるから，倫理的規範によらざるをえない。

彼の経済性は，資本と労働が，経営における同権的要素として存在することを前提とする。そこには，当時の経済民主主義や経済活動の要素として労資は同権であるという思想の影響がみられる。労資同権の思想は，経営共同決定の要求となって現われる。第2次世界大戦後の1951年に西ドイツにおいて，経営共同決定の法制化は実現されている。そして，1990年代にアメリカ流の株主価値経営の洗礼を受け，現在共同決定方式は今後どうあるべきか模索段階にある。

ニックリッシュ経営学の対象は経営で，共同体の理念にささえられた組織で，経営は価値循環を通して生命を得ることができる。彼の経営学は，経営における価値循環という固有の問題をもつがゆえに国民経済学と並び存するのである。この体系に規範的性格が持ち込まれているために，規範的経営学と称せられている。ここには，きわめて今日的な内容も有している。ニックリッシュは，「労働の精神が企業の魂である」という。近頃，企業の敵対的買収がビジネスとして頻繁に行われるようになったが，労働者に働く意欲は沸くであろうか。彼の学説に従えば，労働者は，単なる手段であってはならな

いのであり，分配が労働に結びつけられず，主に資本に結びつけられているところに問題があることになる。企業のあり方をめぐる議論において経営共同体として企業をとらえるニックリッシュ経営学が再評価されている所以がそこにある。

参考文献
1) H. ニックリッシュ（鈴木辰治訳）『組織』未来社，1975.
2) 北野利信『経営学説入門』有斐閣，1977.
3) 永田誠『現代経営経済学史』森山書店，1995.

（高橋成夫）

III　ゲーム理論とナッシュ均衡

　第11章III節で囚人のジレンマと呼ばれるゲームを紹介した。そのゲームでは2人の囚人が"自白"と"否認"の2つの選択肢からともに支配戦略である"自白"を選ぶということがわかった。一般にゲーム理論では，複数の主体が相互に影響を及ぼし合うという状況下でどのような行動を取るかが分析される。

1　ゲームの構成
1）戦略形ゲーム
　ゲーム理論では「複数の主体が相互に影響を及ぼしあう状況」をどのように記述するのであろうか。以下では**戦略形**と呼ばれるゲームの表現方法を示そう。

　囚人のジレンマ・ゲームの利得表をもう一度見てみよう(表14-1)。このゲームでは囚人AとBが意志決定を行うが，こうした主体をゲーム理論では**プレイヤー**と呼ぶ。また，プレイヤーである囚人AとBはそれぞれ"自白"と"否認"という選択肢を持つが，これを**戦略**という。各プレイヤーの取りうる戦略の集合をそのプレイヤーの**戦略集合**と呼ぶ。ここでは囚人AとBの戦略集合は同じで｛自白，否認｝である。さらに，すべてのプレイヤーの戦略の組み合わせに対して各プレイヤーが得る満足度（効用）を**利得**という。先ほどの表の各マス目に書かれた数字が利得である。自分の戦略を変えたときはもちろん，相手のプレイヤーが戦略を変更したときにもマス目の位置が変わり利得も変化するが，これが「複数の主体が相互に影響を及ぼしあう状況」を表している。

2）ナッシュ均衡
　このゲームにおいては，囚人AにしてもBにしても，相手がどのような行動を選択しようが自分は"自白"を選択する方が有利であったが，こうした

表14-1 囚人のジレンマ

		囚人B	
		否認	自白
囚人A	否認	−1, −1	−15, 0
	自白	0, −15	−10, −10

戦略を**支配戦略**と呼んだ。囚人A, Bがそれぞれ戦略a, bを選んだときの2人の戦略の組を(a, b)と書くことにすると，戦略の組（自白，自白）が実現することになるが，この戦略の組み合わせは二人の支配戦略の組み合わせであると同時に次のような性質を持っている。つまり，「ひとたびこの（自白，自白）という戦略の組が選ばれれば，2人は自分の選んだ戦略を変更しようと思わない」ということである[1]。このことは「相手の戦略に対して，自分は最適な戦略を取っている」と言い換えることができる。最適な戦略をとっているから，戦略を変更する必要がないのである。このようなもはやプレイヤーが誰も戦略を変更しようとは思わない戦略の組み合わせを**ナッシュ均衡**という。つまり囚人のジレンマ・ゲームで得られた（自白，自白）という2人の支配戦略の組み合わせはナッシュ均衡なのである。

上述のように支配戦略の組はナッシュ均衡であるが，その逆は成り立たない。例えば次のようなゲームを考えよう。このゲームのプレイヤーはAとB，各々の戦略集合は$\{U, D\}, \{L, R\}$である。(U, R)という戦略の組み合わせを考えよう。プレイヤーAが戦略をDに変更すると利得が3から0に減少してしまうのでそのような変更は行わない。BもRからLに変更すると利得が3から1に減るので変更しようとは思わない。したがって(U, R)はナッシュ均衡である。同様に(D, L)もナッシュ均衡であることがわかる。しかしこのゲームには支配戦略は存在せず，相手の出方次第で自分の選択すべき戦略が変わってしまうのである（各自確認せよ）。

---

[1] 表14-1から，もし囚人Aが戦略を変更すると利得は−10から−15になってしまうので，戦略変更のインセンティヴは持たない。囚人Bも同様である。

表14-2 支配戦略のないゲーム

		プレイヤーB	
		L	R
プレイヤーA	U	1, 1	3, 3
	D	2, 2	0, 0

2 混合戦略とナッシュ均衡

　囚人のジレンマのような支配戦略の存在するゲームでは，相手の出方に対して格別の注意をはらう必要はなかった。なぜなら，相手がどのような選択をしようが，自分の取るべき最適戦略は決まっているからである。しかし，表14-2のゲームでは，相手が $U \cdot D$（あるいは $L \cdot R$）のどちらを選択するかが決定的に重要になり，相手の出方に十分注意しなければならない。ここで問題なのは相手がどのような行動に出てくるかわからないということである。

　いままで考えてきた戦略は，L か R（あるいは U か D）かどちらか一方を選択するというものであった。こうした戦略は**純粋戦略**と呼ばれる。しかし相手がどのような行動に出てくるかわからないという状況では L か R（あるいは U か D）かどちらか一方に決めるのは難しいという場合もあろう。こうしたときには，L か R（あるいは U か D）の選択を確率的に行うという方法が考えられる。たとえば，L を $\frac{1}{3}$，R を $\frac{2}{3}$ の確率で選択するといった行動形式である[2]。このような行動形式を**混合戦略**という。

　いまプレイヤーAは，「BがLを選択する確率は q（したがってRを選択する確率は $1-q$）」という混合戦略（これを単に q で表すことにする）を取ると予想したとしよう。またプレイヤーA自身は U を p の確率で選択する混合戦略（p で表す）を取るとしよう。このときプレイヤーAが $p=1$，つまり U を取ったときの利得を π_A^U，$p=0$（つまり D）を取ったときに得られる利得を π_A^D とすると，

$$\pi_A^U = 1 \times q + 3 \times (1-q) = 3 - 2q \cdots\cdots\cdots\cdots\cdots\cdots\cdots\cdots\cdots\cdots\cdots(1)$$

---

[2] これは，例えば左右（L と R）に分かれている道に遭遇したとき，どちらに進んだらよいかわからず「サイコロを振って1か2が出たら左（L），それ以外なら右（R）を選択する」という"戦略"を取ったということである。

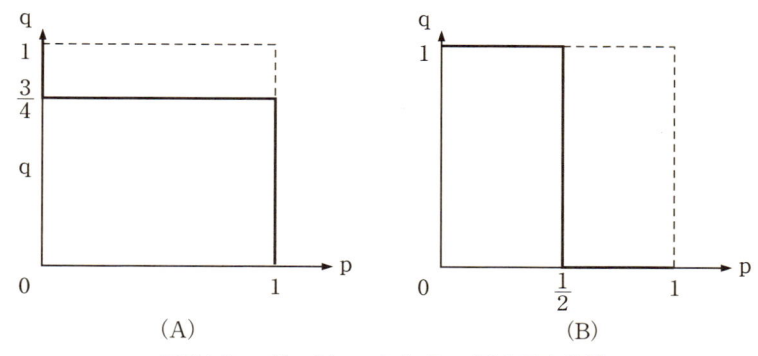

図14-1 プレイヤーAとBの最適反応曲線

$$\pi_A^D = 2 \times q + 0 \times (1-q) = 2q \quad \cdots\cdots\cdots\cdots\cdots\cdots\cdots\cdots\cdots\cdots\cdots (2)$$

となる。これら2式から，もし $\pi_A^U > \pi_A^D$ ならば，すなわち $q < \frac{3}{4}$ ならば，プレイヤーAは U を選択する（$p=1$ とする）ほうが得であり，逆に $\pi_A^U < \pi_A^D (q > \frac{3}{4})$ ならば D を選択する（$p=0$ とする）ほうが得になることがわかる。さらに $\pi_A^U = \pi_A^D (q = \frac{3}{4})$ ならば U, D のどちらを選ぼうが（p に0から1のどんな確率を割り当てようが）利得は同じになる。

同様にプレイヤーBは，$p < \frac{1}{2}$ ならば $q=1$，$p > \frac{1}{2}$ ならば $q=0$ という混合戦略をとればよいということもわかる。また，$p = \frac{1}{2}$ の場合は q に0から1のどんなの確率を割り振っても利得は同じである。

以上が図14-1で表されている。この図(A)の太線はプレイヤーBの混合戦略（縦軸の q）に対して，プレイヤーAの利得を最大にする混合戦略（横軸の p）を表しており，プレイヤーAの**最適反応曲線**と呼ばれる。(B)の太線はプレイヤーBの最適反応曲線である。

2人のプレイヤーの最適反応曲線が得られたが，これを一つのグラフに表したのが次の図14-2である。この図で点Eはお互いの最適反応曲線が交わる，すなわちお互いに相手の混合戦略に対して最適な混合戦略を取っている点である。したがって点E，つまりプレイヤーAの混合戦略 $p = \frac{1}{2}$ とBの混合戦略 $q = \frac{3}{4}$ の組み合わせは，混合戦略まで考えたときのナッシュ均衡に

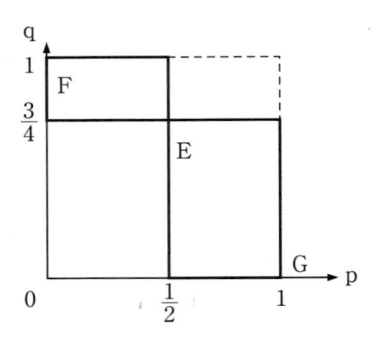

図 14-2　混合戦略ナッシュ均衡

なっているのである。また，点 E 以外に点 F，G も二つの最適反応曲線が交わる点であるが，点 F は $p=0$ かつ $q=1$ となる混合戦略の組み合わせ，つまり**表 14-2** の二つの（純粋戦略）ナッシュ均衡のうちプレイヤー A が D，B が L を選択するものに相当している。もうひとつの（純粋戦略）ナッシュ均衡は点 G に相当していることもわかるであろう。

　表 14-2 のゲームのように支配戦略のないゲームは多く存在するが，そうしたゲームでも混合戦略まで考えれば，ナッシュ均衡は少なくとも一つは存在することが知られている[3]。しかし「少なくとも一つ」の部分が問題であり，上記のゲームでは純粋・混合戦略のナッシュ均衡を合わせると3つ存在した。このように複数のナッシュ均衡が存在する場合，どのナッシュ均衡が実際にプレーされるかは，非常に難しい問題である[4]。

　ここまで考えてきたゲームは，相手のプレイヤーがどの戦略を選んだか確認してから自分の戦略を決定することはできなかった。その意味で二人のプレイヤーは同時に戦略の選択をしていたのである。しかしゲームによっては戦略の選択がプレイヤー間で同時に行われない，つまり一方のプレイヤーの

---

[3] ナッシュ均衡の存在を証明するには若干高度な数学が必要とされる。意欲のある読者は佐々木2)第5章に挑戦すると良い。
[4] この問題についても佐々木2)Part 3 を参照せよ。

第 14 章 現代の政治経済学をめぐる諸問題

選択を確認してからもう一方のプレイヤーが選択を行うというゲームもある。例えば将棋やチェスなどがその代表であろう。こうしたゲームを分析するときには「展開形」ゲームというゲームの表現方法が有用である。展開形ゲームについてや，さらに深くゲーム理論を勉強したい読者は佐々木2)や武藤3)を参照せよ。また軽い読み物風であるが梶井1)も大変面白く，ゲーム論的思考の参考となろう。

参考文献
1)　梶井厚志『戦略的思考の技術　ゲーム理論を実践する』中公新書，2002．
2)　佐々木宏夫『入門ゲーム理論』日本評論社，2003
3)　武藤滋夫『ゲーム理論入門』日経文庫，2001．

（大阿久　博）

IV ピグー税と環境経済学

第12章で外部性による市場の失敗の問題と，その解決法の1つとしてのピグー税を紹介したが，ここでは，その議論をさらに進めて，ピグー税はどのような状況でより効果的となるかを見ていこう。

1 社会的最適生産（消費）水準

まず，第12章で紹介した，外部不経済が存在する市場での過剰生産の問題を，余剰分析を使用しながら振り返ってみよう（図14-3））。

ある産業における外部費用がまだ社会的に認識されない状態では，均衡点はEとなる。このときの社会的余剰は，消費者余剰と生産者余剰の合計であり，図中ABEの領域で示される。しかし，これは見せかけの社会的余剰であり，真の社会的余剰の計算には財の生産に伴う外部費用を差し引く必要がある。生産をQ_Mまで行った時の外部費用の合計は図中の斜線部分の面積

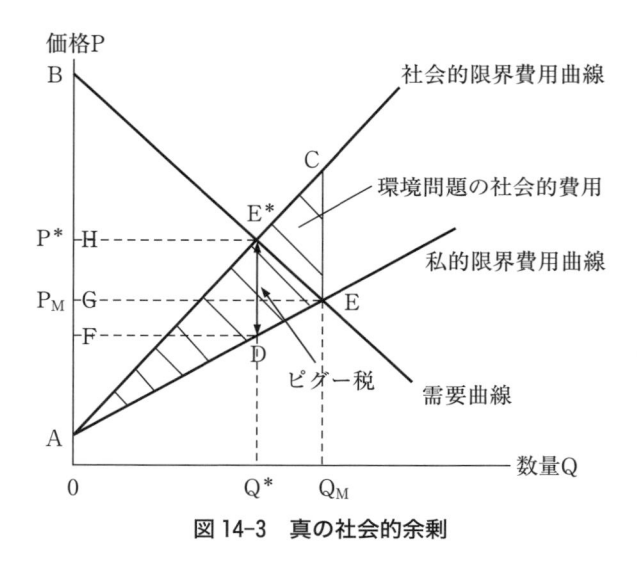

図14-3 真の社会的余剰

(ACE) で示される。つまり，自由市場で達成される生産水準における社会的余剰の真の値は図中 ABE の領域から ACE の領域の面積を引いた値となる。これはつまり，ABE^* の面積マイナス CEE^* の面積となる。

次に社会的最適生産水準 Q^* での社会的余剰を計算してみよう。この時の真の社会的余剰は消費者余剰（BE^*H）プラス生産者余剰（ADF）プラス政府の税収（$DFHE^*$）マイナス外部費用の合計（AE^*D）となる。つまり，政府の税収が社会的に有益に活用されたとすると図中 ABE^* の領域の面積がこの場合の真の社会的余剰となる。

結局，ピグー課税の導入によって，真の社会的余剰は図中 CEE^* の領域の面積分だけ増加するのである。以上の分析について自動車産業を例に解釈してみよう。我々は社会的に自動車の便益を享受（ABE）しているが，同時に，大気汚染や地球温暖化による気候変動など，かなりの社会的費用（ACE）が発生しおり，社会的に望ましくない状態にある。ここで，受益者（汚染者）負担の原則に基づく課税で，社会的に最適な生産の達成を目指すのがピグー税である。

2 効果的な環境税の導入

ピグー税の理論に基づき導入された税は，環境税と呼ばれることが多いが，この環境税が効果的に働く条件を考えよう。**図 14-4** には，必需品への課税と代替財の存在する財への課税の効果が示されている。

地球温暖化対策としてのガソリンに対する環境税導入の効果を考えてみよう。ガソリンは我々の暮らしにとって必需品と言えるだろう。このような必需品に対する需要曲線は図中(a)のように非常に急な傾きとなる。このような財に環境税を導入したとしても，ガソリンの消費水準は自由市場での消費水準（Q_M）から課税後の消費水準（Q^*）へとわずかに減少するのみである。このような場合における環境税の導入は消費者価格の高騰による消費者への負担が大きいだけで，ほとんど環境問題の解決には寄与しないことが分かる。

次に需要が弾力的であるケースを見てみよう。弾力的な需要曲線は図中(b)のように傾きが緩やかになる。このようなケースでは環境税の導入が財の消

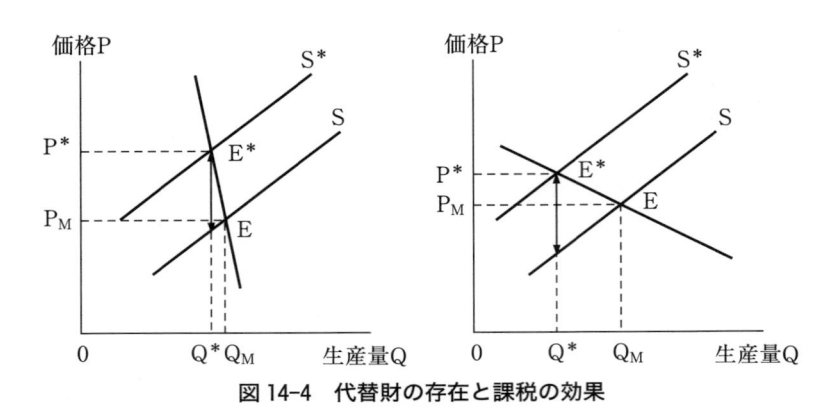

(a) 必需品への課税　　　　(b) 非必需品への課税

図 14-4　代替財の存在と課税の効果

費量を大幅に減少させる効果があることを確認できる。それでは，どのようにすれば，ガソリンへの需要を弾力的にできるのであろうか。これには代替財の存在がカギとなる。つまり，ガソリン以外の選択肢が存在しない社会では，ガソリンの価格が上昇したときにもガソリンを消費し続ける以外ない。しかし，近年，開発が進んでいる水素による発電で動く燃料電池車などが普及し始めれば，ガソリン車から燃料電池車などへの乗り換えによって，ガソリン消費を減少させることができるようになる。また，単純にバスなどの公共交通機関を充実させるだけでも，ガソリン需要の弾力性を高めることができるだろう。

　以上のように，環境税が効果的に機能するためには，消費を減少させようとする財の代わりとなる代替財の存在が重要な条件となる。しかし，逆に新技術などは高コストのため，なかなか，自由な市場ではひろまらない。つまり，環境税と代替財の開発は車の両輪のように両方がそろうことによってはじめて効果的に機能するのである。環境問題の解決には技術の進歩と経済システムの改良が補完的に作用することが重要である。

参考文献
1) ターナー,ピアス,ベイトマン「環境経済学」大沼あゆみ訳,東洋経済新報社,2001

執筆者紹介

石橋　一雄(いしばし　かずお)
- 1945年　富山県新湊市に生まれる
- 1971年　早稲田大学大学院経済学研究科修士課程修了
- 現在　新潟産業大学経済学部教授
- 著書　『貨幣と成長の経済理論』成文堂，(1988年)
  『租税経済学』成文堂，(2001年)
  『現代政治経済学テキスト』共著，中央経済社，(1997年)

小峯　敦(こみね　あつし)
- 1965年　東京都に生まれる
- 1994年　一橋大学大学院経済学研究科博士後期課程単位取得退学
- 現在　龍谷大学経済学部准教授
- 著書　『ベヴァリッジの経済思想――ケインズたちとの交流』昭和堂，(2007年)
  『福祉国家の経済思想』ナカニシヤ出版，(2006年)
  "The Making of Beveridge Unemployment (1909)", *European Journal of the History of Economic Thought*, 11 (2), 2004, Summer.

佐藤　綾野(さとう　あやの)
- 1968年　北海道に生まれる
- 2005年　早稲田大学大学院経済学研究科博士課程満期単位取得退学
- 現在　新潟産業大学経済学部専任講師
- 著書　"International Capital Flows in Selected East Asian Countries in the 1990's" *Waseda Journal of Asian Studies*, vol. 24 (2003)
  『資源配分効率から見た戦前期日本の経済成長』季刊政策分析 vol 2, (2005)
  "Empirical Assessment of Target-Zone using a STAR model", 新潟産業大学ディスカッションペーパー　No31, (2006年)

阿部　雅明(あべ　まさあき)
- 1970年　山形県に生まれる
- 1999年　筑波大学大学院社会工学研究科博士後期課程単位取得退学
- 2004年　MSc in Environmental and Resource Economics, Department of Economics, University College London.
- 現在　新潟産業大学経済学部専任講師
- 著書　『再生可能資源と南北世界の経済発展』単著，日本地域学会，(1998年)
  『異質財貿易と南北賃金格差』単著，新潟産業大学経済学部紀要，(2002年)
  "The Goal of Sustainable Development and Environmental Kuznets Curves" 単著，新潟産業大学経済学部紀要，(2006年)

大阿久　博(おおあく　ひろし)
　　1962 年　栃木県に生まれる
　　1997 年　早稲田大学大学院経済学研究科博士後期課程単位取得退学
　　現在　武蔵野大学現代社会学部准教授
　　著書　"Evolution with Delay", *The Japanese Economic Review*, vol 53, 2002.
　　　　　『基礎から学ぶ教養の経済学』（共著）八千代出版，（2003 年）。
　　　　　『スティグリッツ入門経済学：第 3 版』（共訳）東洋経済新報社，（2005 年）。

勝浦　正樹(かつうら　まさき)
　　1961 年　東京都に生まれる
　　1990 年　早稲田大学大学院経済学研究科博士課程単位取得
　　現在　名城大学経済学部教授
　　著作　『統計学』（共著）東洋経済新報社，（1994 年）
　　　　　『経済・経営・商学系の Macintosh 入門』（共著）講談社，（1994 年）
　　　　　"Comparison of Regime Switching, Probit and Logit Models in Dating and Forecasting U. S. Business Cycles,"（共著），International Journal of Forecasting. vol. 17, 2001.

高橋　成夫(たかはし　しげお)
　　1958 年　新潟県に生まれる
　　1987 年　駒沢大学大学院経営学研究科博士後期課程単位取得退学
　　現在　新潟産業大学経済学部教授
　　著書　『経営学原理』（共著）学文社，（1996 年）
　　　　　『マネジメント・ベーシックス』（共著）同文舘，（2003 年）
　　　　　『経営戦略』（共著）学文社，（2006 年）

政治経済学

2007年10月10日 初版第1刷発行

編著者	石橋一雄	
著　者	小峯　敦	佐藤綾野
	阿部雅明	大阿久博
	勝浦正樹	高橋成夫
発行者	阿部耕一	

〒162-0041　東京都新宿区早稲田鶴巻町514番地
発行所　株式会社　成 文 堂
電話 03(3203)9201(代)　Fax(3203)9206
http://www.seibundoh.co.jp

製版・印刷　三報社印刷　　　　　　製本　弘伸製本
© 2007 石橋　　　　　　　　　　　Printed in Japan
☆乱丁・落丁本はおとりかえいたします☆
ISBN 978-4-7923-4207-4　C 3033　　　検印省略
定価（本体3000円＋税）